Não conte para a mamãe

Toni Maguire

Não conte para a mamãe

Memórias de uma
infância perdida

Tradução
Ludimila Hashimoto

2ª edição

Rio de Janeiro | 2018

Copyright © Toni Maguire, 2006.

Título original: *Don't Tell Mummy: a True Story of the Ultimate Betrayal*

Capa: Silvana Mattievich
Foto de capa: Steve Curtner/Getty Images

Editoração: FA Studio

Texto revisado segundo o novo
Acordo Ortográfico da Língua Portuguesa

2018
Impresso no Brasil
Printed in Brazil

CIP-Brasil. Catalogação na fonte
Sindicato Nacional dos Editores de Livros – RJ

M18n   Maguire, Toni
2ª ed.   Não conte para a mamãe: memórias de uma infância perdida / Toni Maguire; tradução Ludmila Hashimoto. — 2ª ed. — Rio de Janeiro: Bertrand Brasil, 2018.
                    308 p.: 23 cm
                    Tradução de: Don't tell mummy: a true story of the ultimate betrayal
                    ISBN 978-85-286-1572-2
                    1. Maguire, Toni. 2. Mulheres - Inglaterra - Biografia. 3. Pedofilia. 4. Crime sexual contra crianças. 5. Crianças e violência. I. Título
                                            CDD: 920.72
12-4311   CDU: 929-055.2

Todos os direitos reservados pela:
EDITORA BERTRAND BRASIL LTDA.
Rua Argentina, 171 – 2º andar – São Cristóvão
20921-380 – Rio de Janeiro – RJ
Tel.: (0xx21) 2585-2000 – Fax: (0xx21) 2585-2084

Não é permitida a reprodução total ou parcial desta obra, por quaisquer meios, sem a prévia autorização por escrito da Editora.

Atendimento e venda direta ao leitor:
mdireto@record.com.br ou (0xx21) 2585-2002

Para Caroline

... que abriu a porta e me encorajou a entrar

Agradecimentos

Agradecimentos especiais a Alison, Gerry e Gary, que enriqueceram tanto minha vida.

Um muito obrigada à minha agente Barbara Levy pela paciência e pela melhor comida chinesa.

E obrigada, Mavis Cheek, por escrever livros espirituosos e engraçados, que me acompanharam nas noites ao lado de minha mãe.

Capítulo Um

Não havia nada na casa do bairro tranquilo de Belfast que chamasse a atenção. A construção imponente de tijolos vermelhos ficava afastada da rua, cercada por jardins bem-cuidados. Vista de fora, poderia ser apenas uma casa grande de família. O número no portão confirmou que eu estava no endereço certo, quando olhei o papel para a última confirmação.

Sem poder demorar mais, peguei minha mala, que o motorista do táxi colocara na calçada, segui o caminho no meio do gramado e empurrei a porta.

— Sou Toni Maguire — anunciei para a mulher vestida de modo casual atrás da mesa da recepção. — Filha de Ruth Maguire.

Ela me olhou com curiosidade.

— Sim. Hoje de manhã sua mãe nos contou que você viria. Não sabíamos que tinha uma filha.

É, imaginei que não soubessem, pensei.

— Venha, vou levá-la até ela. Está esperando por você.

Ela seguiu depressa pelo corredor até a agradável enfermaria de quatro leitos em que minha mãe estava. Eu a segui, escondendo minhas emoções.

Havia quatro senhoras idosas reclinadas em cadeiras diante de armários. Três desses armários estavam cheios de fotos de entes queridos, enquanto o quarto, o de minha mãe, se encontrava vazio. Senti uma dor aguda familiar. Nem sequer uma foto minha quando bebê estava à mostra.

Sentada na cadeira, um cobertor sobre os joelhos, e as pernas sobre o apoio, aquela não era a mulher robusta que, em minha última visita à Irlanda, mais de um ano atrás, ainda parecia uma década mais jovem do que dizia a certidão de nascimento. Aquela mulher tinha sido substituída pela senhora encolhida e frágil, que parecia uma paciente terminal.

Os olhos verde-escuros, que vi faiscarem de raiva com tanta frequência, encheram-se de lágrimas quando ela estendeu os braços para mim. Larguei as bolsas no chão e me coloquei entre eles. Pela primeira vez em muitos anos, minha mãe e eu nos abraçávamos, e meu amor que estava dormente voltou à tona.

— Você veio, Toni — murmurou ela.

— Bastava me chamar e eu teria vindo — respondi com suavidade, chocada ao sentir os ombros descarnados através da camisola.

Uma enfermeira entrou agitada e prendeu o cobertor com mais firmeza em torno das pernas de minha mãe. Em seguida, virou-se para mim e perguntou-me educadamente sobre minha viagem de Londres.

— Não foi ruim. Apenas três horas até aqui.

Grata, aceitei um chá, olhando fixamente para dentro da xícara, aproveitando para me recompor, sem querer que minha expressão transparecesse o choque que tivera com a fragilidade de minha mãe. Eu sabia que ela fora internada na casa de repouso para monitorar o controle das dores, mas sentia que aquela visita seria a última.

Não conte para a mamãe

Ao ser informado de minha chegada, o médico de minha mãe veio falar comigo. Era um jovem animado e de aparência agradável, com um largo sorriso.

— Ruth, está feliz agora que sua filha veio vê-la?

— Muito feliz — respondeu ela, em seu tom delicado de costume, tão inexpressivo quanto se estivesse comentando sobre o tempo.

Quando ele se voltou para mim, vi a mesma expressão de curiosidade que passara pelo olhar da recepcionista.

— Posso chamá-la de Toni? — perguntou. — É como sua mãe a chama.

— Claro.

— Gostaria de trocar algumas palavras com você, depois que terminar o chá. Pode ir direto à minha sala. A enfermeira informará onde fica.

Após mais um sorriso tranquilizador para minha mãe, ele saiu.

Adiando em alguns minutos o que pressenti que seria uma reunião difícil, tomei meu chá devagar, relutando em ir saber o que ele queria.

Ao entrar na sala, fiquei surpresa ao ver outro homem sentado ao seu lado, vestido com roupas casuais, e apenas um colarinho de padre para identificar sua ocupação. Sentei-me na única cadeira disponível, olhei para o médico com o que esperava ser uma expressão branda e esperei que ele começasse a conversa. À medida que ele explicava a situação de modo suave, comecei a sentir meu coração gelar. Percebi que teria de dar algumas respostas. Respostas que eu temia dar, porque abririam as caixas da memória onde vivia o fantasma da minha infância.

— Temos alguns problemas com o tratamento de sua mãe e pensamos que talvez você pudesse nos ajudar a compreendê-los. A medicação de controle da dor não está mais funcionando tão bem quanto deveria. E, para ser franco, estamos administrando a dosagem máxima.

Ele fez uma pausa para avaliar minha reação. Como não esbocei nenhuma, ele continuou.

— Durante o dia, ela responde bem à equipe. Deixa que a levem à sala de café, demonstra interesse em sua aparência e tem bom apetite. A noite é que é o problema.

Mais uma vez ele fez uma pausa, e mantive o que sabia ser uma expressão neutra, não estando ainda pronta para demonstrar nada. Após alguns segundos, ele continuou, ligeiramente menos confiante:

— As noites de sua mãe são muito conturbadas. Ela acorda angustiada e com mais dores do que deveria. É quase como se estivesse lutando contra a medicação.

Ah, as madrugadas, pensei. Eu conhecia essa hora tão bem, quando o controle sobre os pensamentos desaparece e deixa as memórias mais obscuras emergirem, despertando-nos de forma brusca para sentirmos desespero, raiva, medo e até culpa. No meu caso, eu poderia sair da cama, fazer um chá, ler ou ouvir música, mas e minha mãe, o que faria agora para aliviar esses pensamentos sombrios?

— Duas vezes ela pediu a enfermeira para chamar o padre. Mas — virou-se para o homem ao seu lado — meu amigo me conta que, quando chega, ela desiste de conversar com ele.

O padre confirmou com a cabeça, e senti o impacto de dois pares de olhos buscando respostas em meu rosto. Desta vez foi

Não conte para a mamãe

o padre quem interrompeu o silêncio, debruçando-se sobre a mesa e fazendo a pergunta seguinte.

— Toni, existe algo que você possa nos contar para nos ajudar a ajudar sua mãe?

Vi a preocupação sincera em seu rosto e escolhi as palavras com cuidado.

— Acho que entendo por que as noites de minha mãe são tão perturbadoras. Ela crê em Deus. Ela sabe que tem muito pouco tempo antes de encontrar-se com Ele, e acho que está com muito medo de morrer. Quero ajudar, mas não posso fazer muita coisa. Espero, pelo bem dela, que ela possa encontrar forças para conversar com o senhor.

O médico pareceu confuso.

— Está querendo dizer que sua mãe tem um peso na consciência?

Pensei no que, exatamente, minha mãe tinha em seu passado para sentir culpa, perguntando-me se suas lembranças a assombravam. Esforcei-me para não deixar meus pensamentos transparecerem, mas senti um suspiro escapar ao responder.

— Ela deve ter. Deveria ter. Mas não sei se um dia vai chegar a admitir que fez algo de errado. Nunca admitiu.

O médico pareceu apreensivo.

— Bem, com certeza está afetando o controle da dor. Quando a mente está tão inquieta como a de sua mãe parece estar, a medicação simplesmente não funciona como deveria.

— Nesse caso, você terá de monitorá-la e à minha mãe com mais atenção — retruquei, de modo mais abrupto do que deveria, ao ver minha sensação de impotência aumentar. Com isso, retornei à enfermaria onde ela se encontrava.

Ao entrar, os olhos dela fixaram-se nos meus.

— O que o médico queria? — perguntou.

Sabendo que ela sabia, encarei-a com honestidade.

— Eles me disseram que você havia chamado o padre duas vezes no meio da noite e que estava muito angustiada. — Então, perdi a coragem, como sempre. — Mas não precisamos nos preocupar com isso agora, não é?

O hábito da infância de ceder à vontade dela de não discutir permanecia inalterado.

Durante o resto daquela manhã, ela esteve muito chorosa. Eu sabia que era comum em pacientes terminais, mas, ainda assim, não consegui suportar a emoção. Enxuguei suas lágrimas com ternura, lembrando-me de quando eu era uma criança pequena e ela fazia o mesmo comigo. Ela estava mais afetuosa do que jamais estivera em muitos anos: queria segurar minha mão, conversar e relembrar dias mais felizes. Olhei para ela, uma idosa cuja vida não parecia terminar do modo tão tranquilo quanto eu desejava, e percebi o tanto que ela precisava de mim.

— Quanto tempo vai ficar? — perguntou.

— Enquanto precisar de mim — respondi com calma, tentando disfarçar o que queria dizer com isso.

Minha mãe, que sempre conseguia perceber minhas intenções, sorriu. De súbito, lembrei-me dela muito mais jovem e de quando éramos muito próximas. Senti crescer, de repente, o amor esquecido.

— Não sei quanto tempo vai ser — disse ela, com um sorriso irônico. — Mas acho que não vai demorar muito.

Então, parou, olhou para mim e perguntou:

— Você só veio porque sabe que estou morrendo, não é?

Apertei sua mão, acariciando-a com o polegar.

Não conte para a mamãe

— Vim porque você me pediu. Teria vindo antes se você tivesse pedido. E sim, vim para ajudá-la a morrer em paz, porque acredito ser a única pessoa capaz de fazer isso.

Esperei que ela encontrasse força de vontade para conversar de forma honesta e, por pouco tempo, naquele primeiro dia, acreditei nisso.

Puxando minha mão, ela disse:

— Sabe, Toni, o tempo em que você era bebê foi o período mais feliz da minha vida. Lembro-me como se fosse ontem. Quando você nasceu, eu ficava sentada na cama da maternidade, com tanto orgulho de ter tido você aos 29 anos. Tão pequenininha e perfeita. Sentia um amor tão grande por você. Queria segurá-la. Queria cuidar de você e protegê-la. Queria uma vida boa para você. Sentia ternura e amor. Era como me sentia então.

Com um nó na garganta, lembrei-me de muitos anos atrás, quando estivera cercada pelo seu amor. Ela era a mãe que me abraçava e brincava comigo, lia histórias e me colocava para dormir. E eu sentia seu cheiro quando se curvava para me dar o beijo de boa-noite.

Uma voz de criança infiltrou-se em minhas lembranças, até que os sons tornaram-se palavras sussurradas em meu ouvido.

"Para onde foi esse amor, Toni? Hoje é seu aniversário. Ela diz que se lembra de quando você nasceu. Ela diz que a amava, mas, catorze anos depois, tentou enviá-la para a morte. Ela não se lembra disso? Ela acha que você não se lembra? Ela realmente bloqueou isso da memória? E você?"

Fechei os olhos ao ouvir a voz e desejei que silenciasse. Queria deixar minhas lembranças nas caixas em que estiveram guardadas por trinta anos, sem nunca serem vistas nem ocuparem meus pensamentos, exceto quando as madrugadas as deixavam escapar, quando pegavam carona no fim de um sonho nebuloso. Seus tentáculos gélidos tocavam meu subconsciente, deixando imagens turvas de outros tempos, até eu despertar para expulsá-las.

Mais tarde, naquele dia, levei-a para os jardins na cadeira de rodas. Ela sempre adorara criar belos jardins; era como se todos os seus instintos de cuidado e proteção, que deixaram de ser direcionados a mim muito tempo atrás, estivessem voltados para as plantas.

Pediu que eu parasse diante de várias flores e arbustos, enquanto me dizia seus nomes. Com tristeza, murmurou, mais para si mesma que para mim:

— Nunca mais verei meu jardim.

Lembrei-me da visita que fizera a ela no início de sua doença. Eu estava na Irlanda do Norte com uma amiga. Aproveitando que meu pai ia passar o dia fora, jogando golfe, visitei minha mãe. Ela mostrara, com orgulho, fotos do jardim antes de ela começar a trabalhar nele, uma área abandonada com tufos de grama espalhados e nem sequer uma flor silvestre para decorá-lo.

Enquanto me acompanhava pelo jardim, ela me mostrara algo que de imediato fizera brotar um sorriso em meu rosto. Nos Dias das Mães e aniversários, eu mandara cestas de plantinhas minúsculas. Ela mostrara como, misturadas a outras cultivadas a partir de mudas, as plantara em sua coleção eclética de recipientes, que iam de chaminés e pias de cozinha velhas a vasos de terracota e até um cocho, criando uma explosão de cores pelo pátio que ela havia projetado.

Naquele dia também, ela me dissera o nome de todas as plantas.

"Esta é a minha favorita, chama-se buddleja", informara-me. "Mas gosto mais do nome popular: 'arbusto-de-borboleta'."

Não conte para a mamãe

Como que para dar crédito a ele, uma nuvem de borboletas pairara acima do arbusto lilás, com as asas cintilando ao sol da tarde. Outra área exalava um aroma inebriante de rosas, com pétalas em tons perfeitos que iam do chá ao rosa intenso. Ainda em outra área, estavam seus adorados lírios. Adiante, flores silvestres combinadas com as cultivadas.

"Se forem bonitas, não são ervas daninhas", dissera ela, rindo.

Havia passagens de pedras com arcos feitos de arame, onde os jasmins e as madressilvas tinham sido levados de forma amorosa a crescer e enriquecer o ar com seu perfume. Na base de um deles havia uma coleção de gnomos.

"Minhas pequenas tolices", ela assim os chamava.

Minha mãe parecia tão feliz e serena naquele dia que a lembrança ficou guardada em meu álbum mental. Uma lembrança que eu podia acessar sempre que quisesse e curtir.

No dia seguinte, fui a um horto onde comprei um gazebo para protegê-la das intempéries e mandei entregar.

"Para que, independentemente do tempo, você possa apreciar seu jardim", dissera-lhe, sabendo que ela não teria mais que um verão para apreciá-lo.

Ela havia criado um jardim de campo inglês na Irlanda do Norte, um país que nunca adotara como seu, onde sempre se sentira uma estranha.

Acessei tal lembrança e senti uma dor tão grande por ela, minha mãe solitária, que criara uma vida com base na imaginação e depois a transformara em realidade.

Havia uma parte de mim que gostava de estar com ela na clínica residencial, apesar de sua fraqueza. Finalmente, eu podia passar algum tempo sozinha com ela, um tempo que eu sabia estar desaparecendo a cada minuto.

Naquela noite, ajudei a colocarem-na para se deitar, afastei os cabelos que caíam sobre o rosto e beijei sua testa.

— Vou dormir na cadeira ao lado da sua cama — comentei. — Não vou me afastar muito.

Depois que a enfermeira distribuiu remédios para dormir, sentei-me, segurando sua mão, que se tornara pequena e frágil. A pele, marcada por veias azuis, parecia quase translúcida. Alguém havia feito suas unhas, lixando-as em forma oval e passando esmalte rosa-claro, deixando-as muito diferentes de quando as vira na última visita, sujas de terra.

Assim que ela adormeceu, peguei um de meus livros da Mavis Cheek e fui para o saguão. Senti uma tristeza incontrolável ao ver que a mãe que eu tanto amara estava morrendo. Tristeza porque, apesar de todos os males, todas as coisas que havia feito, ela nunca fora feliz. Lamentei não ter com ela a relação que eu sempre quisera ter, mas que, a não ser durante os primeiros anos de minha infância, me fora negada.

Naquela noite, não li o livro, uma vez que perdi o controle sobre minhas lembranças. Minha mente voltava aos tempos que eu passara com ela, tempos em que me sentia querida, protegida e amada, dias que eram sempre ensolarados em minha memória — até vir a escuridão.

Antoinette, criança, surgiu no espaço criado ao anoitecer, quando os sonhos nos abandonam, mas uma letargia toma nossa consciência. Vestida em tons de cinza, seu rosto branco como marfim reluziu para mim debaixo da franja negra.

"Toni", sussurrou ela, "por que você nunca me deixou crescer?"

Não conte para a mamãe

"Deixe-me em paz!", gritei em silêncio, juntando toda a minha energia mental para afastá-la.

Meus olhos se abriram, e agora havia apenas partículas de poeira dançando no ar, mas, quando pus as mãos no rosto, elas ficaram úmidas de lágrimas de criança num rosto de adulto.

"Toni", sussurrou ela, "deixe-me contar a história do que realmente aconteceu. Chegou a hora."

Eu sabia que Antoinette havia despertado, e não seria capaz de forçá-la a retornar aos anos de dormência em que a isolara. Fechei os olhos e permiti que seu sussurro penetrasse minha mente, quando ela começou a nossa história.

Capítulo Dois

Minhas primeiras lembranças remontam a quando morávamos numa casa com jardim em Kent, onde minha avó franzina era visita frequente e bem-vinda. Ao ouvir sua voz chamando "Antoinette, cadê você?", quando fingia estar me procurando, eu parava o que estivesse fazendo e corria para cumprimentá-la e ser abraçada.

Minha avó tinha uma fragrância própria, uma mistura de pó de arroz e lírio-do-vale, um cheiro que, no futuro, sempre evocaria lembranças. Eu sentia um amor intenso entre nós ao inspirar esse aroma.

Nos dias ensolarados, ela sugeria passeios tranquilos até a rua principal de Tenterdon, onde ficava uma casa de chá com vigas de madeira. Minhas roupas de brincar eram trocadas por um vestido limpo, lavavam meu rosto e mãos e escovavam meus cabelos, para que eu ficasse apresentável.

Depois de calçar sapatos de salto alto e escolher uma bolsa combinando, minha mãe passava um batom vermelho vivo e pó no nariz, e saíamos as três.

Uma garçonete de uniforme preto e branco acompanhava-nos até a mesa, onde minha avó pedia o chá da tarde. Broinhas com geleia e creme, seguidas de bolinhos com glacê rosa e amarelo, eram acompanhados de refresco para mim, e chá para as duas adultas.

Minha mãe, usando um vestido de gola quadrada, sem chapéu, conversava de modo amigável com minha avó, que, sempre, não importando o tempo, escondia os cabelos ainda acobreados sob um chapéu. Outras senhoras, de vestidos estampados e chapéus de palha ou casquetes, saudavam-na com um sorriso, comentando que eu estava crescendo rápido e falando sobre o tempo, assunto que, aos meus ouvidos infantis, parecia despertar interesse exagerado nos adultos.

Outro passeio especial era quando visitávamos a sra. Trivett, antiga colega de escola de minha avó, que, para minha alegria, fazia doces caseiros em seu pequeno chalé preto e branco. Seu jardim tamanho caixa de fósforos era repleto de hortênsias rosa-framboesa, cujos cachos grandes e rendados pendiam sobre o muro baixo de tijolos e balançavam com a brisa. Para meu fascínio, havia dois gnomos rechonchudos sentados sob um arbusto, varas de pescar nas mãos. Talvez a sra. Trivett tenha inspirado a afeição de minha mãe por esses ornamentos de jardim.

Minha avó batia a aldrava recém-lustrada na porta preta, e a sra. Trivett aparecia, de avental volumoso, liberando o aroma quente da poção borbulhante que mais tarde se transformaria nos doces que eu amava.

Ela me levava à cozinha para mostrar como eram feitos. Tiras grossas de misturas pretas e brancas, de cheiro adocicado, eram colocadas sobre um gancho perto da porta, depois espremidas e puxadas até triplicarem de comprimento. Somente quando seu tamanho satisfazia a sra. Trivett, algumas eram retiradas para serem cortadas em pequenos quadrados, outras, em pedaços maiores que eram enrolados para virarem balas puxa-puxa.

Eu observava com toda atenção, as bochechas cheias de algumas amostras, enrolando com a língua o que ela me permitira "testar". Quando a última gota de calda açucarada descia por minha garganta, começava nossa brincadeira de sempre.

— Sra. Trivett, de que as meninas são feitas?

Nunca me cansava de ouvir a resposta.

— Ora, Antoinette, quantas vezes vou ter que repetir? De açúcar e canela, é claro, e de todas as coisas boas!

Eu ria feliz, e ela me presenteava com mais um doce.

Em outros dias, minha mãe me ensinava as brincadeiras favoritas de sua infância: jogos que eram passados de geração em geração, ao longo de décadas. Vestíamos bonecas e fazíamos bolos de lama com o baldinho e a pá. Eu adorava brincar com o jogo de chá que minha avó me dera para festas de mentirinha. Primeiro, arrumava as pequenas xícaras e pires sobre uma toalha de mesa, colocando o bule e a jarra de leite em miniatura ao lado. Depois, os pratos eram enfileirados. Quando a mesa estava de acordo com o meu gosto, pedrinhas e flores ocupavam o lugar de sanduíches e bolos, que então eram oferecidos aos adultos ou à minha coleção de bonecas. O chá imaginário era servido, e eu limpava migalhas invisíveis no rosto das bonecas.

Minha mãe não apenas tinha tempo ilimitado para me ensinar brincadeiras, como também adorava me vestir com roupas lindas, muitas das quais ela mesma fazia, levando horas nas casinhas de abelha sobre o corpete, como era moda na época.

Ela encomendara uma fotografia profissional, em que eu usava uma dessas roupas, aos três anos de idade. Era um vestido xadrez com a barra branca, e eu cruzava as pernas rechonchudas, sorrindo confiante para a câmera. Era o retrato da criança amada que eu sabia ser.

Não conte para a mamãe

Minha mãe me inscreveu num concurso de Miss e, para sua alegria, fui uma das finalistas. Uma foto pequena e emoldurada ganhou o lugar de honra sobre a lareira.

No entanto, aquele tempo feliz, em que nós duas formávamos uma família, estava com os dias contados. Sonhei com sua volta durante muito tempo. Porém, mais de dez anos depois, quando finalmente éramos somente nós duas, não houve felicidade alguma.

Meu pai ficou no Exército durante alguns anos depois da guerra e só nos visitava de forma esporádica, causando um tumulto na casa durante o curto período em que ficava. Para mim, parecia mais uma visita importante do que um pai. Dias antes de sua chegada, havia uma comoção de trabalhos domésticos, almofadas eram sacudidas, móveis lustrados e o chão esfregado. Um cheiro morno de assado enchia a casa, quando seus biscoitos e bolos favoritos eram feitos; depois, no tão esperado dia, minha mãe me vestia com minhas melhores roupas e usava a sua mais bonita. Olhávamos impacientes pela janela, aguardando a abertura do portão e uma saudação em voz alta, o que fazia minha mãe correr para os braços dele.

Minha impressão era de um homem grande e bonito, que fazia minha mãe rir de felicidade, com rosto corado. Meias de seda para ela e chocolates para mim sempre acompanhavam sua chegada. Minha mãe desembrulhava seus presentes com paciência, dobrando meticulosamente o papel para uso posterior, enquanto eu rasgava os meus com gritinhos de euforia. Ele, o visitante benevolente, sentava-se na cadeira mais confortável e sorria diante de nosso prazer.

No meu aniversário de quatro anos, abri um pacote volumoso, revelando um grande elefante vermelho de pelúcia. Ao segurá-lo, achei que era mais bonito do que qualquer outra boneca. Batizei-o de Jumbo e, durante vários meses, recusei-me a largá-lo. Segurava Jumbo pela tromba e o arrastava pela casa, insistindo em dormir com ele e levando-o quando saía.

Alguns meses depois desse aniversário, meu pai anunciou que a ideia de uma vida civil o atraía. Disse que queria passar mais tempo com a esposa e a filha. Quando minha mãe ouviu essas palavras, seu rosto se iluminou e, durante as semanas seguintes, notei sua satisfação enquanto aguardava o retorno dele, dessa vez para ficar.

Eu sabia o dia em que ele estava sendo esperado pelo cheiro de assado e pela arrumação frenética da casa, mas três dias se passaram até ele finalmente aparecer. Desta vez não havia nenhum presente após a saudação em voz alta, e, horas depois, o clima tranquilo da casa mudou para sempre. O aumento da tensão havia começado.

Depois de ter sido colocada para dormir, abraçada a meu muito amado elefante, escutei a primeira briga de meus pais, que invadiu meu sono. Fiquei inquieta. Até então, eu mal ouvira alguém erguer a voz com raiva. Abracei Jumbo um pouco mais forte, na esperança de que parassem, e acabei caindo em um sono agitado.

Muito tempo depois, minha mãe contou que o motivo havia sido o hábito de beber e jogar de meu pai. Eu não sabia nada das causas, só sabia que o resultado me perturbava. Ao deixar o Exército com sua indenização por afastamento, ele só voltara para casa depois que cada centavo havia sido perdido numa mesa de pôquer e as esperanças de minha mãe de comprar uma casa haviam sido frustradas. Ficou claro para mim, em uma rara conversa íntima com ela, que aquela fora apenas a primeira de muitas decepções que estavam por vir.

Não conte para a mamãe

    Minha mãe percebeu que, com uma filha crescendo e nenhuma reserva com que contar, teria de trabalhar se quisesse realizar o desejo de ter sua própria casa. Porém, não seria fácil. Não apenas não havia salários igualitários para mulheres na década após a guerra, como era mínima a oferta de trabalho. Os soldados vitoriosos que permaneceram no Exército para ajudar na reconstrução de uma Alemanha devastada estavam retornando e tendo de enfrentar um desemprego em massa, acomodações precárias e racionamento. Com a determinação rigorosa que era parte marcante de seu caráter, minha mãe nunca admitiria a derrota, e sua persistência foi recompensada. Encontrou emprego numa oficina mecânica a alguns quilômetros de casa, como caixa do turno da noite, e um apartamento pequeno e escuro, isento de aluguel, como parte do salário.

    Meu pai também teve dificuldade em conseguir emprego. Embora fosse mecânico capacitado, o único trabalho que conseguiu foi numa fábrica, também no turno da noite. Sem alternativas, aceitou.

    Assim, o padrão de nossa vida foi modificado. Ele voltava para casa de manhã, reclamando do cansaço e indo direto para a cama, enquanto minha mãe, que tinha a casa e uma criança pequena para cuidar, dormia quando era possível.

    Apesar de minha avó ainda me buscar para um passeio ou outro, ela raramente nos visitava, e meu tempo sozinha com minha mãe também chegara ao fim. Eu acordava no pequeno apartamento, pegava Jumbo para me dar apoio e saía à procura dela. Ao ver o apartamento vazio, eu descia de pijama até a oficina, ainda sonolenta, buscando sua companhia. Nessa época, ela nunca ficava nervosa comigo; levantava somente meu corpo quase adormecido, ria, me levava para cima e me colocava de volta na cama.

Meses antes do meu quinto aniversário, mudamos de endereço mais uma vez, agora para uma pequena casa geminada com um jardim. Meu pai acabara de receber uma promoção que significava trabalho permanente, com salário e horários melhores. O trabalho noturno era cansativo para minha mãe e, pela primeira vez após a volta do marido, ela sentiu que poderia ser dona de casa em período integral.

Na noite anterior ao meu aniversário, custei a dormir, imaginando que presente ganharia. Durante toda a semana, insisti que minha mãe me contasse. Imune aos meus pedidos, ela ria e me dizia que eu teria de controlar minha curiosidade e esperar até o dia para saber.

Acordei cedo e desci correndo a escada, lembrando-me da chegada de Jumbo um ano antes. Procurei na sala de estar e não vi nada. Ao perceber a decepção em meu rosto, minha mãe me disse que íamos visitar alguém, e eu receberia meu presente lá.

Assim que engoli o café da manhã com animação, ela abotoou meu casaco, e eu saí saltitando, segurando sua mão a caminho do ponto de ônibus. Um ônibus vermelho de dois andares levou-nos a um bairro distante. Andamos por um trecho curto até uma casa que eu nunca vira. Fiquei confusa. Não fazia ideia do que poderia ser meu presente. Sabia que os presentes eram comprados em lojas.

Quando minha mãe bateu à porta, ouvi o latido agudo de vários cachorros. Minha excitação aumentou. Jumbo, embora ainda muito amado, estava começando a perder o atrativo para mim. O que eu queria mais do que qualquer coisa era um cachorrinho. Seria aquele, pensei, o dia em que meu desejo se concretizaria?

Uma mulher pequena e rechonchuda abriu a porta. Pulando em volta dos pés dela e balançando a cauda, alguns terriers de pelo crespo, preto e marrom, correram para nos receber. Para tentar acalmar a recepção ruidosa, ela logo nos levou a uma cozinha grande. Minha excitação aumentou ainda mais ao ver um cesto em frente ao fogão, com vários filhotes adormecidos. Ao lado do cesto, uma criaturinha fofa, com as manchas pretas e marrons dos cachorros adultos e olhos travessos, cambaleava sobre patas ainda trêmulas, farejando o ar com o focinho preto.

Antes que minha mãe pedisse à senhora que me mostrasse os outros, corri para a aventureira e me ajoelhei. Soube de imediato que ela queria que eu fosse a sua dona. Peguei-a, sentindo o cheiro quente de filhote e as pequenas lambidas da língua rosada em meu rosto, enquanto ela se agitava em meus braços. O vínculo estava formado. Ela se tornou a maior companheira de minha infância.

— Foi dessa que você gostou mais? — perguntou minha mãe.

Meu rosto radiante foi a resposta de que ela precisava.

— Então é sua. É seu presente de aniversário.

Suspirei de alegria ao ver que meu maior desejo havia sido realizado. Beijei a cabeça macia da cachorrinha, dizendo, com essa demonstração de amor maternal de criança, que ela era minha.

— Que nome vai dar a ela? — perguntou minha mãe.

A lembrança de outra criatura pequena e determinada me veio à mente, uma criatura que eu vira num dia mágico na praia naquele mesmo ano. Minha avó me levara de trem à cidade de Ramsgate, no litoral de Kent. Com um grande sorvete de casquinha na mão, eu vira uma roda de crianças rindo, maravilhadas e sentadas no calor do sol, os olhares fixos em algo que eu não conseguia ver. Puxando a mão de minha avó com impaciência e olhando na mesma direção que as outras crianças, avistei os personagens Punch e Judy. O sorvete esquecido derretia, escorrendo pela minha mão, enquanto ficava plantada ali, fascinada com as travessuras. Eu vaiava quando Punch atacava Judy e comemorava com as outras crianças quando Judy respondia à altura. Mesmo quando o homem que manejava as marionetes apareceu com a caixa de coleta, o mistério das duas figuras em miniatura permaneceu sem explicação, e minha avó, com paciência infinita, foi submetida a uma série de perguntas sobre os bonecos briguentos.

— O nome dela vai ser Judy — respondi.

Aquele aniversário permaneceria como a lembrança mais feliz de minha infância.

Minha mãe me matriculara numa pequena escola particular. Ela me levava todas as manhãs e, todas as tardes, me esperava diante do portão da escola com um sorriso afetuoso. Eu me sentia muito adulta em meu uniforme, lápis, borracha e os primeiros livros colocados com cuidado numa sacola de lona que pendurava no ombro. Apesar de gostar daqueles primeiros dias de aprendizado, passei a maior parte do tempo com a respiração contida, visualizando Judy, aguardando com ansiedade o sinal da saída. Engolia com pressa o leite e os sanduíches depois de tirar a jaqueta azul-marinho. Somente quando terminava o lanche, tinha permissão para brincar de bola com Judy por uma hora. Quando minha mãe concluía que as duas tinham gastado energia suficiente para nos acalmarmos, abria a porta da cozinha e nos chamava para entrar. Um livro com palavras a serem aprendidas a cada dia, ou um livro com números, com o qual eu aprendia a ver as horas, era retirado da sacola. Eu trabalhava à mesa, enquanto minha mãe fazia o jantar e Judy deitava exausta aos meus pés.

No Natal, quando Judy deixou de ser filhote, usei o dinheiro que guardara para comprar uma pequena guia vermelha com a coleira combinando. Assim, vestindo com orgulho meu casaco de inverno azul-marinho, Judy ao meu lado com seu pelo natural impermeável ao frio, eu a levava para passear, sorrindo com prazer toda vez que alguém parava para admirá-la. A felicidade ficou completa quando minha avó voltou a nos visitar. Nenhuma explicação foi dada a mim sobre por que havia parado de ir nos ver. Anos depois, ela admitiu para mim que ficara horrorizada com o fato de morarmos no sobrado da oficina; nunca gostara de meu pai e nunca achara que ele estivesse à altura de minha mãe. Apesar de concordar com ela, já era tarde demais para tecer comentários.

Como eu, minha avó adorava Judy, que sempre a recebia com festa. Ela a pegava no colo, fazia cócegas na sua barriga e era recompensada com lambidas que removiam seu perfumado pó facial.

Em suas visitas, ela trazia presentes, a maioria livros que, quando minha mãe estava ocupada, sempre encontrava tempo para ler para mim.

Quando meus pais me informaram, em fevereiro, que nos mudaríamos para a Irlanda do Norte, terra natal de meu pai, minha alegria foi afetada pela ideia de não mais poder ver minha avó com tanta frequência. Suas garantias de que faria muitas visitas, no entanto, ajudaram meu medo a desaparecer.

Na verdade, seis anos se passariam até que eu tornasse a vê-la.

Trocávamos cartas com frequência, as quais escondiam a verdade de nossa vida familiar. Ela nunca se esquecia de aniversários e do Natal, mas a carta tão esperada com a notícia de uma visita nunca chegou. Sem saber das muitas desculpas que minha mãe dava para ela não ir nos visitar, vi minha avó desaparecer aos poucos de minha vida para se tornar alguém que um dia me amara.

Capítulo Três

Três baús estreitos e uma mala no chão de nossa sala de estar guardavam os bens acumulados de um casamento. Ao longo dos dez anos seguintes, eu os veria serem esvaziados e enchidos muitas vezes até se tornarem, para mim, um símbolo do otimismo derrotado. Aos cinco anos e meio, no entanto, eu os via como o início de uma aventura emocionante. Minha mãe finalmente conseguira fechar o terceiro baú na noite anterior, e, assim que uma perua chegasse para levá-los, nossa viagem começaria.

Meu pai, que já estava na Irlanda do Norte havia semanas, procurando uma acomodação adequada, finalmente mandara alguém nos buscar. Sua aguardada carta chegara havia uma semana, e minha mãe lera partes para mim. Contou-me com entusiasmo que ele havia encontrado uma casa para nós no interior. Mas, primeiro, visitaríamos a família dele, que esperava ansiosa nossa chegada. Passaríamos quinze dias com eles, até a chegada de nossos móveis e baús, quando, então, mudaríamos para nossa nova casa.

Minha mãe me disse repetidas vezes que eu iria amar a Irlanda, que a vida seria boa e que eu iria adorar conhecer todos os meus parentes. Ela falava com animação sobre seus planos futuros. Íamos morar no interior, criar aves e plantar legumes e verduras. Visualizando pintinhos amarelos e fofinhos de cartões de Páscoa, meu entusiasmo foi crescendo e igualou-se ao dela. Eu ouvia trechos das cartas de meu pai que ela lia para mim, sobre meus primos, a casa no interior e a saudade que ele sentia de nós. A felicidade dela era contagiante ao descrever uma futura vida idílica.

Quando a perua partiu com nossos baús e móveis, olhei para os cômodos vazios com uma mistura de emoções: nervosa por deixar tudo que era familiar, mas animada para ir a um país novo.

Minha mãe pegou a bagagem de mão, segurei firme a guia de Judy, e começamos nossa viagem de vinte e quatro horas. O que para mim parecia uma aventura, para minha mãe estava sendo uma experiência penosa e extenuante. Ela não apenas tinha nossas bolsas e a mim para cuidar, mas também Judy, que àquela altura passara de filhote a uma pequena terrier travessa de olhos vivos.

Um ônibus levou-nos à estação de trem, com seus canteiros de flores e carregadores simpáticos. Pegamos um trem para a Inglaterra Central, depois a conexão para Crewe. No compartimento, eu observava o vapor flutuando em nuvens de fumaça que saíam da locomotiva, ouvindo o claque-claque das rodas nos trilhos, que para mim soava como "vamos pra Irlanda do Norte, vamos pra Irlanda do Norte".

Eu mal conseguia ficar parada, mas a ansiedade não diminuiu meu apetite. Preocupada com os gastos, minha mãe preparara um piquenique. Ao abrir o papel pardo, encontrei uma porção de sanduíches de carne enlatada, depois um ovo cozido, que descasquei e comi enquanto olhava pela janela. Passei, então, para uma maçã suculenta, enquanto minha mãe se servia

Não conte para a mamãe

do chá de um cantil. Havia um pacote separado, contendo sobras para Judy, uma garrafa de água e uma pequena tigela de plástico. Ela comeu até a última migalha, lambeu meus dedos, agradecida, e adormeceu aninhada a meus pés. Depois que terminamos, minha mãe pegou um pano úmido de outra bolsa, limpou meu rosto e mãos e passou rapidamente pó compacto dourado no nariz e queixo. Franzindo os lábios, pintou-os com o vermelho-escuro que sempre preferira.

A estação de Crewe parecia uma caverna vasta e ruidosa, suja e mal-iluminada, muito diferente das estações agradáveis e recém-pintadas de Kent. Minha mãe enrolou-me em meu casaco de lã, colocou a guia de Judy em minha mão, depois organizou as bolsas.

O trem de Crewe até o porto de Liverpool estava repleto de passageiros felizes, em clima de férias, muitos deles soldados de folga indo para casa. Não houve falta de mãos para nos ajudar a erguer as bolsas ao compartimento. Judy recebeu muitos carinhos e elogios, o que me deixava contente. Minha bela mãe, esbelta, com seus cabelos pretos nos ombros, teve de explicar a mais de um soldado esperançoso que seu marido nos aguardava em Belfast.

Com meus livros de colorir e gizes de cera em mãos, sem querer perder um momento, tentei desesperadamente manter os olhos abertos, sem sucesso. Uma hora depois, fui tomada pelo sono.

Quando acordei, estávamos em Liverpool. Através das espirais de vapor, vi o barco pela primeira vez, um enorme vulto cinza e ameaçador que se elevava acima de nossas cabeças. Ele fazia uma sombra sobre os grupos de pessoas que, carregando diversos tipos de bagagens, corriam para fazer fila na base da prancha de embarque. Os pálidos feixes amarelos dos postes de luz brilhavam levemente nas águas oleosas sob o balanço suave do barco. Como só conhecia os pequenos barcos de pesca de Ramsgate, fiquei maravilhada com a ideia de viajar em algo tão imenso. Segurando firme a guia de Judy, aproximei-me de minha mãe em busca de conforto, enquanto ela seguia para a fila.

Recebemos ajuda para embarcar, e um comissário de terno branco acompanhou-nos à nossa pequena cabine de segunda classe, com uma cadeira de madeira, uma única cama e uma pia pequena.

— Nossa, vamos dormir as duas aí? — perguntei com espanto.

O comissário bagunçou meus cabelos e riu.

— Claro, vocês não são muito grandes!

Naquela noite, abracei minha mãe, enquanto o balanço do mar embalava meu sono durante a maior parte da travessia de doze horas. Não senti o enjoo que, de acordo com o comissário que levou nosso chá com torradas pela manhã, tantos de nossos companheiros de viagem sentiram.

Chegamos a Belfast antes que o sol nascesse por completo e entramos em fila mais uma vez para desembarcar. Os passageiros acenavam, debruçados na lateral do barco, mas eu, muito pequena, tive de conter o entusiasmo. Quando o barco fez o movimento final, a prancha foi baixada, e avistei Belfast pela primeira vez.

A luz do amanhecer brilhava sobre paralelepípedos úmidos, onde pequenos pôneis puxavam carroças de madeira de um lado para o outro. Havia pessoas perto da prancha de desembarque, soltando a fumaça da respiração no ar frio e com enormes sorrisos de saudação no rosto. Meus ouvidos foram invadidos pelo forte sotaque da Irlanda do Norte à medida que parentes e amigos se encontravam.

Não conte para a mamãe

Enquanto procurávamos meu pai, tudo parecia e soava tão diferente. Nós o vimos ao mesmo tempo, vindo em nossa direção com um largo sorriso. Ele abraçou minha mãe com força e a beijou, pegou-me no colo e me deu um beijo estalado em cada bochecha. Judy farejou os pés dele com desconfiança, e, pela primeira vez, sua cauda não balançou.

Disse-nos que estava com muitas saudades de nós, que estava contente por estarmos lá e que todos se mostravam ansiosos para nos ver. Pegou nossas malas e seguiu na frente até o carro.

O carro fora emprestado, ele nos contou com uma piscadela, para o último estágio de nossa viagem. Minha mãe ficou encantada ao ouvir que ele não queria que ela viajasse até Coleraine de trem, desperdiçando momentos preciosos em que ele poderia estar conosco.

Comigo enrolada num cobertor xadrez no banco de trás, demos início ao trecho final. Ele segurou a mão dela, e o ouvi dizer: "Tudo será diferente, você vai ver, seremos felizes aqui. Será bom para Antoinette também, o ar do campo." Minha mãe recostou a cabeça e os cabelos escuros no ombro dele, e ele se encostou nela de modo breve, com seus cabelos ruivos. Nesse dia, a felicidade deles era palpável. Mesmo criança, pude perceber.

Pela primeira vez, eu me senti excluída. Meu pai manteve a atenção focada em minha mãe. Via os sorrisos dela, que nesse dia não eram para mim, e vi que estavam absortos um no outro. Fui tomada por um sentimento de apreensão, uma vez que fora alertada sobre mudanças por vir, enquanto via a paisagem passar.

Vi as montanhas azuis irlandesas, os picos ainda envoltos pela névoa da alvorada. Do outro lado do terreno pedregoso, casas cinza, quadradas e baixas, tão diferentes dos belos chalés pretos e brancos com teto de palha de Kent, dividiam a área verde. Avistei ovelhas reunidas para se protegerem do frio em campos separados por muros baixos de pedra. Passamos por minúsculas aldeias nas quais uma casa pequena, transformada em mercearia, atendia à comunidade local. Porcos, com galinhas magras ciscando em volta de suas patas, grunhiam satisfeitos nos pátios lamacentos dos sítios. Crianças acenavam para o nosso carro. Acenando para elas, eu erguia Judy à janela para vê-las.

Decidida de que gostava da Irlanda do Norte, meus pensamentos voltaram-se para minha família irlandesa. Embora eu amasse a avó materna que ficara na Inglaterra, estava ansiosa para conhecer meus novos parentes. Minha mãe tentara descrever minha família, mas eu não conseguia visualizar. Eu sabia que eles tinham me visto quando bebê, mas não me lembrava deles.

Os campos foram substituídos por estradas amplas com casas grandes em terrenos com jardins, que deram lugar a estradas com casas geminadas compactas com janelas em arco e jardins alongados, limitados por cercas vivas aparadas com precisão. Depois vieram fileiras de casas de mesmo estilo, com arbustos sem flores protegidos por muros baixos.

Meu pai avisou que logo estaríamos na casa da mãe dele, onde o almoço esperava por nós, o que me fez lembrar que eu estava com fome. O café da manhã de chá fraco e torrada tinha sido horas antes.

Minutos depois, todo o verde desapareceu, as estradas ficaram mais estreitas e as casas mais escuras, até entrarmos numa rua com casinhas de tijolos vermelhos e portas que davam direto para a calçada. Meu pai me contou que aquela era a área em que ele crescera, e onde membros de minha família irlandesa,

Não conte para a mamãe

incluindo meus avós, moravam. Estiquei o pescoço e vi uma rua completamente diferente de tudo o que tinha visto antes.

Mulheres com lenço amarrado sobre bobes de cabelo, debruçadas sobre a parte de baixo da porta dividida, conversando em voz alta com as vizinhas enquanto olhavam crianças pequenas com o nariz escorrendo, brincando nas sarjetas. Outras, com as pernas à mostra, pés em chinelos de lã, escoravam-se nos muros, tragando cigarros com lábios pálidos. Crianças maltrapilhas jogavam críquete com metas desenhadas no muro. Cachorros de linhagem desconhecida latiam furiosos, pulando no ar para pegar as bolas. Homens com suspensórios sobre a camiseta andavam a esmo com as mãos no bolso e gorro na cabeça, enquanto outros ficavam parados em grupo, no que parecia uma conversa interessante.

Mais cachorros correram em volta do carro quando estacionamos e saímos, exaustas. Sem saber se eram mansos ou não, segurei Judy no colo para protegê-la. Ela retribuiu minha preocupação, balançando a cauda e agitando-se para descer. Esperando para nos receber, estava uma mulher roliça de cabelos brancos, com as mãos nos quadris e um sorriso enorme no rosto.

Ela deu um abraço muito forte em meu pai e abriu a porta. Passamos pela escada íngreme sem carpete, direto da calçada para a pequena sala de estar da casa de meus avós.

A sala estava quente, com fogo de carvão ardendo na lareira, e cheia de parentes próximos. Meu avô parecia uma versão menor e mais velha de meu pai. Era um homem baixo e atarracado, que, como ele, tinha cabelos cheios e ondulados, penteados para trás. Onde as ondas do cabelo de meu pai tinham mechas vermelho-escuras, as de meu avô tinham desbotado para um cinza-amarelado. Como meu pai, seus olhos eram castanho-acinzentados, com cílios cheios, mas, quando sorria, revelava dentes amarelados, não o brilho dos dentes brancos de meu pai.

Minha avó, uma mulher gorducha e animada, toda vestida de preto, tinha os cabelos brancos presos num coque, bochechas vermelhas como maçãs e olhos azuis radiantes. Ela se agitava feliz à nossa volta, e gostei dela de imediato.

— Antoinette — exclamou —, não a vejo desde que era bebê, e olhe para você agora, uma mocinha.

Ela puxou uma mulher jovem, dizendo ser minha tia Nellie. Miúda, de cabelos pretos e olhos castanhos, era a única irmã de meu pai.

Dois homens, que meu pai disse serem seus irmãos mais novos, meus tios Teddy e Sammy, foram apresentados em seguida. Ficou óbvio que tinham respeito pelo irmão mais velho. Teddy era um adolescente magro e ruivo, com um sorriso contagiante. E era impossível não gostar dele. Já Sammy, de cabelos pretos, era alguns anos mais velho e de aparência mais séria. Embora parecesse contente em nos ver, Sammy foi mais contido nos cumprimentos.

Teddy ofereceu-se para levar Judy para um passeio muito necessário, e entreguei a guia com gratidão. Ainda tímida no ambiente novo, eu não queria me aventurar a sair.

Minha avó e Nellie andavam de um lado para o outro, levando comida à mesa e colocando água fervente num bule de alumínio.

— Sente-se agora — disse minha avó. — Com certeza está com fome.

Cadeiras foram puxadas às pressas até a mesa abarrotada, e meus parentes observavam minha avó encher o meu prato.

Não conte para a mamãe

Havia uma variedade de sanduíches, alguns de carne enlatada, outros de pasta de peixe. Havia os típicos pães irlandeses, feitos com bicarbonato de sódio e sem fermento, e panquecas irlandesas pequenas e grossas, com muita manteiga e geleia de morango. Em seguida, um bolo de frutas, que deve ter consumido todo o orçamento de alimentação da família. Não precisei de nenhum incentivo e comi com apetite, em meio ao burburinho da conversa dos adultos, que enchiam meus pais de perguntas.

Não conseguia comer mais; e meus olhos começaram a se fechar, quando o calor da sala, a viagem longa e a comida fizeram efeito. Ouvi vozes e risos dos adultos, exclamando que eu caíra no sono, depois senti os braços fortes de meu pai me pegando no colo e me levando para um quarto no andar de cima.

O crepúsculo já tomara conta do céu às quatro da tarde, quando minha mãe me acordou. Sonolenta, deixei que ela me lavasse e vestisse para outra visita. Parecia que a família toda de meu pai queria nos ver, e eu, acostumada à pequena família de minha mãe, formada por uma avó e alguns primos que pouco via, tive muita dificuldade em lembrar todos os nomes. A ceia seria servida na casa de meu tio-avô, na mesma rua. Tio Eddy e tia Lilly, como me disseram que deveria chamá-los, e suas duas filhas adolescentes, Mattie e Jean, haviam preparado uma refeição especial para nós, a qual, como vim a saber depois, era típica da Irlanda: grossas fatias de frango, presunto cozido coberto com mel e mostarda, ovos cozidos, tomates bem vermelhos e batatas cozidas com a casca. Um pavê caseiro e muitas xícaras de chá depois, e me senti envolvida pelo afeto da família de meu pai.

Perguntaram sobre nossa vida na Inglaterra, como havia sido a viagem e quais eram os planos de meus pais agora. Onde iríamos morar? Para que escola eu iria? Notei sua surpresa quando minha mãe informou que eu iria para uma escola particular, uma vez que estava acostumada. Quando cresci, percebi que apenas bolsistas de Parker Street — uma das áreas mais pobres de Coleraine — teriam frequentado a escola que minha mãe escolhera para mim.

Raramente nos davam tempo para responder suas perguntas, intervindo com as fofocas da família. Já naqueles momentos, pude notar o desinteresse de minha mãe. Passei a reconhecer o sorriso educado que ela dava quando em companhias que a entediavam. Em contraste, meu pai estava quase sempre com um sorriso animado no rosto, enquanto ele, o centro das atenções, ria a cada nova fofoca.

Cansada da agitação do dia e feliz por fazer parte de uma família tão grande, dormi satisfeita num colchonete ao lado da cama de meus pais.

Na manhã seguinte, fui despertada pela luz que atravessava as cortinas finas da pequena janela. Saí à procura de minha mãe, e me disseram que meus pais iriam ficar fora o dia todo, e eu ficaria com minha avó.

Minha mãe nunca me deixara sem avisar antes, e mais uma vez senti uma leve pontada de apreensão e sentimento de perda. Ao olhar para o rosto amável de minha nova avó, no entanto, consegui deixar minhas dúvidas de lado.

Enquanto ela preparava um café da manhã irlandês, de panqueca frita, morcela e ovo, eu me lavei na pia da cozinha. No banheiro, fiquei consternada ao ver pedaços de jornal cortados e arrumados no lugar do rolo de papel higiênico. Ao comentar com minha avó a respeito, ela pareceu constrangida e me disse que o papel tinha acabado e que iriam comprar depois do café. Apenas alguns meses depois, percebi que, com a pobreza, o jornal ganhara diversos usos e o papel higiênico era considerado artigo de luxo.

Assim que a louça do café da manhã foi lavada, ela ferveu mais panelas de água e me disse que eu poderia ajudá-la com a limpeza. Lá fomos nós para o minúsculo quintal dos fundos, onde ela encheu uma grande bacia de metal com água fervente e sabão e começou a esfregar toalhas e camisas rapidamente, com mãos vermelhas e rachadas, muito diferentes das de minha mãe, brancas com unhas cuidadosamente pintadas de vermelho.

Ajudei-a a torcer as peças encharcadas com o espremedor de roupas, segurando uma ponta, enquanto ela passava a outra pelo aparelho, procedimento que repetimos várias vezes. Quando as últimas gotas de água foram retiradas, penduramos as roupas, com os dedos já dormentes de frio, numa corda que ia da porta dos fundos ao banheiro. Por fim, erguemos o varal o mais alto que conseguimos, com a estaca de madeira que servia de apoio, deixando-o flutuar acima de nós, no ar gelado.

Toda noite, exceto aos domingos, as roupas ainda úmidas eram colocadas num escorredor de madeira diante da lareira, enchendo a sala com o cheiro de roupas enfumaçadas e bloqueando o calor.

Meu avô voltou ao meio-dia, não do trabalho, como pensei, mas das apostas ou, se tivesse tido sorte nos cavalos, do bar. Recebi a tarefa de pôr a mesa, que estava coberta por jornais limpos, antes da refeição de sopa e pão irlandês.

Naquele final de semana, passei a maior parte do tempo com meus avós, enquanto meus pais desapareciam e só voltavam quando eu já estava dormindo. No domingo de manhã, minha mãe viu meu rosto triste quando notei que ela e meu pai iriam sair de novo, e prometeu que passaríamos o dia seguinte juntas.

— Primeiro vou levá-la para a matrícula na escola nova — disse ela. — Depois, se for boazinha e ajudar sua avó hoje, vou levá-la para um almoço especial.

Mais calma, sorri para ela também, feliz novamente, e ela me deu um abraço breve, deixando o cheiro de perfume no ar.

A segunda-feira trouxe um sol fraco de inverno, que brilhava, mas não aquecia a manhã gelada. No entanto, a expectativa de um dia inteiro com minha mãe me fez esquecer o frio.

— É apenas uma caminhada de meia hora — tranquilizou-me.

Após o café da manhã, andamos de mãos dadas pelas ruas estreitas nos arredores de Park Street, atravessamos a praça da cidade e passamos por avenidas arborizadas, onde casas altas de tijolos vermelhos ficavam recuadas da rua. Ao chegar a uma casa que só se distinguia das outras pelos prédios cinza pré-fabricados e quadras de tênis cercadas, entramos no grande salão com piso de madeira e nos apresentamos à secretária da escola.

Minutos depois, fomos levadas à sala da diretora. Era uma mulher imponente. Seus cabelos brancos tinham um leve tom azulado, e ela vestia um terno cinza sob medida, quase todo coberto por uma toga preta.

— Olá, sou a dra. Johnston — disse ela, tocando meu ombro de leve. — Você deve ser Antoinette.

Depois de conversar com minha mãe por alguns minutos, ela me passou um teste simples de leitura, que li direto, sem gaguejar, apesar do nervosismo. Quando terminei, ela me deu um sorriso afetuoso.

— Antoinette, você lê muito bem, apesar de só ter ido à escola por alguns meses. Sua mãe lhe ensinou?

— Não, foi a vovó — respondi. — Líamos as tirinhas do Flook no *Daily Mail* juntas. — Ela riu e perguntou o que mais

Não conte para a mamãe

minha avó havia me ensinado. Pareceu achar graça quando eu disse que aprendera a contar jogando cartas.

— Bem, com certeza, ela está dentro dos padrões — tranquilizou minha mãe. — Acho que vai se adaptar bem aqui.

Minha mãe pareceu satisfeita, e fiquei contente com seu prazer. Após diversas formalidades, a dra. Johnston mostrou-nos a escola. Ao ver os grupos de crianças com o uniforme verde, brincando no recreio, achei que seria feliz ali.

Com as listas do que era exigido em mãos, eu e minha mãe percorremos a curta distância até a cidade. Primeiro, compramos meu uniforme, agasalho de ginástica verde, três camisas brancas e uma gravata preta e verde. A última compra, que minha mãe disse ser um presente de minha avó inglesa, foi um elegante paletó verde com o distintivo branco no bolso. A próxima parada seria a livraria.

Sobrecarregadas com tantos pacotes, seguimos para uma casa de chá próxima, para o almoço especial prometido.

— Acho que vai gostar de sua nova escola — disse minha mãe, assim que nossa comida chegou. Com a boca cheia de bolinhos amanteigados, acenei feliz com a cabeça em resposta.

Na manhã do meu primeiro dia de aula, pulei da cama ansiosa e desci a escada correndo, para me lavar e tomar o café da manhã que minha avó já havia preparado para mim. Meu pai saíra para trabalhar e minha mãe deixara todas as minhas roupas sobre a cama deles. Senti nelas o cheiro de coisa nova. Vesti a calça verde da escola e o agasalho de ginástica, pedindo a ajuda de minha mãe com a gravata. Meu cabelo foi escovado, e ela colocou uma fivela para mantê-lo no lugar. Depois, com a sacola contendo todos os livros novos no ombro, olhei-me no espelho. Uma criança feliz com leves resquícios de bochechas de bebê sorriu confiante para mim. Ajeitei-me por um instante, depois desci a escada e fui abraçada por minha avó antes de partir para a caminhada até a escola com minha mãe.

Minha professora apresentou-me aos meus colegas e me colocou sentada ao lado de uma simpática menina loura, que me disseram chamar-se Jenny. A manhã passou rápido, e fiquei grata pelas explicações extras de minha avó. Achei a leitura e a aritmética fáceis, e fui recompensada por um sorriso e elogios da professora.

Ao som do sino, nossa turma correu da sala para a área de recreação, onde Jenny ficou tomando conta de mim. Por acharem meu nome difícil de pronunciar, as crianças, aos risos, chamavam-me de "Annie-net". Sabendo que os risos eram amigáveis, fiquei feliz por me sentir parte do grupo e ri com eles. Ao fim do dia, Jenny e eu nos tornáramos melhores amigas. Ela parecia sentir orgulho de cuidar de uma menininha com um sotaque estranho e me apresentou aos meus colegas. Contente em receber sua atenção, senti o afeto que as amizades instantâneas trazem. A necessidade de uma amiga especial, que começa com o fim da vida de bebê e o início da infância, foi preenchida.

Mais duas semanas se passaram na casa de meus avós, até que chegou o dia de nossa mudança. Desta vez, tive sentimentos contraditórios. Adorava fazer parte de uma família tão grande, em especial por ser a mais nova e o centro das atenções. Todos estavam sempre brincando comigo e me fazendo carinho. Até mesmo meu avô taciturno batia papo comigo e me pedia para ir à lojinha do bairro, para comprar cigarros para ele e doces para mim. Quando ninguém estava olhando, ele até brincava com Judy. Eu sabia que iria sentir falta deles, mas meu lado aventureiro estava ansioso para morar no campo e ajudar minha mãe a criar aves.

Tínhamos chegado a um acordo que agradasse tanto a mim quanto a meus avós. Era comum nas áreas rurais que os ônibus circulassem apenas duas vezes por dia, uma de manhã para levar os trabalhadores à cidade e, depois, à noite, para levá-los de volta. Ficou combinado que, em todos os dias de aula, eu iria à casa de meus avós para o chá, e depois eles me levariam até o meu ônibus, e minha mãe me encontraria na chegada. Sabendo que só iria me ver depois do feriado de Páscoa, minha avó preparou um pacote cheio de meus pães e panquecas irlandeses, que colocamos no carro, junto com as panelas, embalagens de alimentos e combustível.

Em meio a despedidas chorosas a minha avó, colocamos nossas malas no carro. Em seguida, com Judy e eu espremidas atrás, começamos nossa viagem para a casa nova. Atrás de nós, vinha uma caminhonete com nossa parca mobília da Inglaterra, da qual minha mãe não conseguira se desfazer.

As ruas principais transformaram-se em estradas do interior, depois passamos por uma alameda onde as cercas vivas eram mais bravias, e cascalhos tomaram o lugar do asfalto, até chegarmos a uma pista de terra que ia dar num portão de madeira.

Meu pai saiu do carro triunfante, abriu o portão com um floreio, e vimos a casa de sapê pela primeira vez. Não era o que eu esperava.

De volta ao asilo, senti o frio na pele, à medida que as lembranças reviravam-se em minha mente, e incapaz de qualquer movimento. A cadeira dura me fez despertar. Antoinette não estava mais lá, e Toni, minha identidade adulta, voltara ao comando.

Servi-me da vodca de minha garrafa de bolso, acendi um cigarro e encostei a cabeça na cadeira para refletir sobre a felicidade daqueles primeiros anos. Por que, perguntei-me, fora tomada por sentimentos de destruição iminente? Não havia nada naquele lugar para me causar medo.

— Há, sim, Toni — veio o sussurro. — Você está com medo de mim.

— Não estou — respondi. — Você é meu passado, e o passado já foi resolvido.

Mas a negação era inútil. Ao olhar para os cantos da sala vazia, através da fumaça do meu cigarro, senti a força de Antoinette puxando-me de volta para atravessar o portão da casa de sapê.

Capítulo Quatro

Em uma extensão de cascalhos cravejados de dentes-de-leão, havia uma pequena casa quadrada. A tinta branca descascada expunha o fundo cinza de tempos antigos, e manchas feias escorriam das calhas. Havia dois barris de água unidos por um suporte de ferro enferrujado, uma porta dividida na horizontal com um cadeado e quatro janelas encardidas e sem cortinas.

Ao lado da casa, dois galpões caíam aos pedaços cobertos com folhas de zinco. Um emaranhado de trepadeiras e urtigas bloqueava a porta do galpão maior, e havia espaços escuros onde faltavam ripas na parede. A porta do galpão menor estava aberta, revelando quadrados de jornais amarelados, pendurados em barbantes, e o assento velho de madeira de um banheiro químico. Tábuas formavam um caminho quase imperceptível sob as ervas daninhas e trepadeiras, e a umidade apodrecera a placa de madeira na frente.

Minha mãe, eu sabia, via os belos chalés de Kent. Via seu lindo marido e sentia o amor por uma memória estática, congelada em sua mente. Era a lembrança de um salão de baile, onde ela, mais velha que a maioria das mulheres ali, deslizara em passos de dança com o galã de cabelos acobreados, para a inveja de suas amigas.

Com essa imagem em mente e o otimismo ainda intacto, ela começou a explicar seus planos. O anexo maior seria transformado em um galinheiro, uma horta seria cultivada nos fundos da casa e flores seriam plantadas sob as janelas. Ela segurou a minha mão e me levou para dentro.

A corrente formada pela porta aberta aspirou as bolas de poeira dos cantos. A luta final de centenas de moscas presas terminara nas teias de aranha gigantescas que desciam de vigas e janelas sem pintura, e uma trilha de fezes de ratos ia dar no único armário embutido. As paredes tinham sido pintadas de branco, mas do chão até o nível da minha cintura, estavam manchadas com o verde-escuro da umidade.

Havia um fogão preto a lenha em um canto da sala e, sob a janela, o outro único acessório, uma prateleira de madeira com uma bacia de metal em cima e uma banheira de estanho embaixo.

Duas portas em cantos opostos iam dar nos quartos. Ao lado da porta da frente, uma escada, quase uma escada de mão, era a entrada para o sótão. Quando subimos para explorar, encontramos um grande espaço escuro onde apenas o telhado de palha nos protegia das intempéries, e um cheiro de mofo me fez torcer o nariz.

Minha mãe começou de imediato o trabalho de transformar seu sonho em realidade, varrendo com vontade o chão, enquanto os homens descarregavam o furgão. A turfa foi trazida. O fogo foi aceso no fogão e a água, puxada do poço no fundo do quintal. Minha primeira tarefa foi retirar todos os sapos que vinham no balde e carregá-los com cuidado até a grama perto do poço.

— Depois eles decidirão se querem ficar com a família deles ou sobre o solo ao sol — explicou minha mãe.

Não conte para a mamãe

Enquanto o calor saía do fogão, nossa mobília era colocada na sala já livre das teias de aranha, e o rádio de pilha tocava música para minha mãe cantarolar, criando um clima animado no ambiente desolado de antes.

Chá e sanduíches foram preparados, e eu tirei um minuto de descanso para me sentar na grama com Judy. Dividi meu sanduíche de carne enlatada com ela, enquanto ela farejava os odores novos com o focinho inquieto e a cabeça inclinada para o lado, com um olhar esperançoso para mim.

Kent parecia ter ficado em outro mundo, e eu, assim como ela, senti vontade de explorar. Ao ver que os adultos estavam todos ocupados, coloquei a guia vermelha em Judy e saí pelo portão. Passeamos por uma alameda próxima, e o sol de primavera a pino afastava a friagem que predominava no chalé. As cercas vivas não aparadas estavam carregadas de flores silvestres. Havia moitas de prímulas, assim como as primeiras madressilvas. Violetas roxas espreitavam sob o espinheiro-branco. Abaixei-me para colher algumas e fazer um ramalhete para minha mãe. O tempo passava despercebido, com os novos sons e paisagens prendendo minha atenção, e mais flores me seduziam a seguir adiante pela alameda.

Ao parar para observar porcos gordos em um campo próximo, com suas crias rosadas e roliças correndo por perto, ouvi meu pai gritar:

— Antoinette, onde você está?

Virei-me e corri confiante na direção dele, segurando firme meu ramalhete de flores silvestres. Mas o homem que vi aproximando-se não era o belo pai sorridente que nos encontrara no barco. Em vez dele, vinha um homem carrancudo, de rosto vermelho, que eu mal reconheci, um homem que de repente parecia enorme, com olhos injetados de sangue e a boca tremendo de raiva. Meu instinto me disse para correr, mas o medo me manteve parada onde estava.

    Ele me agarrou pelo pescoço, colocou o braço com força em volta da minha cabeça e puxou-a contra o corpo dele. Ergueu meu vestido de algodão até a minha cintura e baixou a calcinha na altura das minhas meias de algodão. Sua mão calosa segurou meu corpo seminu contra as coxas dele, passando a outra mão em minhas nádegas e apertando uma delas com força. Segundos depois, ouvi um estalo e senti uma dor cortante. Consegui me mexer e gritei, em vão. Segurou meu pescoço com mais força ainda, enquanto com a outra mão me dava golpes seguidos. Judy curvou-se debaixo de mim, e o ramalhete, agora esquecido, ficou esmagado no chão.

    Ninguém jamais havia me machucado de propósito antes. Se alguma vez, eu batera um joelho gorducho no outro, caindo no chão, minha mãe sempre me levantava e limpava minhas lágrimas. Agora, eu chorava e gritava de dor, choque e humilhação. Lágrimas e ranho escorreram dos olhos e do nariz quando ele me chacoalhou. Meu corpo todo estremecia de terror.

    — Nunca mais saia andando por aí desse jeito, minha menina — gritou ele. — Agora, volte para a sua mãe.

    Enquanto eu puxava a calcinha sobre o traseiro dolorido, as lágrimas sufocantes me fazendo soluçar, ele segurou meu ombro e me arrastou para casa. Eu sabia que minha mãe tinha ouvido meus gritos, mas ela não disse nada.

    Nesse dia, aprendi a ter medo dele, mas um ano se passaria até o início do pesadelo.

Não conte para a mamãe

A segunda Páscoa chegara à casa de sapê, e o frio intenso de nosso primeiro inverno estava quase esquecido. O celeiro tinha sido reformado, chocadeiras tinham sido instaladas no que fora meu quarto, e, contra minha vontade, eu fora transferida para o sótão.

Nossas primeiras galinhas, que minha mãe via mais como animais de estimação do que como fonte de renda, ciscavam felizes na grama. O galo empertigava-se diante de seu harém, exibindo com orgulho a plumagem colorida e brilhante, e as chocadeiras estavam cheias de ovos. Infelizmente, inúmeros coelhos haviam se servido muitas vezes das flores plantadas com esperança debaixo das janelas, e as batatas e cenouras eram as únicas sobreviventes da pequena horta.

As férias, agora que eu era 12 meses mais velha, significavam mais afazeres domésticos, tais como usar um coador para remover os sapos dos baldes de água, juntar gravetos para o fogão e procurar ovos. As galinhas soltas resolviam não usar o galinheiro e escondiam seus ninhos em cantos afastados, alguns em nosso quintal, outros enfiados sob arbustos nos campos adjacentes. O galpão maior abrigava a maioria delas, e todos os dias os cestos eram carregados para as visitas do dono da mercearia duas vezes por semana, quando ele comprava nossos ovos e nos fornecia outros produtos.

Todas as manhãs eu ia à fazenda local para buscar o leite que vinha em latões. Naquela época, as pessoas não se preocupavam com pasteurização. Todos os dias, a mulher do fazendeiro me convidava para entrar em sua cozinha aconchegante e me dava chá com leite e pão irlandês quente antes de voltar para casa.

Durante o dia, eu ficava ocupada demais para me preocupar com as mudanças na atmosfera de nossa casa. A apreensão que eu sentira um ano antes se tornara realidade. A felicidade de minha mãe era controlada pelo humor do marido. Sem meios de transporte, nenhum controle do dinheiro e nem sequer telefone público próximo, a mulher feliz que um dia se divertira em casas de chá em Kent parecia uma memória distante. Apenas Judy e o Jumbo todo esfarrapado permaneciam como lembranças daqueles tempos.

Quando começava a escurecer, eu sentava para ler meus livros à luz alaranjada dos lampiões a querosene, enquanto minha mãe esperava meu pai voltar para casa. Eu ficava quieta, na esperança de que o silêncio me tornasse invisível.

Algumas noites, antes de ir para a cama, eu ouvia o carro dele entrando pelo quintal de cascalhos. Então, ela se levantava às pressas, colocava a chaleira no fogão, o jantar já preparado em um prato e um sorriso de boas-vindas no rosto. Eu sentia um frio no estômago, perguntando-me que pai apareceria à porta. Seria o alegre e jovial, presenteando minha mãe com uma caixa de chocolates e fazendo cócegas em meu queixo? Ou o homem nervoso que vira pela primeira vez na alameda e que vinha aparecendo cada vez com mais frequência?

O anterior poderia se transformar no mais recente diante de qualquer ofensa imaginária. Minha simples presença, eu sabia, incomodava-o. Podia sentir seu olhar sobre mim enquanto eu mantinha os olhos grudados no livro, percebendo a tensão silenciosa aumentar.

"Você não poderia ajudar mais a sua mãe?" era uma pergunta que ele me fazia repetidas vezes.

"O que você está lendo agora?" era outra.

Minha mãe, ainda apaixonada pelo belo homem que nos encontrara no porto, não notava meu sofrimento. Se eu lhe fizesse

Não conte para a mamãe

alguma pergunta durante o dia, tentando entender por que meu pai ficava tão bravo comigo, ela só me dizia para me esforçar em agradá-lo mais.

Nas noites em que o carro não retornava antes que eu fosse dormir, a animação de minha mãe desaparecia aos poucos, e eu era despertada no meio da noite por vozes alteradas. A discussão prosseguia até que os gritos embriagados dele a venciam. As manhãs que se seguiam a essas noites ficavam comprometidas, com minha mãe andando pela casa em silêncio, e eu arrumando qualquer desculpa para sair. Essas noites costumavam ser seguidas pelo retorno do pai jovial no dia seguinte, trazendo doces para mim e perguntando como estava a "pequena" dele. Ele dava flores ou chocolates a minha mãe, um beijo em seu rosto, e trazia de volta a felicidade momentânea dela.

Passei a ter finais de semana terríveis. Todas as sextas-feiras, minha mãe esperava pelo marido, que raramente aparecia, e eu era acordada pelas brigas, palavras indistintas de raiva que invadiam meu quarto, o medo me prendendo à cama, enquanto eu me enterrava sob os cobertores, tentando fugir dos sons horríveis.

Todo sábado de manhã, deitado na cama com a dor de cabeça que ele próprio provocara, meu pai ordenava à minha mãe que me mandasse ao quarto dele com xícaras de chá. De boca fechada, ela obedecia, exigindo que eu permanecesse perto de casa. As visitas à casa da fazenda para buscar leite passaram a ser monitoradas. Nada de chá com leite e pão quente com manteiga com a simpática esposa do fazendeiro.

Eu parecia atrair a raiva dele. Após uma de minhas visitas à fazenda, voltei com uma galinha garnisé.

— Pode levar isso de volta, minha menina — foram as primeiras palavras dele ao ver a galinha.

Dessa vez, minha mãe ficou do meu lado.

— Ah, deixe ela ficar com a galinha, Paddy — ela tentou persuadi-lo, usando o apelido carinhoso que lhe dera. — Ela pode ficar lá fora com as outras, e Antoinette pode pegar os ovos.

Ele bufou e não disse mais nada, e "June", a pequena galinha garnisé, tornou-se meu animal de estimação. Ela parecia saber que era especial, pois entrava todas as manhãs para botar o ovo do meu café da manhã.

Com a Páscoa, meu pai teve folga do trabalho, e minha mãe, eu sabia, ansiava por um passeio de carro. Ficamos esperando por ele na Sexta-feira da Paixão, eu com frio no estômago, minha mãe com esperança no rosto. Quando ela ouviu o barulho dos cascalhos, ficou radiante. O pai jovial entrou e deu um beijo no rosto dela. Ganhei uma caixa com um ovo de Páscoa, e ela, uma caixa de chocolates sortidos.

— Fiz uma refeição especial — disse ela. — Só vou trancar as galinhas para depois servir.

Cantarolando feliz, ela saiu da sala, deixando-nos juntos.

Sabendo de suas mudanças de humor repentinas, olhei preocupada na direção dele, mas dessa vez ele estava sorrindo.

— Vem aqui, Antoinette — ordenou, batendo na almofada ao seu lado.

Ele passou o braço em volta da minha cintura, puxando-me para o sofá. Depois senti seu braço em torno do meu ombro, quando ele me puxou para mais perto. Desejando seu afeto, aconcheguei-me nele. Será, perguntei-me esperançosa, que não vai mais ficar bravo comigo?

Fui tomada por sensações de segurança e proteção à medida que me aninhava nele, sentindo-me feliz que seu afeto por mim finalmente reaparecera. Ele fez carinho nos meus cabelos.

Não conte para a mamãe

— Você é a minha menininha linda, Antoinette — murmurou ele, enquanto a outra mão começou a acariciar minhas costas. Como um animalzinho, aproximei-me ainda mais. — Você ama seu pai?

Todas as lembranças de seus ataques foram embora quando, pela primeira vez, eu me senti amada por ele. Fiz que sim com a cabeça, contente. A mão em minhas costas desceu, depois foi aos poucos para a parte de cima de minhas pernas. Seguiu até a barra da minha saia, e senti a mesma palma calosa, que havia apenas um ano me espancara com tanta crueldade, deslizando sobre meu joelho. Meu corpo enrijeceu. Sua mão apertou o alto da minha cabeça para que eu não conseguisse me mexer, enquanto a outra passou pelo meu rosto e segurou meu queixo. Sua boca veio para a minha. Ele forçou a língua pelos meus lábios. Senti a saliva escorrer pelo meu queixo, e o cheiro de uísque rançoso e o bafo de cigarro entraram em minhas narinas. Minha sensação de segurança abandonou-me para sempre, substituída por repulsa e medo. Ele me soltou de modo abrupto, segurou-me pelos ombros e encarou-me fixamente.

— Não conte para a mamãe — disse ele, dando-me uma breve sacudida. — Isso é um segredo nosso, Antoinette, você me ouviu?

— Está bem, papai — respondi. — Não vou contar.

Mas contei. Eu sentia segurança no amor de minha mãe. Eu a amava, e ela, eu sabia, me amava. Ela o mandaria parar.

Mas não mandou.

Capítulo Cinco

Meus olhos pestanejaram enquanto forcei meu cérebro a voltar ao presente e ao asilo. Abri a garrafa de bolso mais uma vez, servi-me do resto de vodca e acendi outro cigarro.

— Agora você se lembra? — sussurrou Antoinette. — Acredita mesmo que sua mãe a amava?

— Amava — protestei sem forças.

— Mas ela o amava mais — foi a resposta.

Tentando segurar as comportas que impediam a passagem das lembranças, dei um gole longo de vodca e inalei meu sedativo de nicotina.

Através da neblina, Antoinette mostrou uma fotografia indesejável. O foco era nítido demais para que me sentisse capaz de afastá-la com força de vontade pura.

Como se tivesse sido ontem, vi a sala da casa de sapê com duas pessoas. Uma mulher sentada em um sofá forrado de chita, e uma criança pequena em pé, de frente para ela. Com os punhos cerrados e olhar de súplica, a criança reunia todas as forças para o confronto e buscava palavras para descrever o ato de um adulto.

Foi uma semana depois do beijo. Antoinette havia esperado até que o pai voltasse ao trabalho e ela estivesse a sós com a mãe. Eu a vi ainda confiando no amor daquela mãe, mas com

Não conte para a mamãe

dificuldade para encontrar as palavras certas para explicar um ato que era estranho a ela. O nervosismo era visível em sua postura, e a irritação da mãe ficava mais aparente a cada palavra que era dita. A pequena e fiel Judy, sentindo que havia algo errado, permaneceu ao lado da criança, olhando para cima, os olhos cheios de preocupação canina.

Mais uma vez, senti o ímpeto de raiva arder nos olhos verde-escuros de minha mãe. Desta vez, através de meus próprios olhos adultos, pude sentir outra emoção escondida atrás da raiva. Voltando no tempo, examinei a fotografia em busca de um sinal para saber que emoção seria essa, e então vi. Era medo. Ela estava apavorada diante do que estava prestes a ouvir.

Antoinette, aos seis anos e meio, viu apenas a raiva. Com os ombros frágeis caídos, expressões de perplexidade e dor passavam por seu rosto à medida que perdia sua última esperança de amparo. A mãe não pretendia protegê-la daquilo.

Ouvi mais uma vez a voz da mãe ordenando: "Nunca, nunca mais fale isso de novo, está bem?"

Eu a ouvi responder: "Está bem, mamãe."

Seu treinamento havia começado, o silêncio estava garantido, e o caminho para o que viria a acontecer em seguida havia sido liberado com eficiência.

— Está vendo? Você contou a ela, contou sim — sussurrou minha atormentadora.

Durante anos eu havia bloqueado a imagem de minha mãe ouvindo meu relato. Eu a forçara a desaparecer da minha mente. Eu forçara Antoinette, a menina amedrontada, a desaparecer, e ela levara junto minhas lembranças. Percebi, com tristeza, que minha mãe sempre soubera o que meu pai sentia por mim. De que outra forma a criança poderia ter descrito aquele beijo se não tivesse, de fato, passado por aquilo? Não poderia ter inventado. No interior, naquela época, não havia nenhuma exposição à TV, ela não tinha livros nem revistas que pudessem ter ensinado tais coisas. Minha mãe tinha ouvido apenas a verdade vinda de sua filha.

— Lembra nosso último ano, Toni — perguntou Antoinette —, o ano em que você me deixou? Olha essa imagem.

Ela inseriu outra lembrança no refúgio da minha mente. Mostrava meu pai voltando da prisão para casa onze anos depois. Minha mãe estava à janela, esperando por ele. Somente ao vê-lo, seu rosto ganhou vida, e ela correu para recebê-lo.

— Você foi esquecida. Ela nunca a perdoou, mas perdoou seu pai.

Eu ainda não queria aceitar as lembranças que estavam sendo liberadas na minha cabeça. Eu percebera havia muito tempo que a memória de minha mãe ficara para sempre estagnada na imagem do homem bonito e charmoso de sua juventude. Cinco anos mais velha que ele, e amaldiçoada com uma linda mãe, permaneceu em sua própria mente a mulher simples que tivera a sorte de encontrar esse homem.

— E nada nem ninguém o tiraria dela — replicou Antoinette. — Pense nos últimos meses na casa de sapê, e pense no que ela acabou fazendo.

Será que ela o amava tanto, perguntei-me naquela noite, a ponto de cometer a pior traição possível para não perdê-lo?

Outro cigarro foi aceso, enquanto eu pensava se alguma de minhas perguntas chegaria a ser respondida, ou se alguma explicação seria dada. Ou ela teria vivido em um estado de negação por tanto tempo que sua verdade também tinha sido enterrada de modo definitivo?

Não conte para a mamãe

Sentindo-me quase vencida pelo cansaço, fechei os olhos por um momento e voltei à casa de sapê.

Um fluxo constante de mudanças quase imperceptíveis havia desenredado, pouco a pouco, o tecido da minha vida ao longo de dois anos. Para me consolar, eu tentava evocar o rosto de minha avó inglesa e a memória do sentimento de segurança e de ser amada quando ela estava presente. Lembrei-me da época em que apenas eu e minha mãe morávamos juntas, tempos em que ela brincava comigo, em que lia minhas histórias favoritas na hora de dormir e em que apenas me sentia feliz.

Na cama, à noite, sentindo um desespero latejante crescer no estômago, eu tentava me agarrar àquelas lembranças evasivas, alongar a sensação de aconchego que elas traziam, mas dia a dia elas ficavam cada vez mais fora de alcance.

Uma distância se formara entre mim e minha mãe, uma barreira de frieza que eu não conseguia romper. Lá se ia o tempo em que ela, para me fazer surpresa, arrumava uma carona com um vizinho para levá-la à cidade e me encontrar na saída da escola. Lá se ia o tempo em que ela me ouvia falar com um sorriso no rosto, e passava horas fazendo lindas roupas para mim. No lugar de minha mãe amável e risonha, uma mulher estranha surgia, invadindo seu corpo aos poucos, até que a mãe que eu conhecera não estivesse mais lá, apenas uma desconhecida que tinha pouco tempo para mim. Sem entender o que eu havia feito de errado, minha perplexidade aumentava, junto com a tristeza e a solidão.

No começo das férias de verão, percebi que as visitas a meus avós estavam chegando ao fim quando minha mãe informou-me que eu não voltaria à minha escola na cidade. Ela havia me matriculado na escola do vilarejo, que ficava a seis quilômetros de casa.

Meus olhos não paravam de se encher de lágrimas, mas eu as limpei furiosamente, já tendo aprendido a não demonstrar nenhuma fraqueza. Em vez de chorar na frente dela, saí para andar com Judy e, assim que não podia ser vista, deixei as lágrimas correrem. Não ver mais a minha melhor amiga, não fazer mais parte da escola em que eu pensava que ficaria por anos e nunca mais ir ver meus avós sozinha e ter as conversas cheias de provocações com meus parentes que me divertiam tanto. As perspectivas eram sombrias demais para serem suportáveis.

Aprendi o significado de isolamento naquele verão, e um sentimento que eu era jovem demais para nomear entrou na minha cabeça: era o sentimento de traição.

Setembro começou, e veio mais um primeiro dia de aula em uma nova escola, alguns dias antes do meu aniversário de sete anos. Dessa vez, não senti empolgação alguma ao vestir o velho uniforme e me preparar para a primeira de muitas longas caminhadas. Não apenas era muito escasso o transporte público naquela época, como também não havia ônibus escolares. Eu me lembrava de outros primeiros dias e de minha mãe me levando quando a distância era pequena. Agora eu ia fazer a caminhada de seis quilômetros de ida e de volta sozinha.

A primeira vez, a estrada parecia se estender sem-fim à minha frente, com apenas alguns chalés espalhados para mudar o cenário, o que não me deu prazer algum nesse dia. Depois de andar a muito custo por mais de uma hora, fiquei surpresa por ter conseguido encontrar a escola. Outros alunos chegavam de bicicleta e a pé, e, pela primeira vez, notei que a escola era mista.

Não conte para a mamãe

Até então, estava acostumada a escolas somente para meninas. Levantando os ombros para enfrentar os desafios que viriam, entrei e fui procurar uma professora.

O prédio da escola era completamente diferente daquele de agradáveis tijolos vermelhos com o qual eu estava costumada. Era um prédio baixo, cinza e utilitário, dividido em duas salas de aula, uma para menores de oito anos e outra para crianças entre oito e onze anos. Ali, nos intervalos, não havia gramado para brincarmos. Uma área de concreto era considerada suficiente para as necessidades de cerca de cem alunos.

Nessa escola, quando chegou a hora do recreio, não havia nenhuma Jenny para me apresentar aos outros, nenhuma risada companheira que me fizesse sentir parte do grupo. Em vez disso, grupos de crianças usando um uniforme diferente ficavam me olhando com desconfiança declarada.

Os alunos, a maioria filhos de trabalhadores agropecuários, riam do meu sotaque inglês e do meu velho uniforme de escola particular, que meus pais insistiram que eu usasse, uma vez que não estava gasto, e as professoras me ignoravam.

Chegou a hora do almoço, e grupos ou pares de crianças barulhentas correram para a pequena cantina, todos ocupados em guardar lugar para os amigos. Confusa, procurei um assento. Ao localizar um ao fim da mesa, coloquei minha sacola na cadeira antes de ir para a fila e pegar a comida. Purê de batatas e carne enlatada com repolho cozido eram o cardápio, e, enquanto eu me forçava a engolir a comida, vi que entrara em um mundo diferente, no qual eu não era mais a "Annie-net", mas uma estranha para aqueles que estavam à minha volta. O orgulho me mantinha em silêncio quando as crianças zombavam de mim com uma agressividade subjacente, a qual se tornaria familiar para mim, mas que ainda era uma incógnita.

Naquele ano, à medida que o verão dava lugar ao outono, e as noites se aproximavam, trazendo com elas crepúsculos sombrios, minha caminhada de seis quilômetros para casa parecia mais longa a cada dia. As cercas vivas e as árvores lançavam sombras sinistras, transformando o que havia sido uma caminhada agradável em uma jornada assustadora.

Meu medo do escuro aumentou aos poucos, e o fim da tarde com suas sombras tornou-se um inimigo. Eu tentava andar mais rápido, mas a sacola, abarrotada de lápis apontados, livros de leitura e matemática, parecia ficar mais pesada a cada passo. Em meados de outubro, quando os relógios transformavam as tardes em noites, os ventos tiraram as folhas das árvores. Em novembro, encontrei outro inimigo, a chuva. De cabeça baixa, enfrentava todos os aguaceiros, sabendo que na manhã seguinte meu casaco ainda estaria úmido. A água encharcava meu agasalho de ginástica e, ao longo das semanas, os vincos foram desaparecendo até que a menina esperta e confiante que eu tinha sido poucos meses antes desapareceu. Quando olhava no espelho, eu via uma criança desarrumada cujas bochechas haviam dado lugar aos ossos. Uma criança que usava roupas amarrotadas e cabelos escorridos na altura dos ombros, uma criança que parecia não receber cuidados e cujo rosto mostrava uma aceitação estoica das mudanças em sua vida.

No meio do caminho entre a escola e a casa de sapê havia uma loja, a qual, como muitas das construções espalhadas por ali, fora projetada para resistir ao clima inóspito da Irlanda,

Não conte para a mamãe

e não para aprimorar a região. Era um prédio baixo e sólido de pedra, com piso de concreto e um balcão simples de madeira, atrás do qual havia inúmeras prateleiras. Era extensa a variedade de mercadorias necessárias aos fazendeiros locais e seus trabalhadores. Tudo, de lampiões a querosene a pães irlandeses caseiros de cheiro delicioso, e presuntos defumados na região.

As mulheres iam ali não apenas pelas necessidades da vida, mas para um breve descanso dos homens e para poderem aproveitar alguns minutos de companhia feminina. Sem transporte público, eletricidade limitada e, em muitos casos como o nosso, nem mesmo água encanada, os dias eram longos e árduos para as mulheres. Era raro saírem de casa, exceto aos domingos, quando a comunidade de protestantes convictos dificilmente perdia uma cerimônia.

A dona da loja, uma mulher gentil, sempre me recebia com um sorriso afetuoso. No momento em que eu avistava a loja, eu acelerava o passo, porque ali eu podia escapar do frio e encontrar companhia amigável. Elas me ofereciam assento, me davam refresco de laranja e, às vezes, até me presenteavam com bolinho saído do forno, coberto de manteiga derretida. A simpatia da dona, depois do dia hostil na escola, era acolhedora, e a segunda parte do caminho tonava-se mais confortável.

Em um desses dias raros em que o sol de inverno se sobrepõe às sombras do fim da tarde, um cachorrinho preto e branco, que parecia uma miniatura de Collie, estava preso perto do balcão. Com o pelo emaranhado e o pedaço de corda em volta do pescoço, ele parecia tão desgrenhado e carente de amor quanto eu. Quando me abaixei para fazer carinho, ele recuou com um gemido.

— Meu filho a resgatou do antigo dono — disse-me a dona da loja. — Ela tinha sido chutada, espancada e até enfiada em um vaso sanitário, coitadinha. Eu queria dar uns chutes neles também, por serem tão cruéis com uma cachorrinha. Que tipo de gente faz isso? Preciso encontrar um bom lar para ela. Tenho certeza de que só precisa de amor.

Ela me olhou esperançosa.

Senti uma lambida na mão e me ajoelhei para encostar a cabeça contra a cabecinha preta, branca e macia. Eu sabia o que era precisar de amor, e um sentimento de proteção cresceu em mim, enquanto a acariciava de leve. Cinco minutos depois, após os bolinhos e refresco, eu caminhava pela estrada, segurando uma corda com a recém-batizada Sally na outra ponta. Nesse dia, o resto de minha jornada para casa pareceu muito mais radiante. Eu recebia lambidas afetuosas nas diversas pausas para garantir a Sally que ninguém nunca mais a machucaria de novo, que eu a amaria e que Judy seria sua amiga dali em diante. Com a confiança instintiva dos cachorros, ela parecia saber que tinha encontrado sua protetora, porque levantou a cauda e acelerou o passo.

Quando entrei em nossa rua, a luz alaranjada do lampião a querosene já estava acesa, e empurrei o portão, seguindo para a porta da frente.

— O que temos aqui? — exclamou minha mãe, abaixando-se para passar a mão em minha nova amiga. Contei-lhe o que a dona da loja dissera.

— Posso ficar com ela, não posso? — implorei.

— Bom, não podemos mandá-la de volta agora, certo? — foi a resposta.

Não conte para a mamãe

Eu sabia que não era preciso dizer mais nada, uma vez que ela já estava fazendo carinho em Sally.

— Coitadinha dela — murmurou minha mãe.

Para minha surpresa, vi seus olhos marejarem.

— Como as pessoas podem ser tão cruéis?

Jovem demais para ver a ironia em seu comentário, concluí apenas que Sally encontrara um novo lar.

Judy aproximou-se, balançando a cauda, e farejou com curiosidade a recém-chegada, o que me pareceu uma recepção amigável. Era como se ela, um animal naturalmente territorial, tivesse sentido que Sally não constituía uma ameaça. Ela decidiu de imediato aceitá-la como uma companheira de quatro patas e novo membro da família.

Na manhã seguinte, para meu alívio, o pai jovial apareceu e, para minha surpresa, pareceu bastante animado com a cachorrinha, que, desesperada por afeto, diferentemente de Judy, olhava para ele com adoração.

Agora, em minhas paradas na loja, eu mantinha a dona informada sobre as travessuras de Sally, sobre como ela e Judy haviam se dado bem, e até contei a ela a respeito de June. Ao ouvir, algumas semanas depois, que as galinhas escondiam os ovos na grama alta ao lado das cercas vivas, ela me ofereceu um cabrito.

— Antoinette — disse ela —, leve-o para sua mãe. Não há nada melhor para manter a grama baixa.

Com orgulho, prendi o animal com um pedaço de corda, pensando que agora teríamos leite de cabra, além de grama baixa, levei-a para casa, apresentando-o como um presente a minha mãe.

— Agora vamos poder ter leite — disse a ela, enquanto as duas cadelas olhavam para meu novo amigo com desdém, dando alguns latidos e saindo de perto.

— É um bode, querida — disse ela, com uma gargalhada. — Não dá leite nenhum. Dessa vez, vai ter que levar de volta.

Na manhã seguinte, o cabrito seguiu ao meu lado mais uma vez, fazendo-me companhia pelos três primeiros quilômetros do caminho, para ser devolvido na loja. Senti alívio ao levá-lo de volta, depois que minha mãe me contou de que tamanho ficariam seus chifres e o estrago que seria capaz de fazer com eles.

Durante aqueles meses de inverno, houve momentos de afeto genuíno entre mim e minha mãe, e eu os apreciava, porque ficava claro que sua atitude geral em relação a mim havia mudado de maneira inexplicável. Se antes ela tinha orgulho de minha aparência, vestindo-me com roupas bonitas, lavando meus cabelos com frequência e amarrando fitas neles, agora seus cuidados com a minha aparência tinham quase desaparecido. Meu uniforme estava ficando pequeno em mim rápido demais. Meu sobretudo estava muitos centímetros acima dos joelhos e meu suéter, que mal chegava à cintura, estava puído nos cotovelos. Os vincos do uniforme haviam quase desaparecido, deixando dobras no lugar, e o verde-escuro desbotara, intensificando meu aspecto encardido e desleixado. Meus cabelos, que minha mãe antes escovava com carinho todos os dias, estavam escorridos e sem vida. Os cachos de bebê não existiam havia muito tempo, substituídos por cortinas caídas nos ombros, emoldurando um rosto que raramente sorria.

Hoje em dia, as professoras teriam conversado com minha mãe, mas, nos anos 1950, viam a criança com desagrado.

Uma professora jovem, com pena de mim, tentou ser gentil. Levou lindas fitas amarelas para a sala de aula e, no intervalo, penteou e prendeu meus cabelos para trás, segurando um espelho, em seguida, para que eu pudesse admirar meu reflexo.

Não conte para a mamãe

— Antoinette — disse ela —, diga a sua mãe para fazer esse penteado em você todos os dias. Você fica tão bonita.

Pela primeira vez em meses, senti que era bonita, e fiquei empolgada para mostrar meu novo visual a minha mãe. A raiva dela pareceu vir do nada, quando arrancou a fita dos meus cabelos.

— Diga à sua professora que sei vestir minha própria filha — gritou, visivelmente furiosa.

Fiquei perplexa. O que eu havia feito de errado? Perguntei, mas não recebi resposta.

No dia seguinte, meus cabelos estavam caídos à maneira de sempre, e fui vista pela professora.

— Antoinette, onde está a fita que lhe dei?

Sentindo que desagradaria minha mãe de algum modo se repetisse suas palavras, fiquei olhando para baixo. O silêncio pairou enquanto ela esperava uma resposta.

— Perdi — ouvi a mim mesma murmurar, sentindo-me corar com a inverdade. Eu sabia que soava ingrata e rabugenta para ela, e senti seu aborrecimento.

— Ora, pelo menos se arrume melhor, menina — disse ela, em tom de repreensão, e perdi minha única aliada naquela escola, porque aquela foi a última vez em que ela demonstrou qualquer gentileza.

Eu sabia que não era popular entre meus colegas, tampouco com as professoras. Também sabia, por mais jovem que fosse, que os desagradava não apenas pelo modo de falar, mas também pela minha aparência. Eu notava que as outras meninas me olhavam de forma diferente, com seus cabelos bem-arrumados e sedosos. Algumas usavam fivelas, outras, penteados com fitas. Só o meu era caído e bagunçado. Seus uniformes eram bem-passados, as blusas eram brancas e limpas, e os suéteres, sem remendos. As outras crianças que moravam a alguns quilômetros da escola tinham bicicletas, e seus sapatos não ficavam gastos pela umidade constante que removera todo o brilho dos meus.

Decidi fazer algo quanto à minha aparência. Talvez assim, pensei, eu me torne mais popular.

Criei coragem e esperei por um momento a sós com minha mãe para tocar no assunto. Naquela noite, depois de voltar da escola, ansiosa, fui conversar com ela.

— Mamãe, posso passar meu agasalho do uniforme? Está precisando ajeitar as dobras. Posso pegar a graxa do papai emprestada? Posso lavar os cabelos hoje? Queria ir para a escola mais arrumada.

As perguntas foram saindo da minha boca e caindo em um silêncio que se tornava mais tenso a cada sílaba que eu pronunciava.

— Já acabou, Antoinette? — perguntou ela, no tom frio que eu já conhecia tão bem.

Olhei para ela, então e, com desânimo, vi a raiva em seu rosto. A raiva, que vi quando tentei contar pela primeira vez sobre o beijo de meu pai, havia retornado.

— Por que você sempre tem que fazer tanto drama? — disse ela, quase sussurrando. — Por que sempre tem que criar problemas? Não há nada de errado com a sua aparência. Você sempre foi uma menininha vaidosa.

Percebi nesse instante que não teria chance de melhorar minha aparência nem minha aceitação, conhecia minha mãe muito bem para saber que não podia argumentar. Discordar dela resultaria em uma punição que eu não seria capaz de suportar: ser completamente ignorada.

Não conte para a mamãe

Todos os dias, indo para a escola com as mãos e os pés frios, eu já temia o que viria pela frente — a hostilidade das crianças, o desprezo pouco velado das professoras — e tentava pensar em uma forma de fazer com que gostassem de mim.

Minhas lições de casa eram sempre feitas com toda atenção, minhas notas eram altas, mas, de algum modo, isso só aumentava minha falta de popularidade. Notei que, nos intervalos, as outras crianças tinham doces, chicletes e caramelos. Às vezes, elas os trocavam por bolas de gude, e sempre eram cobiçados como meios de negociação. Eu sabia que as crianças gostavam de doces, mas como ia comprar algum sem ter nenhum dinheiro? Enfim, vi uma oportunidade. Uma vez por semana, a professora recolhia o pagamento do jantar de ambas as turmas e o colocava em uma caixa de estanho, que deixava na mesa. Elaborei um plano.

Esperei as outras crianças saírem, fui rapidamente até a mesa, abri a caixa e tirei todo o dinheiro que consegui enfiar na calcinha larga com elástico nas pernas. Durante o resto do dia, andei com cuidado pela escola, sentindo as moedas na pele, lembrando-me da minha culpa. Eu temia que o tilintar me entregasse como ladra, mas me senti exultante com o sucesso do meu plano.

Naturalmente, quando o roubo foi descoberto, a classe inteira foi interrogada e as bolsas revistadas. Ninguém, no entanto, pensou em procurar em nossas roupas.

Eu era uma criança muito quieta, porque estava bastante deprimida. Aparentava ser bem-comportada, mas ninguém se interessava em como eu estava me sentindo. Como consequência, era a última criança a levantar suspeitas. Quando voltei para casa naquela noite, enterrei o dinheiro no jardim. Alguns dias depois, retirei uma pequena quantia de dinheiro trocado, com a qual comprei um saco de doces na loja do vilarejo, a caminho da escola.

Aproximei-me aos poucos das crianças no pátio, com um sorriso incerto, e estendi o braço com o saco, oferecendo-o a elas. Fui cercada no mesmo instante. Com as mãos dentro do saco, as crianças empurravam umas às outras, pegando meus doces com avidez. Fiquei no meio delas, ouvindo as risadas e sentindo, pela primeira vez, que fazia parte do grupo. Uma onda de felicidade passou por mim, quando finalmente me senti aceita. Então, o saco ficou vazio, o último doce foi levado. As risadas, percebi, eram de mim, e as crianças saíram de perto aos gritos de alegria, tão rápido quanto haviam se aproximado.

Vi que, embora gostassem dos doces, nunca iam gostar de mim. Depois desse dia, passaram a gostar menos ainda, pois puderam perceber que eu desejava desesperadamente sua aprovação, e me desprezavam por isso.

Lembrei-me, então, das visitas à casa da sra. Trivett e da pergunta que eu sempre lhe fazia: "De que são feitas as meninas?" Lembrei-me da resposta dela, e concluí que eu devia ser feita de uma substância diferente.

Capítulo Seis

Eu sempre estava exausta depois de chegar em casa andando, mas ainda tinha as lições a fazer. Sentava-me à mesa da cozinha, que também servia como sala de estar, tentando me manter acordada com todas as minhas forças. O único calor vinha do fogão, no outro lado do cômodo, e a única luz era a dos lampiões a querosene, que emitiam um brilho fraco e alaranjado.

Quando terminava a lição de casa, eu tentava me sentar mais perto da fonte de calor para ler, ou ficava vendo minha mãe pôr uma forma no fogão. Ela despejava uma massa, que se transformava, como que por mágica, em bolinhos ou pães irlandeses. Tínhamos que ser o mais autossuficientes possível naquele tempo. Comprar bolos e pães era considerado um grande luxo, assim como carne vermelha e frutas frescas. Se não era produzido em casa, simplesmente não consumíamos.

Tínhamos nossas galinhas, que não só forneciam os ovos de que precisávamos, como também pagavam parte das mercadorias que comprávamos na perua que passava duas vezes por semana. As batatas e cenouras eram de nossa própria horta, e, quando eu ia à fazenda vizinha buscar leite, também trazia o creme de leite que minha mãe usava nos assados.

Com sete anos e meio, eu lia bem e, durante o tempo em que ficamos na casa de sapê, meu amor pelos livros cresceu. Uma biblioteca móvel passava aos finais de semana, e eu podia escolher os livros que quisesse. Além de meus bichos de estimação, os livros eram minha válvula de escape. Eu podia desaparecer em outros mundos de fantasia, aventura e diversão. Podia brincar de detetive com *Cinco famosos no caso*, de Enid Blyton, explorar o mundo submarino de *Os meninos aquáticos*, de Charles Kingsley, e sentir medo com *Os contos dos irmãos Grimm*. *Mulherzinhas* me fez ver que as mulheres podiam ser independentes. Eu sonhava em ser como Jo quando crescesse. Sob a luz dos lampiões, eu podia ter aventuras secretas com amigos imaginários e sumir com eles em uma vida em que eu vestia roupas bonitas e em que todos gostavam de mim. À medida que meu amor pela leitura crescia, aumentava o ressentimento de meu pai.

Ele nunca lia mais que as seções de esporte do jornal e considerava perda de tempo o interesse que eu e minha mãe tínhamos pelos livros. Se, por um lado, ele não ousava criticá-la, não tinha receio algum de demonstrar seu desagrado a mim.

— Pra que fica fazendo isso? — resmungava ele. — Não consegue achar nada melhor para fazer? Sua mãe não está precisando de ajuda? Vá ver se tem alguma coisa para lavar.

Outras vezes, ele dizia: "E a lição de casa?"

Quando eu respondia "Já terminei", ele bufava com desprezo. Assustada, sentia a indignação dele e rezava para chegar a hora de dormir, para que eu pudesse voltar a ser ignorada.

Com ressentimento por qualquer pessoa que fosse feliz ou culta, os acessos de raiva e mau humor de meu pai eram imprevisíveis. Às vezes, voltava para casa muito cedo, trazendo doces e chocolates para mim e para minha mãe. Nessas noites, o pai jovial abraçava minha mãe e me cumprimentava com simpatia. Na minha cabeça, eu tinha dois pais, o repugnante e o amigável.

Não conte para a mamãe

O repugnante me causava muito medo; já o amigável, o mesmo que nos encontrara no porto, era o homem sorridente e bem-humorado que minha mãe amava. Passei a ter vislumbres cada vez mais passageiros do pai amigável, mas sempre esperava por mais.

Na primavera, ele alugou um celeiro de madeira, onde guardaria todas as suas ferramentas, para poder consertar o carro. Os galinheiros, segundo ele, estavam ocupando todos os espaços disponíveis perto da casa. Com a mudança, seria possível economizar dinheiro, uma vez que ele era mecânico formado. Ele achava que seria tolice pagar outros homens para fazerem um serviço que ele mesmo poderia fazer melhor.

Minha mãe concordou com ele, o que o deixou de bom humor, e sua conduta comigo mudou de repente. Ele não estava mais zangado, criticando tudo o que eu fazia. Em vez de querer que eu saísse de perto, me ignorar e gritar comigo, ficou subitamente amigável o tempo todo. Com a lembrança do que fizera comigo às pressas, quando minha mãe não estava na sala, desconfiei de sua transformação, mas me forcei a ignorar minhas dúvidas porque, acima de tudo, sentia uma necessidade desesperada de ser amada por meus pais. Eu deveria ter confiado em meus instintos.

— Ela fez tanta lição de casa esta semana — disse ele a minha mãe uma noite. — Andou tanto até a escola e de volta para casa. Vou levá-la para um passeio de carro.

Minha mãe abriu um sorriso.

— Sim, Antoinette, vá com o papai. Ele vai levá-la para passear.

Entrei no carro com entusiasmo, desanimando apenas quando Judy foi impedida de ir junto. Olhando pela janela, eu me perguntava para onde estávamos indo. Logo descobriria. Ao final de nossa rua, ele virou para o campo onde ficava o pequeno celeiro de madeira que alugara. Esse seria o destino de todos os meus passeios de final de semana.

Ele estacionou em um prédio escuro e sombrio. A única luz natural atravessava sacos pregados sobre uma pequena janela. Senti náusea na boca do estômago e um medo desconhecido, e vi que ele não queria sair do carro.

— Papai — implorei —, por favor, me leva para casa, não estou gostando daqui.

Ele apenas olhou para mim, com um sorriso que não correspondia ao olhar.

— Fique aqui, Antoinette — ordenou. — O papai tem um presente para você. Você vai gostar.

O medo que senti dele transformou-se em horror, criando um peso terrível que me prendia ao banco. Ele saiu do carro para trancar o galpão, depois abriu a porta do passageiro. Quando me puxou para encará-lo, vi que o zíper da calça dele estava aberto. Seu rosto estava vermelho, o olhar, vidrado. Quando olhei em seus olhos, ele não parecia me ver. Senti um tremor dentro de mim, fazendo meu corpo todo estremecer e saindo de mim em forma de choramingo.

— Seja uma boa menina — disse ele, pegando minha mão pequena de criança, roliça e cheia de covinhas. Segurando-a com firmeza, ele a forçou em torno de seu pênis, movendo-a para cima e para baixo. Todo o tempo em que eu fazia isso, ouvia pequenas lamúrias escapando de minha garganta e misturando-se aos gemidos dele. Fechei os olhos com força, na esperança de que, se não pudesse ver, aquilo iria parar, mas não parava.

Não conte para a mamãe

De repente, ele soltou minha mão, e meu corpo foi jogado para trás. Senti sua mão me segurando firmemente na barriga, enquanto a outra erguia meu vestido e baixava minha calcinha. Senti vergonha, com meu pequeno corpo exposto diante dos olhos dele, e fui empurrada mais para baixo, no banco frio de couro. Ele me puxou para o lado, deixando minhas pernas penduradas e indefesas na beira do assento. Pernas que tentei, em vão, fechar. Senti que ele fazia força para separá-las, vi que estava olhando para uma parte de mim que eu pensava ser íntima, senti uma almofada deslizar sob minhas nádegas e a dor, quando ele entrou em mim, não com força a ponto de rasgar ou ferir, nessa época, mas com força suficiente para machucar.

Fiquei largada e muda como uma boneca de trapo, tentando pensar em qualquer coisa que não fosse o que estava acontecendo, enquanto o cheiro do galpão, com a combinação de umidade, óleo e gasolina, misturado ao cheiro de cigarro e odores rançosos de meu pai, parecia penetrar até os meus poros.

Depois do que pareceu uma eternidade, ele soltou um gemido e saiu de mim. Senti uma substância quente, molhada e grudenta gotejar sobre minha barriga. Ele jogou um pedaço de saco em mim.

— Se limpe com isso.

Sem dizer nada, fiz o que ele mandou.

As palavras que se seguiram estavam destinadas a se tornarem o refrão dele:

— Não vá contar para a sua mãe, minha menina. Isso é segredo nosso. Se contar, ela não vai acreditar em você. Ela não vai mais amar você.

Eu já sabia que isso era verdade.

O segredo que não contei a meu pai foi o segredo que escondi de mim mesma. Minha mãe sabia. O único medo que ele tinha era que ela descobrisse. Assim, esse foi o dia em que nosso jogo começou. O jogo chamava-se "nosso segredo", um jogo que eu e ele manteríamos por mais sete anos.

Capítulo Sete

Meu aniversário de oito anos chegou, trazendo um outono adiantado, seguido pelo frio do inverno. A turfa marrom-escura estava sempre no fogão, produzindo um brilho vermelho, mas, por mais que o abastecêssemos, a poça de calor nunca se espalhava por mais de poucos metros. Eu me encolhia o mais perto possível do fogão, enquanto meu casaco, sapatos e meias de lã, sempre úmidos, fumegavam no varal de madeira. Como eu só tinha uma peça de cada, elas tinham de secar para o dia seguinte.

A voz de minha mãe subia pela escada, ainda sem carpete, para me acordar no escuro toda madrugada, e o frio mordiscava a ponta do meu nariz, que se arriscava a sair do casulo de cobertores. De modo automático, eu esticava o braço até a cadeira de madeira, que servia de mesa e guarda-roupa, procurando minhas roupas, que eu puxava para debaixo das cobertas. Primeiro, eu vestia a calcinha da escola, seguida pelas meias-calças de lã, trazidas da cozinha na noite anterior. Depois, batendo os dentes, eu tirava a parte de cima do pijama às pressas para pôr o suéter de lã. Só então, tirava as pernas da cama, deixando meu ninho de calor para me aventurar no frio da casa sem calefação. Rapidamente, colocava a chaleira no fogão, que, com o uso do atiçador e pequenos pedaços de turfa, começava a acender aos poucos.

Eu me lavava rapidamente à pia da cozinha, enquanto o ovo do meu café da manhã era cozido, depois vestia o resto das roupas. O café da manhã era tomado às pressas e, em seguida, eu vestia meu casaco ainda úmido, pegava a sacola e saía.

Nos finais de semana, vestindo um suéter velho, luvas e galochas, eu ajudava minha mãe a recolher os ovos, tanto nos celeiros como nos esconderijos espalhados das galinhas soltas. Na esperança de obter ovos vermelhos, ela dava cacau às galinhas todas as manhãs, às onze. Se isso aumentava a proporção de ovos vermelhos, não sabíamos, mas as galinhas vinham correndo quando ela chamava. Com avidez, mergulhavam o bico no líquido quente e doce repetidas vezes. Erguiam e balançavam a cabeça, com os olhinhos redondos brilhando enquanto o líquido descia pela garganta.

Os sapos eram resgatados do balde do poço, e gravetos, juntados para a lenha. Minha hora favorita, no entanto, era quando minha mãe assava coisas no forno. Bolinhos e pão irlandês eram retirados da chapa e, assim que esfriavam, colocados em recipientes de estanho, porque a comida tinha de ser protegida do exército de camundongos que se abrigava conosco durante os meses de inverno.

Bolos e biscoitos com cheiro de açúcar eram colocados nas prateleiras e, se minha mãe estivesse de bom humor, eu podia lamber a tigela, deslizando os dedos na massa branca e no creme para aproveitar até a última gota da mistura amanteigada. Eu limpava os dedos sob os olhares esperançosos de Judy e Sally.

Nesses dias, eu via renascer o antigo afeto que alimentava o amor entre mim e minha mãe. Se o coração dela estava preso às

Não conte para a mamãe

lembranças do belo irlandês de cabelos acobreados com quem dançara, do homem que esperava por ela no porto, generoso com abraços e promessas não cumpridas, o meu estava para sempre preso à mãe sorridente e amorosa do início de minha infância.

Com o dinheiro que roubara, comprei uma lanterna e pilhas. Eu as escondia no quarto para ler à noite. Deitada, na cama com os cobertores até o pescoço, forçava a vista para ler sob a luz tênue da lanterna. Os sons de insetos e pequenos animais arrastando-se e correndo no telhado de palha desapareciam quando me absorvia nas páginas do livro. Então, por um tempo curto, conseguia esquecer os dias em que meu pai me levava para os "passeios".

Toda vez que ele pegava a chave do carro e anunciava que estava na hora da minha distração, eu implorava em silêncio para que minha mãe dissesse que não, que ela precisava de mim para uma tarefa, para recolher os ovos, pegar os sapos no poço, ou até trazer água da chuva para a limpeza, mas ela nunca o fazia.

— Vá com o papai, querida, enquanto faço o chá — era o refrão que ela repetia toda semana, quando ele me levava ao galpão de madeira, e eu aprendia a separar meus sentimentos da realidade.

Quando voltávamos, os sanduíches estavam prontos, e ela cortava um bolo caseiro em fatias grossas, arrumando-os sobre o guardanapo de renda que cobria a travessa de prata.

— Lave as mãos, Antoinette — instruía ela, antes de nos sentarmos para o chá da tarde de domingo.

Ela nunca me perguntava sobre os passeios, sobre onde tínhamos ido ou o que tínhamos visto.

As visitas a Coleraine, antes subestimadas, passaram a ser muito aguardadas por mim. Eu sentia saudades da minha grande família, do acolhimento que sempre recebia na casa de meus avós e da companhia de meus primos.

Nas raras ocasiões em que meu pai decidia estar na hora de uma visita, eles enchiam de água, na noite anterior, a banheira de estanho que ficava em uma parte da cozinha separada por cortinas. Eu ficava sentada na água rasa com sabão, esfregando o corpo e lavando os cabelos. Minha mãe me secava com a toalha, enrolava meu corpo magro em um roupão velho dela e me sentava diante do fogão. Ela pegava sua escova de prata e passava as cerdas pelos meus cabelos castanho-escuros até brilharem. Na manhã seguinte, minha melhor roupa era trazida, e meu pai engraxava meus sapatos, enquanto minha mãe supervisionava minha arrumação. Meus cabelos eram puxados para trás e presos com uma faixa de veludo preto. Ao me olhar no espelho, eu via um reflexo diferente do que meus colegas viam na escola da aldeia. Não havia mais a criança desmazelada com roupas amarrotadas. No lugar dela, eu via uma criança que parecia ser bem-cuidada, bem-vestida, com pais que a amavam.

Esse era o começo do segundo jogo, um jogo do qual os três participavam, o das famílias felizes. Era comandado por minha mãe, que vivia seu sonho, o sonho de um casamento feliz, um marido bonito, uma casa de sapê e uma linda filha.

Em nossas visitas de "família", minha mãe ficava sentada com uma expressão que eu já reconhecia. Uma expressão que mostrava que ela apenas tolerava estar lá. Um sorriso educado e um tanto complacente pairava em seus lábios, demonstrando que aceitava aquelas visitas, mas nunca se divertia, um sorriso que, eu sabia, desapareceria tão logo a visita acabasse e nosso carro deixasse a rua de meus avós.

Nesse instante, um fluxo contínuo de condescendência invadia o ar, pouco a pouco, até cair em meus ouvidos. Cada um dos parentes era analisado por minha mãe, com um riso sem humor. Eu via a nuca de meu pai ficar cada vez mais vermelha à medida que, quilômetros seguidos, ela o lembrava de suas origens e, por comparação, do valor dela.

Se a lembrança que ela mantinha de meu pai estava presa ao belo "Paddy" que a fizera deslizar pela pista de dança, aos olhos dele, ela permaneceu para sempre a mulher inglesa que era boa demais para ele.

Enquanto minha mãe regurgitava suas impressões do dia, meu prazer evaporava até, já em meu quarto, tornar-se uma lembrança distante. O jogo das famílias felizes acabava, e eu sabia que só recomeçaria na próxima visita.

Pouco antes de nosso último Natal na casa de sapê, visitamos meus avós mais uma vez. Para a minha alegria, no minúsculo quartinho dos fundos onde meu avô um dia consertava sapatos, encontrei uma ave de aparência estranha. Era maior que uma galinha, com plumagem cinza e pescoço vermelho. Uma corrente em uma das pernas a mantinha presa a um aro na parede. Vi esperança em seu olhar. Esperança de ter companhia. Esperança por liberdade. Quando perguntei a meus avós como se chamava, eles simplesmente disseram: "peru".

Eu logo o batizei de sr. Peru. De início, com receio do bico, bem maior que o de uma galinha, fiquei apenas sentada, falando com ele. Depois, ao ver que era dócil, criei coragem e fiz carinho nele. A ave, desorientada naquele ambiente, permitiu que eu a tocasse, sem protestar, e acreditei ter feito mais um amigo de penas. Ninguém me disse qual seria o destino do meu novo amigo.

 Meus avós haviam nos convidado para o Natal, e eu, obediente, usei o uniforme e fiz o papel da filha de uma família feliz. Uma pequena árvore de Natal, carregada de enfeites vermelhos e dourados, foi colocada perto da janela da salinha de estar abarrotada. Parentes conversando ocupavam todos os espaços disponíveis, servindo-se de muita bebida. Meu pai, ruborizado de álcool, era o centro das atenções. Era o filho favorito, brincalhão e jovial, e o irmão adorado. Eu era amada por ser filha dele.

 Meus avós tinham mudado a mesa de perto da janela, onde agora estava a árvore, para o centro da sala. As extensões da mesa eram tão pouco usadas que pareciam ser de uma madeira mais clara ao serem puxadas para acomodar oito pessoas. Os talheres estavam reluzentes, os *crackers** de Natal ao lado de cada prato, e as cadeiras emprestadas, em volta da mesa. Meu lugar era de frente para meu pai.

 Cheiros deliciosos vinham da pequena cozinha, junto com o barulho de muita agitação. Carne, legumes cozidos, batatas assadas e crocantes, tudo mergulhado no molho, foram colocados em travessas e levados à mesa por minha avó e tia. Minha mãe não ofereceu ajuda, nem pediram que ajudasse.

 Ao ver meu prato cheio de comida, fiquei com água na boca. O café da manhã tinha sido uma xícara de chá fraco às pressas e

---

* *Crackers* — uma das tradições favoritas do Natal no Reino Unido, são cilindros recheados de chocolate ou alguma lembrancinha. Cada pessoa segura em uma das bordas e puxa. Aquela que ficar com o maior pedaço, ganha o cracker. (N.T.)

Não conte para a mamãe

um biscoito digestivo. Impaciente, esperei um adulto começar para que eu pudesse comer; então, meu pai apontou para a carne e me contou o que havia acontecido com meu amigo.

A fome foi substituída por náusea, o silêncio pairou no ar por alguns segundos, enquanto eu olhava em volta da mesa sem acreditar. O olhar de meu pai me ridicularizava e desafiava. Vi as expressões de divertimento dos adultos, que se entreolhavam, e me esforcei para não demonstrar sentimento algum. De modo instintivo, eu sabia que, se me recusasse a comer, ele não apenas ficaria satisfeito como, de alguma forma, no mundo dos adultos, em que os sentimentos das crianças não são reais, qualquer lágrima derramada pelo sr. Peru seria alvo de uma zombaria simulada.

Eu comi, embora cada pedaço entalasse na minha garganta. Quando me forçava a engolir, uma fúria desesperada crescia dentro de mim. O ódio nasceu naquele Natal. Os risos naquela mesa tornaram-se o som da conspiração dos adultos, e minha infância, apesar de ainda não completamente acabada, pendia apenas por alguns fios.

Os *crackers* foram puxados, os chapéus colocados na cabeça e os rostos ficaram cada vez mais avermelhados, tanto do calor da lareira, como do uísque diluído em água que todos, exceto minha mãe e eu, tomavam em grandes quantidades. Ela levara sua garrafa de xerez seco, e eu bebia refresco de laranja.

Da minha cabeça não saía a ave mansa, que parecera tão desamparada em seu último dia de vida naquele quartinho de fundos. Senti vergonha que o Natal significasse que ele tinha de morrer, e vergonha de ter engolido aquela carne para me proteger do ridículo.

O pudim de Natal foi servido em seguida, e o meu pedaço tinha a moeda de prata. Depois chegou a hora de abrir os presentes. Meus avós me deram um suéter; minha tia e tios, fitas e fivelas de cabelo, bijuterias e uma boneca. Meus pais me entregaram um pacote grande com um carimbo postal da Inglaterra. Quando aberto, revelou diversos livros de Enid Blyton com meu nome escrito, presente de minha avó inglesa. Fui tomada por uma vontade imensa de vê-la, e vieram lembranças de meus primeiros e mais felizes anos. Vi seu corpo pequeno e bem-vestido, ouvi sua voz me chamando "Antoinette, cadê você?", ouvi minha própria risada, fingindo me esconder e sentindo seu perfume de lírio e pó facial, quando ela se abaixava para me beijar. Pensei que, de alguma forma, se ela estivesse lá, teríamos um lar feliz de novo.

Meus pais me deram um estojo de lápis para a escola e dois livros de segunda mão. Logo depois, era hora de irmos.

Naquela noite, quando chegamos à casa de sapê, fui direto para a cama, cansada demais para ouvir os barulhos no telhado ou acender a lanterna.

No Boxing Day* saí para caminhar sozinha, desta vez deixando as cadelas em casa, na esperança de ver coelhos ou lebres brincando. Havia um campo no alto de um monte onde eu poderia me deitar para vê-los. Nessa manhã, fiquei decepcionada. O tempo estava frio demais para mim e para eles.

---

* *Boxing Day* — dia 26 de dezembro, quando o comércio decreta liquidação, e as mercadorias são vendidas por preços significativamente menores. É também uma tradição dos países anglófonos. (N.T.)

Não conte para a mamãe

Somente na Páscoa minha paciência foi recompensada, quando me deitei imóvel entre margaridas no alto do monte. Prendi a respiração, com medo de que o menor ruído pudesse assustar as famílias de coelhos. Fiquei fora do campo de visão deles, mas perto o suficiente para ver o branco das caudas curtas. Famílias inteiras saíram das tocas para saltar no campo abaixo e receber a primavera. Nesse dia, encontrei um filhote de coelho que parecia ter sido abandonado pelos pais. Estava imóvel, com os olhos brilhantes, tremendo de modo agitado, quando me abaixei para pegá-lo. Coloquei-o debaixo do suéter para esquentar e pude sentir seu coração bater rápido enquanto eu corria para casa.

— O que você tem aí? — perguntou minha mãe, vendo o volume no suéter.

Mostrei o coelho, e ela o pegou com delicadeza.

— Vamos fazer uma casinha para ele até ficar grande e poder encontrar sua família — disse ela.

Ela juntou jornais e me mostrou como picotá-los para fazer um ninho aconchegante, depois, encontrou uma caixa de madeira, e a primeira gaiola improvisada foi feita. Quando os fazendeiros souberam que tínhamos um coelho para cuidar, trouxeram vários outros. Explicaram que era comum os cachorros e as raposas matarem os pais, deixando as crias incapazes de se defenderem. O cuidado desses coelhos órfãos era algo que eu e minha mãe fazíamos juntas. Colocávamos palha, água e comida nas caixas e os alimentávamos com a mão.

— Quando crescerem — alertou ela —, você não vai poder ficar com eles. São coelhos selvagens. O lugar deles é no campo. Mas vamos ficar com eles até estarem fortes o suficiente para serem soltos.

Meu pai nos observava em silêncio. Sempre sensível às mudanças de humor dele, senti seu ressentimento crescer ao notar seus olhares. Dessa vez, ele não disse nada, por ser um interesse que minha mãe compartilhava comigo.

Algumas semanas após o resgate do primeiro coelho, quando nos preparávamos para soltá-lo no campo, desci a escada e encontrei minha mãe me olhando fixamente, o rosto branco de raiva.

Antes que eu pudesse desviar, ela ergueu a mão e me acertou em cheio no rosto. Suas mãos, com uma força surpreendente para alguém do seu tamanho, seguraram meus ombros e chacoalharam. Meu pai nos observava de modo furtivo, perto do calor do fogão, com um sorriso afetado de complacência.

— O que foi que eu fiz? — foram as únicas palavras que consegui gaguejar, com os cabelos nos olhos e a cabeça balançando.

— Você foi ver os coelhos. E deixou a porta aberta. Os cachorros entraram. Eles foram estraçalhados.

— Eu fechei a porta ontem à noite — tentei protestar. — Depois não desci mais.

Ela ergueu a mão de novo. Dessa vez, disse que o tapa era pela minha mentira. Em seguida, ela me puxou até o quarto dos fundos para me mostrar a carnificina. Havia pedaços de caudas pelo chão manchado de sangue, montes de pelo espalhados por todo lado, e as únicas partes inteiras eram as patas. Quis gritar, mas minha garganta parecia travada, e meu corpo tremia com os soluços contidos.

Seguindo ordens dela, enchi um balde de água e comecei a esfregar o sangue do chão. Enquanto trabalhava, meu único pensamento era que eu sabia que tinha fechado a porta do quarto.

Capítulo Oito

A vida seguiu na casa de sapê, um dia misturando-se ao seguinte: as caminhadas até a escola, minhas tarefas de final de semana e os "passeios de carro". Vez ou outra a rotina era quebrada por uma visita a meus avós, mas essa alegria diminuíra desde o Natal.

Um sábado, quando fui buscar o leite na fazenda próxima, a mulher do fazendeiro convidou a todos nós para um chá completo no domingo seguinte. Ela me deu um bilhete para ser entregue a minha mãe e, para a minha felicidade, meus pais aceitaram.

O chá completo era servido às seis no campo, uma vez que a comunidade acordava antes do sol nascer e se recolhia cedo. O jogo das famílias felizes começou assim que eu, de banho tomado e cabelos bem-escovados, fui vestida com minha melhor roupa. Tinha esperança de poder explorar a fazenda, por isso relutei em vestir roupa nova, sabendo que minha mãe, com medo de sujá-la, nunca gostava que eu brincasse nessas ocasiões.

Ao chegarmos, como se lesse meus pensamentos, a mulher do fazendeiro disse aos dois filhos:

— Levem Antoinette para conhecer a fazenda. Ela gosta de animais.

Saí correndo com os garotos, ansiosa, antes que minha mãe pudesse me avisar para não me sujar. Apesar de serem alguns anos mais velhos que eu, eles sempre pareciam tímidos, mas lá fora, longe dos adultos, tornaram-se amigáveis. Primeiro, me levaram a um chiqueiro, com uma porca gorda deitada de lado, imóvel, com um porquinho guloso mamando em cada teta, e ela parecendo nem notar. Ao ouvir nossas vozes, ela abriu um olho de cílios brancos. Ao ver que não representávamos ameaça aos filhotes, fechou-o devagar e retomou o cochilo. Depois segui os garotos até o local em que as vacas estavam sendo ordenhadas eletronicamente. As vacas grandes sequer olharam para nós, esperando com paciência o equipamento esvaziar seus úberes. Ali perto havia uma casinha em que a manteiga ainda era feita com uma batedeira manual. Por fim, entramos em um celeiro com fardos de feno empilhados até o teto. Havia uma escada apoiada na pilha mais alta, e, entre gritos e risadas, brincamos de esconde-esconde até a mulher do fazendeiro nos chamar.

Os garotos tiveram de se lavar, porque estavam ajudando o fazendeiro antes, mesmo sendo domingo. O fazendeiro entrou para o chá, e minha mãe ofereceu ajuda para pôr a mesa.

— Antoinette, você viu os gatinhos? — perguntou a mulher do fazendeiro.

— Não — respondi.

Meu pai estava no papel de pai amigável nesse dia e me pegou pela mão.

— Vamos — disse ele. — Enquanto elas preparam o chá, eu levo você lá, e procuramos os gatinhos juntos.

Foi a última vez em que acreditei no pai amigável.

Ainda segurando minha mão, ele me levou ao celeiro onde eu brincara com os garotos minutos antes. Nos fundos,

Não conte para a mamãe

encontramos a ninhada de gatinhos multicoloridos, do preto lustroso ao laranja dourado, tão novos que os olhos ainda eram de um azul leitoso. Um deles bocejou, e vi seus dentes brancos e delicados, e a língua rosada. Relaxada com os aromas agradáveis da fazenda e encantada com os bichinhos macios se remexendo, ajoelhei-me para acariciar o pelo sedoso. Olhei para meu pai com anseio, na esperança de que ele me deixasse ficar com um. Quando meu olhar encontrou o dele, fiquei paralisada: o pai amigável havia desaparecido. Vi o brilho em seus olhos e a expressão de desprezo, e senti mais uma vez o nó de medo que travava minha laringe e me deixava sem fala.

Como em câmera lenta, senti as mãos dele erguerem meu vestido num movimento brusco, senti o puxão em minha calcinha, baixada até meus tornozelos, e a palha áspera em meu corpo despido. Senti ele me penetrar e estremecer alguns segundos depois. Algo pegajoso gotejou entre minhas pernas, mas, quando olhei para baixo, só vi meus sapatos pretos recém-engraxados e minha calcinha caída sobre eles.

Depois de abotoar a calça, ele pegou um lenço limpo do bolso e jogou em mim. Como se sua voz atravessasse um túnel, ouvi-o dizer:

— Limpe-se com isso, minha menina.

A felicidade que eu havia sentido naquele dia se foi, o sol desapareceu e, em seu lugar, o crepúsculo coloriu o mundo, transformando-o num lugar hostil. Fiz o que ele mandou, enquanto ele me olhava.

— Pronta, Antoinette? — perguntou ele, ajeitando minhas roupas. Em seguida, fazendo a expressão de "pai amigável", pegou minha mão e me levou de volta à casa para o chá.

A mulher do fazendeiro estava toda sorridente. Pensando que eu me abatera porque meu pai não me deixara ficar com um gatinho, ela disse:

— Não são bons animais de estimação, Antoinette. Gatos de fazenda só querem ficar caçando ratos.

Olhei para ela sem dizer nada. Muda, sentei-me à mesa, diante de um generoso chá irlandês. Ela serviu presunto caseiro, frango assado, ovos cozidos, salada, bolo de batata, pão irlandês e geleia caseira. Várias vezes, disse: "Vamos, Antoinette, coma." Depois comentou com minha mãe:

— Ela está muito quieta hoje.

Minha mãe encarou-me com um olhar de desprezo que me paralisou; então, virou-se para a mulher com um sorriso firme e educado e respondeu:

— Minha filha só gosta de ler. Não é boa de conversa.

Fora as visitas a meus avós, não me lembro de nenhuma outra saída com a família durante esse período de minha vida.

Sentada na sala da casa de repouso, pensei naquela menina que um dia eu havia sido. Pensei nela quando era pequena e confiante, acreditando no amor de sua mãe, sem nenhum motivo para duvidar de outros adultos. Vi mais uma vez a foto em que ela sorria com segurança para a câmera aos três anos. Lembrei de sua animação ao viajar para a Irlanda do Norte, sua alegria ao entrar para uma escola nova e seu amor pela cachorrinha. Perguntei-me, então, como Antoinette teria sido caso a tivessem deixado crescer normalmente.

Senti a presença dela com o surgimento de mais uma fotografia em minha mente. Vi um quarto escuro. Nele, uma criança pequena e assustada, encolhida na cama com o dedo na boca para se acalmar. Com seus cachos castanho-escuros emplastrados na nuca e os olhos bem abertos. Ela sentia medo de fechar os olhos e ter o mesmo pesadelo de sempre: o pesadelo de estar sendo perseguida, de estar sem controle. O pesadelo que ainda assombrava meu sono começou com ela naqueles dias.

Ciente de que o tempo em que podia chamar pela mãe havia passado, ela podia apenas se deitar, tremendo, até o sono voltar, forçando seus olhos a se fecharem contra a sua vontade.

Nesse instante, lembrei-me, pela primeira vez em muitos anos, a traição máxima sofrida por aquela pequena menina, a traição que selou seu destino. Somente escondendo-a no fundo de minha memória e criando Toni poderia ter havido chance de sobrevivência.

Se pudesse ter estendido os braços para ela décadas depois, eu a teria levado a um lugar seguro, mas Antoinette não estava mais ali para poder ser salva.

Continuei refazendo a mesma pergunta: "Por que minha mãe entrou num estado de tamanha negação que possibilitou uma infância assim?"

Sempre pensei em minha mãe como alguém que teve uma vida arruinada, sem nunca ter sido feliz, com a vida destruída pelo egoísmo de meu pai. Sempre vi que ela tivera uma origem confortável de classe média inglesa, nunca estando feliz na Irlanda do Norte, e acreditei que simplesmente se casara com o homem errado. Mas nesse momento, sem nada para desviar minha mente dessas lembranças, entendi com clareza o que ela havia feito. Ela sabia, quando contei sobre aquele beijo, o que viria em seguida, de modo inevitável. Ela tinha 36 anos quando lhe contei, uma mulher que passara por uma guerra. Ela me tirou da escola em que eu era feliz. Uma escola que tinha os professores mais bem-qualificados da Irlanda do Norte e uma diretora inteligente e dedicada, que teria notado a mudança numa aluna e questionado os motivos. Foi aí que minha mãe, percebi, tinha se tornado cúmplice de meu pai.

— Agora você entende, Toni? — veio o sussurro. — Agora entende o que ela fez?

— Não — respondi. — Não entendo o que ela fez. Quero que ela me diga. Quero que ela me diga por quê.

— Lembre-se dos jogos, Toni — voltou o sussurro.

Primeiro foi o jogo dele do "nosso segredo". Depois teve o jogo das "famílias felizes", e o jogo final dela, de "Ruth, a vítima".

Minha mente voltou às diversas ocasiões em que ela usava o sotaque inglês e a atitude de dama para eximir-se das situações, convencendo as pessoas de que eu era a criança difícil e ela, a mãe que sofria muito com isso.

Ela sabia que, tendo de caminhar seis quilômetros da escola até a casa todos os dias, eu não teria tempo para ter amigos. Todas as crianças que iam à escola do vilarejo moravam ali perto; portanto, eu ficaria isolada durante os finais de semana e feriados. Não havia ninguém com quem pudesse compartilhar meus problemas.

Imagino, pensei com tristeza, que isso era algo que sempre soubera. Nunca deixei de amar minha mãe, algo natural nas crianças. Nunca consegui deixar, nunca desejei deixar de amá-la. Mas me perguntei, agora que só lhe restava pouco tempo de vida, se finalmente me daria alguma explicação. Ela finalmente admitiria que não fora vítima, que a culpa que tentara me fazer sentir não era minha? Algum pedido de perdão viria de seus lábios?

Era o que eu queria, era essa a minha esperança ao voltar para a cadeira reclinável ao lado da cama de minha mãe e adormecer.

Capítulo Nove

Uma névoa negra de depressão pairava sobre a casa de sapê. Girava em torno de nossa cabeça, impregnando nossa mente. Envenenava o ambiente e transformava-se em palavras. Palavras que agiam como instrumentos de amargura, reprovação e raiva. As recriminações dela eram sempre as mesmas. Ele jogava, bebia e havia perdido a indenização. A voz dela o perseguia desde a casa até o portão. A força do ódio dele voltava, permanecendo como uma sombra escura em cada canto da casa.

Os baús voltaram para a sala, e as cadelas, como se sentissem o ponto de interrogação em seu futuro, esconderam-se debaixo da mesa.

Minha mãe já havia me dito que teríamos de nos mudar. No andar de cima, depois de ir para a cama, eu cobria a cabeça com as cobertas para bloquear a ansiedade gerada pelo som constante da raiva deles.

O isolamento do terreno com os galinheiros, o frio e a falta de dinheiro, que, por mais que ela trabalhasse, nunca era suficiente, alimentou a fúria dela. Mas um sorriso de meu pai era suficiente para dissipá-la.

A ambição de minha mãe sempre foi ter a própria casa; era assim em sua família. Suas esperanças de um negócio lucrativo tinham acabado. Era uma luta para pagar o aluguel e, com certeza, não sobrava nada para guardar.

— Antoinette — ela me informou certa noite —, amanhã vou levá-la para conhecer uma senhora. Se ela gostar de você, poderemos vir a morar com ela. Quero que se comporte muito bem, e, se nos mudarmos para lá, você vai voltar para a sua antiga escola. Você gostaria, não?

Senti a esperança crescer em mim, mas tentei esconder e respondi:

— Sim, mamãe, gostaria muito.

Naquela noite, fui me deitar agarrada àquele fio de esperança. Eu poderia deixar a escola do vilarejo em que ninguém gostava de mim e voltar para a escola em que fora tão popular? Então, outros pensamentos vieram: Quem era essa senhora, e por que minha mãe iria comigo e não com meu pai? Perguntas para as quais eu não tinha resposta agitaram minha cabeça até eu cair num sono intermitente.

Acordei cedo na manhã seguinte, e a lembrança da conversa com minha mãe na noite anterior foi a primeira coisa em que pensei. Uma sensação de euforia atravessou meu corpo, uma sensação que tentei reprimir por não querer me decepcionar.

Eu passaria mesmo um dia fora com minha mãe, e seria possível voltar à minha escola antiga, deixando para trás a escola da aldeia que eu tanto odiava? A esperança ardia dentro de mim quando desci a escada.

Tranquilizei-me ao ouvir minha mãe dizer que as panelas de água quente eram para meu banho. Quando terminei o café da manhã, a água foi colocada na banheira de estanho. Tirei a roupa rapidamente e entrei na água. Primeiro me ensaboei, apreciando a sensação da espuma escorrendo entre os dedos, depois me enxaguei com a toalha molhada, lavei os cabelos na água da chuva aquecida e enxaguei-os até ouvir o rangido de limpeza antes de me secar rapidamente com a toalha. Em seguida, minha mãe pegou sua escova de prata e começou a escovar devagar. Embalada pelo ritmo hipnótico das escovadas e relaxada pelo calor do fogão, encostei-me aos joelhos dela, deleitando-me com a atenção recebida. Fui envolvida por uma sensação de segurança com seus cuidados. Queria que acontecessem todas as noites, como fora um dia.

Após prender meus cabelos para trás com uma fita preta, ela me entregou minha melhor roupa, um par de meias brancas limpas e engraxou meus sapatos. Quando estávamos prontas, meu pai nos levou de carro a Coleraine, onde eu e ela pegamos um ônibus, que nos levou por alguns quilômetros ao interior.

Ao descermos do ônibus, caminhamos alguns metros e chegamos à entrada de carros de uma casa, parcialmente escondida por cercas vivas sem poda, muito crescidas. Numa árvore havia uma placa que dizia apenas "Cooldaragh".

Não havia nenhum portão bloqueando nossa passagem; então, segurando a mão dela, subimos a longa entrada para carros. Árvores dos dois lados formavam uma treliça, com seus galhos não aparados espalhando-se acima de nossas cabeças até quase se tocarem, criando um teto verde e fresco. Na altura das raízes, a grama áspera emaranhava-se em urtigas e invadia o espaço entre os cascalhos. Quando me perguntei aonde estaríamos indo, fizemos uma curva e vi Cooldaragh pela primeira vez. Suspirei. Era a maior e mais bela casa que eu já vira.

Quando nos aproximamos, dois cachorros vieram correndo, abanando o rabo, seguidos por uma senhora imponente. Ela era alta e magra, com os cabelos brancos presos no alto da cabeça. Sua postura ereta contradizia a necessidade da bengala que segurava com a mão esquerda, ao estender a direita para minha mãe. Ela me fazia lembrar figuras em sépia que tinha visto em fotografias de outra era. Minha mãe a cumprimentou e nos apresentou.

— Esta é minha filha, Antoinette — disse ela, com a mão em meu ombro e um sorriso no rosto. E esta, Antoinette, é a sra. Giveen.

Fui dominada pela timidez e fiquei em silêncio, mas, parecendo entender isso, a senhora sorriu para mim.

A sra. Giveen nos levou a uma sala onde já havia uma bandeja de chá. Mesmo eu, criança, logo percebi que aquele era o tipo de entrevista em que eu assim como minha mãe estávamos sendo avaliadas e julgadas. Ela me fez diversas perguntas, tais como o que eu gostava de fazer e quais eram meus hobbies. Depois perguntou sobre minha escola e se eu gostava de lá.

Antes que eu pudesse responder, minha mãe interveio.

— Ela estava muito bem quando foi para a escola na cidade, mas infelizmente tivemos de nos mudar. E ficou muito longe para ela, mas ela gostava de lá com certeza, não gostava, Antoinette?

Confirmei que gostava.

Minha mãe continuou:

— Se nos mudássemos para cá, há um ônibus que poderia levá-la todos os dias. Uma das razões de minha vontade de mudar é para que minha filha volte à escola em que era tão feliz.

A senhora olhou para mim e disse:

— Antoinette, é isso o que você gostaria de fazer?

Senti o coração na garganta.

— Ah, sim, eu gostaria muito de voltar à minha antiga escola.

Depois do chá, ela estendeu a mão para mim de repente.

— Venha, menina. Vou lhe mostrar o lugar.

Ainda que ela não se assemelhasse a minhas avós, não tendo a natureza acolhedora e afetuosa delas, gostei dela de modo instintivo. Ela conversou comigo enquanto íamos à parte de fora e me apresentou seus dois cachorros, ficando claro que os amava. Passou a mão no terrier, cujas cores me lembravam Judy.

— Este está comigo desde filhote. Tem treze anos e se chama Scamp.

Ela acariciou o cão maior, que olhou para ela com adoração.

— E este é Bruno. É um cruzamento de pastor-alemão e collie. Está com dois anos.

Ela me perguntou sobre minhas cadelas. Contei que ganhara Judy em meu aniversário de cinco anos e que resgatara Sally. Até contei sobre June, a galinha garnisé. Ela me garantiu, dando um tapinha em meu ombro:

— Se você vier para cá, pode trazer suas cadelas. Tem bastante espaço para elas.

Suspirei aliviada. Era a única pergunta que eu não fizera e estava em minha mente. Enquanto olhava seus cachorros brincarem no gramado, notei grandes arbustos em flor, grandes o bastante para uma criança brincar dentro deles, e ela me contou que se chamavam rododendros. Atrás deles, havia um bosque com árvores altas e frondosas.

— Tenho minha própria plantação de pinheiros — disse a sra. Giveen. — Para que, no Natal, eu escolha minha própria árvore.

Comecei a me sentir muito à vontade com ela. Continuei tagarelando, enquanto ela me levava à área lateral da casa, onde pôneis pequenos e fortes pastavam num grande campo. Confiantes, eles vieram até a cerca e nos fitaram com olhos escuros e límpidos, sob cílios densos. Ela se debruçou na cerca e afagou-os com delicadeza, explicando que eram pôneis velhos e aposentados, que um dia trabalharam transportando turfa de pântanos. Agora podiam vagar livres e viver seus últimos dias em paz. Ela, então, pegou torrões de açúcar do bolso e estendeu a mão para eles. Fiquei maravilhada ao ver os focinhos aveludados roçando sua mão, retirando os torrões de açúcar com delicadeza.

— Então, Antoinette — perguntou ela, de repente. — Você gostaria de vir morar aqui?

Para mim, a casa e o terreno pareciam mágicos, como lugares sobre os quais eu lia em meus livros de contos de fadas. Eu nunca sonhara poder viver num lugar assim. Ainda mal ousando acreditar que ela estava falando sério, olhei para ela e simplesmente disse:

— Sim, gostaria muito.

Ela sorriu e me levou de volta à minha mãe, para nos mostrar a casa. Primeiro, entramos num imenso salão de caça com mosquetes e uma variedade de facas rudimentares decorando a parede acima de uma grande lareira de mármore. Depois, fiquei sabendo que tinham sido pendurados ali pelo avô dela, que lutara contra os índios na América. Uma porta espessa de carvalho dava para a sala particular dela, mobiliada, para meu olhar inexperiente, com cadeiras e sofás muito elegantes e delicados, de pernas alongadas. Nos meses seguintes, fiquei sabendo que eram antiguidades valiosas da época de Luís XV.

Enquanto as duas mulheres conversavam, percebi que minha mãe estava sendo entrevistada para o cargo de empregada doméstica e acompanhante. A sra. Giveen parecia não ter mais dinheiro suficiente para contratar empregados para uma casa tão grande, desde que a abertura de fábricas na Irlanda do Norte acabara com a era da mão de obra barata.

Meu pai, imaginei, continuaria com seu emprego de mecânico na cidade. Sem ter de pagar aluguel e com a renda de seu novo trabalho, minha mãe esperava economizar para comprar sua própria casa.

Depois de saber que íamos morar ali, senti que havia passado numa espécie de teste e que minha mãe estava muito feliz e satisfeita comigo. Não me lembro exatamente da mudança sendo levada da casa de sapê, mas tínhamos muito poucas posses, e a maior parte dos móveis antigos, penso eu, foi deixada para trás. As galinhas foram vendidas a fazendeiros vizinhos, inclusive minha garnisé, June, o que me entristeceu. Nossos bens resumiam-se a algumas malas e aos baús, agora surrados. Como em todas as nossas mudanças anteriores, minha mãe colocou neles roupas, roupas de cama e livros.

Ao chegarmos a Cooldaragh, a sra. Giveen recebeu-nos à porta.

— Antoinette, querida — disse ela —, venha, vou lhe mostrar seu quarto.

Atravessamos o salão de caça, subimos a escadaria principal e chegamos a uma galeria com várias portas. Ela me mostrou meu quarto espaçoso, com uma cama antiga de ferro coberta com uma colcha grossa. Ao lado, havia uma mesa de cabeceira com toalha e um lampião; perto da janela, uma pequena escrivaninha e, ao lado, uma estante de livros. Então, ela me disse, para a minha alegria, que seu quarto ficava ao lado do meu. Essa notícia fez com que me sentisse muito segura.

Havia outras duas escadas, que iam dar nos alojamentos de empregados, agora fora de uso, um para homens e outro para mulheres. Meus pais ficaram com o quarto da governanta, perto do único banheiro da casa. No passado, quando a casa tinha o quadro de funcionários completo, a água de banho era aquecida no fogão de turfa da cozinha e levada ao andar superior por um exército de empregadas. Agora, carregar as numerosas panelas de água necessárias para nossos banhos semanais tornou-se uma tarefa onerosa.

Na base dessas escadas havia mais dois quartos, que um dia foram a copa do mordomo e das empregadas. Uma porta dava para um pequeno pátio, onde uma bomba fornecia água potável. Barris para a coleta de água da chuva eram reservados para nossas outras necessidades, e, todas as manhãs, os baldes tinham de ser enchidos e colocados ao lado do fogão.

Um longo corredor de ladrilhos vermelhos ia da cozinha e copa à parte principal da casa, onde ficava a sala de estar de meus pais.

Mais tarde, quando explorei a casa sozinha, contei vinte e quatro cômodos. Apenas quatro quartos estavam mobiliados, dois dos quais eram ocupados por meus pais e por mim. Os quartos menores e mais empoeirados, sem móveis, eram os alojamentos dos empregados.

Não apenas não havia água encanada e eletricidade em Cooldaragh, com a casa toda iluminada por lampiões ou velas, como o ônibus só entrava na cidade uma vez por dia, saindo de manhã e retornando às seis da tarde. Ficou decidido que eu passaria o dia na escola, o que significava que eu poderia ficar na biblioteca aquecida, fazendo minha lição, e jantar com os alunos do internato, enquanto esperava o ônibus.

Não conte para a mamãe

Assim que nos acomodamos, minha mãe teve de me levar para comprar um uniforme novo para voltar à Escola Secundária Coleraine. Embora estivesse contente com a ideia de voltar, eu não era mais a criança feliz e confiante que eles haviam conhecido, tendo me tornado muito mais retraída. Como o tempo havia passado sem que as professoras acompanhassem minha mudança gradual, elas pareceram atribuí-la à diferença causada pelo tempo.

Meu pai não estava presente a maioria dos finais de semana, "fazendo hora extra", como minha mãe sempre explicava, o que era um alívio para mim. Nesses dias, almoçávamos com a sra. Giveen, na sala de jantar dela. Assim como em sua sala de visitas, os móveis eram antigos, e a superfície do aparador de mogno era toda coberta de pratarias. Sentávamos à mesa polida e reluzente, que tinha lugar para dez pessoas. Minha mãe, que nunca fora uma cozinheira maravilhosa, conseguia fazer um assado no final de semana. Em retrospectiva, eu diria que meu pai se afastava de modo proposital, porque a sra. Giveen era de uma classe em extinção, a aristocracia da Irlanda do Norte. Meu pai sempre se sentira intimidado por tais pessoas, enquanto minha mãe ficava à vontade na companhia delas. Acho que, na sua mente, ela podia fingir para si mesma que era uma amiga, e não a empregada.

A sra. Giveen tinha oitenta e poucos anos e exalava um ar de orgulho e dignidade. Intuí que ela fosse uma pessoa solitária, e criamos um laço muito comum entre os muito jovens e os velhos. Depois do almoço, eu ajudava minha mãe a tirar a mesa e lavar a louça na pia funda e branca da copa. Em seguida, ia para os jardins com todos os cachorros. Eu brincava nos arbustos de rododendros, nos quais eu cabia de pé, ou visitava os pôneis felpudos. Se eu lhes desse guloseimas, eles me deixavam fazer carinho no focinho macio e no pescoço.

Eu me sentia segura nesses dias, devido ao lugar em que dormia. Meu pai não ousava se aproximar de mim, com o quarto da sra. Giveen do outro lado da parede.

Nos dias chuvosos, eu explorava a casa. A sra. Giveen tinha armários cheios de recordações das guerras americanas e adorava falar sobre seu avô e me mostrar todas as lembranças dele.

Em outros dias, eu levava um livro à cozinha ampla, sempre repleta de cheiros deliciosos de pães e bolos que minha mãe fazia. Ali, todas as comidas eram feitas no velho fogão a lenha. Antes de me perder em aventuras com os Cinco Famosos ou de ir nadar com os Meninos Aquáticos, recebia várias tarefas. Saía para pegar baldes de água potável da bomba. Recolhia turfa para o fogo e cestos de lenha para as lareiras de nossos quartos. Nos dias de tempo bom, que não eram muito frequentes no inverno da Irlanda do Norte, eu caminhava no bosque, catando galhos caídos e varas firmes para as lareiras, que eram colocados atrás do fogão para secar, e depois usados para acender o fogo. Minha mãe lera em algum lugar que o chá de urtiga tinha qualidades medicinais; então, armada com luvas de jardinagem, eu enchia baldes de ervas verdes, que ela cozinhava em fogo brando, exalando um aroma pungente que se espalhava pela cozinha.

Nas manhãs de aula no inverno, quando eu seguia pelos corredores à luz de velas para buscar água para me lavar, ouvia os camundongos correndo. Eu não tinha medo deles; via-os apenas como uma inconveniência, porque sua presença significava que toda sobra de comida tinha de ser colocada em latas ou potes. Certa manhã, vi que meu pai tinha deixado um saco de açúcar do lado de fora ao voltar tarde para casa. Dentro dele, havia um

Não conte para a mamãe

camundongo gorducho com olhinhos brilhantes, mexendo os bigodes. Afugentei-o e joguei fora o açúcar. Embora Cooldaragh tivesse um exército de gatos, todas as manhãs apareciam fezes de camundongo, e era meu trabalho limpar tudo.

A Páscoa se foi, deixando um tempo melhor. Assim, pude voltar a passar grande parte do tempo explorando o bosque com os cachorros. Eu andava pelo solo acarpetado de folhas, aquecida pelos raios de sol que brilhavam na nova folhagem verde. Eu ouvia as notas alegres do canto dos pássaros, enquanto ninhos cheios de ovos eram guardados pelos futuros pais. Scamp, que ficara cego, estava velho demais para essas caminhadas, mas os outros três me acompanhavam felizes, correndo para todo lado, sem sair de perto de mim, cavando na vegetação rasteira. Judy costumava me abandonar para uma esperançosa caça aos coelhos. Bruno, ao me ouvir dizer "Vai buscar", ia atrás dela e a trazia de volta.

Entre a plantação de árvores de Natal e o bosque, passava um riacho. Ali me deitava, à procura de girinos, mexendo a água com um graveto para ver se havia alguma forma de vida perto da lama. Minha paciência era recompensada com frequência pela visão de pequenas rãs recém-saídas do estágio larval, ou por um vislumbre das rãs que espreitavam em montes de grama salpicados de prímulas.

No início da noite, eu acompanhava a sra. Giveen para dar as guloseimas aos pôneis. Eles sempre sabiam a hora em que estávamos chegando e ficavam com as patas dianteiras na cerca, aguardando com paciência nossa chegada. Ao voltar para a casa, ajudava minha mãe a preparar o chá completo que tinha de estar pronto antes do horário da volta de meu pai. Eu levava a bandeja da sra. Giveen à sala de estar e voltava à cozinha para comer com meus pais.

Meu pai falou muito pouco comigo durante esses meses. Eu era capaz de sentir, no entanto, seu olhar sempre me seguindo, mas, em geral, ele me ignorava, e eu a ele.

Esses dias foram um interlúdio de paz em minha vida, um intervalo que, com o passar do tempo, fui supondo que duraria para sempre, mas como seria possível?

No início das férias de verão da escola, acordei com a casa mergulhada num estranho silêncio. Senti que havia algo de errado quando desci a escada dos fundos até a cozinha. Enquanto minha mãe preparava o café da manhã, ela me contou que a sra. Giveen falecera de modo sereno no meio da noite. Ela falou com muita delicadeza, sabendo o quanto eu gostava da velha senhora. Um sentimento de abandono tomou conta de mim, pois eu sabia que, além de amiga, ela fora, sem saber, minha protetora. Eu queria me despedir dela. Subi a escada e fui até o seu quarto, onde ela estava deitada na cama, de olhos fechados, e tinha uma faixa presa em torno do queixo até o alto da cabeça. Não senti medo ao me deparar com a morte pela primeira vez. Apenas vi que ela não estava mais lá.

Os cachorros ficaram quietos nesse dia. Pareciam sentir, como eu, a perda de uma amiga. Naquela noite, dei aos pôneis suas guloseimas, fiz carinho no pescoço deles e encontrei algum consolo nos olhares solenes.

Não me lembro do funeral ou da chegada de parentes, mas com certeza, aconteceram. Lembro-me, sim, da vinda de sua nora, que ficou por algumas semanas, com o objetivo de fazer o inventário da casa e, em especial, de todas as antiguidades. Era uma mulher amável e encantadora, que sempre cheirava a perfume. Ela me convidava a entrar em seu quarto, que ficava em frente ao meu, e me presenteava com presilhas e fitas de cabelo. E o mais animador, trouxera um vestido xadrez de Londres para mim. Minha mãe, costureira experiente, fez o meu primeiro blazer de flanela cinza. Fiquei orgulhosa de minha repentina aparência adulta, que vi refletida no espelho, e fiquei ansiosa para usá-lo quando a jovem sra. Giveen me levasse à igreja.

Foi durante a sua visita que a missa de domingo foi interrompida pelo aparecimento de um pequeno morcego, que sobrevoou nossas cabeças de repente. Para mim, era apenas um camundongo voador; para a congregação em pânico, uma criatura que causava medo. Naquele domingo, a missa terminou mais cedo. Concluí que os adultos tinham medo de coisas muito peculiares.

Foi também a primeira vez que vi minha mãe com uma mulher de idade próxima e cuja companhia lhe agradava. De maneira instintiva, sempre soube que ela não gostava da companhia de minha avó paterna e de minha tia. Várias vezes, nos finais de semana, nós três nos sentávamos no jardim na lateral da casa, onde tomávamos o chá da tarde à maneira inglesa. Minha mãe levava um carrinho com sanduíches de ovo e agrião, cortados com delicadeza, e presunto cozido em casa em fatias finas. Tinha bolinhos saídos do forno, com geleia e creme, seguidos de bolo de frutas, todos regados a chá servido do bule de prata nas xícaras de porcelana. Minha mãe e a jovem sra. Giveen conversavam, e nesses dias eu me sentia muito crescida, porque era incluída nas conversas.

O dia que eu vinha temendo chegou, o dia em que a sra. Giveen me disse que teria de voltar à sua casa, em Londres. Antes de ir, ela me deu um presente.

— Antoinette — disse ela —, sei que ainda é cedo para o seu aniversário. Sinto muito não poder estar presente, mas comprei uma lembrancinha.

Ela me deu um pequeno pingente de ouro numa corrente, que colocou em meu pescoço.

Agora, sozinha, minha mãe sentia como se fosse a dona da casa, o que, de fato, ela foi durante um ano.

Capítulo Dez

O brilho dourado do sol tocou minhas pálpebras, forçando-as a se abrirem. Sonolenta, olhei em volta, pestanejando. Os raios do sol incidiam sobre meu vestido xadrez, pendurado atrás da porta, intensificando os vermelhos e azuis do tecido, transformando-os em joias coloridas.

Tive uma pontada de alegria ao lembrar que era meu aniversário de dez anos. Esse era o dia em que eu teria minha primeira festa de aniversário. Todas as catorze meninas da minha turma tinham sido convidadas. Meu pai, ao saber que minha mãe concordara com isso, informou-nos que ia passar o dia jogando golfe, dando-me, assim, um presente especial — sua ausência. Este era o meu dia, e eu poderia passar a primeira metade dele sozinha com minha mãe. A presença dele não estaria lá para lançar uma sombra sobre o dia que eu sentia ser meu.

Meu olhar brilhou diante do colar com o pingente de ouro que a jovem sra. Giveen me dera, e desejei de repente que tanto ela como a sogra pudessem estar presentes. Minha mãe me dissera, nas férias de verão, que naquele ano eu poderia dar uma festa. Meus pensamentos voltaram ao dia em que levei os convites para a escola. Todas as garotas da minha turma haviam aceitado, e eu estava animada com a ideia de mostrar minha casa a elas. Porque, na minha cabeça, assim como na de minha mãe, Cooldaragh era a minha casa.

Os cachorros e eu sempre terminávamos nossos passeios na plantação de árvores de Natal, onde eu imaginava os filhos da sra. Giveen escolhendo sua árvore, ano após ano, e levando-a ao enorme salão. Eu os imaginava usando as roupas mais elegantes que eu vira nas fotografias em tom sépia da sala de estar, subindo uma escada para arrumar os enfeites. Eu os via nas manhãs de Natal, abrindo presentes diante da lareira, com os empregados ao fundo, esperando que seu grande dia chegasse.

Deitada na cama, estiquei os dedos do pé, querendo ficar apenas mais alguns minutos. Aquela era a Cooldaragh que eu queria compartilhar com minhas colegas. Queria que elas sentissem a mesma magia que eu.

A voz de minha mãe, chamando da escada, interrompeu minhas fantasias. Vesti minhas roupas velhas, que estavam dobradas sobre a cadeira, e desci para encontrá-la. O cheiro delicioso dos assados chegava ao corredor, informando-me que ela já estava trabalhando.

Eu sabia que meu bolo, coberto com glacê cor-de-rosa e dez velas combinadas com as palavras "Feliz Aniversário", tinha sido feito no dia anterior. Ao entrar na cozinha, vi fileiras de bolinhos esfriando nas formas. Ao lado deles estava a cobiçada tigela, que eu poderia lamber depois do café da manhã, quando o glacê pontilhado de granulados multicoloridos fosse espalhado sobre os bolinhos.

Lá estava a mesa posta para duas: no centro, um bule de chá com a capa de tricô, ovos vermelhos em oveiros brancos e, ao lado dos pratos, uma pequena pilha de pacotes.

Não conte para a mamãe

— Feliz aniversário — disse minha mãe, cumprimentando-me com um beijo. Senti que aquele seria um dia perfeito. Desembrulhei os presentes: de meus pais, sapatos pretos de verniz, com uma pequena tira sobre o peito do pé, de meus avós irlandeses, um suéter de tricô estilo "Fair Island" e, de minha avó inglesa, três livros de Louisa M. Alcott, *Mulherzinhas*, *Um colégio diferente* e *A rapaziada de Jô*, que eu dera várias dicas de estar querendo.

Saboreando meu café da manhã com vontade e passando com discrição restos para os cachorros, senti prazer porque o dia estava ensolarado, feliz por ter minha mãe só para mim e encantada com os presentes.

A semana toda eu havia aguardado a festa com ansiedade. Imaginei-me mostrando a casa às minhas amigas. Imaginei que ficariam impressionadas com a sorte que eu tinha de morar num lugar como aquele. A expectativa de poder convidar minhas colegas aumentara a satisfação de voltar às aulas após as longas férias de verão. Embora tivesse aproveitado bem as férias, também tinha sentido solidão. Assim que a jovem sra. Giveen partiu, senti um isolamento que a companhia dos cachorros não era capaz de aliviar. De short, camiseta e tênis, passava os dias explorando o terreno com eles. Com uma pequena garrafa de refresco e sanduíches, às vezes, eu desaparecia pela maior parte do dia, retornando com galhos secos e gravetos, que usávamos para acender o fogão na cozinha cavernosa. Eu gostava de fazer minhas tarefas diárias, que, estando mais velha, incluíam serrar os galhos secos para a lenha. Mas eu quase não via ninguém, nem saía de Cooldaragh, e sentia falta de contato com outras crianças. Sem nenhuma fazenda por perto, com as lojas mais próximas em Coleraine e ônibus apenas duas vezes por dia, era raro nos aventurarmos a sair. Em vez disso, contávamos com a entrega diária do leite e com a van da mercearia que passava duas vezes por semana.

No entanto, aquelas férias de verão tinham me aproximado de minha mãe, já que uma fazia companhia à outra. Nos dias de chuva, ficávamos juntas na cozinha, abríamos a porta do fogão e saboreávamos os bolos que ela gostava de fazer. Eu, viajando nas páginas de um livro e ela, tricotando. Os cliques constantes das agulhas produziam um som de fundo tranquilizador enquanto ela, com a cabeça baixa, concentrava-se na criação de cada peça de roupa.

Ela fizera um suéter verde para mim, com detalhes pretos e brancos na gola V, para a minha volta às aulas. Em outras ocasiões, ela colocava uma de minhas meias de lã sobre um cogumelo de madeira para cerzir os furos que apareciam, ou suspirava diante de uma saia que precisava ser alongada até não haver mais barra suficiente. Sempre havia trabalhos extras da escola, pois eles acreditavam em projetos para as férias.

Quando terminei o café da manhã, ajudei minha mãe a decorar os bolinhos e saí com os cachorros. O aviso dela para que eu não me afastasse muito, já que tinha de me preparar para a festa, impediu-me de ir ao bosque. Em vez disso, fui dar bom dia aos pôneis. Depois de lhes dar um abraço e guloseimas, voltei.

O sol conferia um brilho suave aos tijolos vermelhos da casa quando passei pelo pátio e entrei na cozinha pela porta dos fundos. Já havia panelas de água sobre o fogão, prontas para que eu as levasse para o andar de cima e tomasse banho. Foram necessárias três viagens pela escada íngreme para encher a banheira.

Vesti os presentes da jovem sra. Giveen. Primeiro, minha mãe passou pela minha cabeça o vestido xadrez de saia rodada

Não conte para a mamãe

e abotoou a fileira de botões nas costas. Em seguida, os novos sapatos pretos foram colocados sobre as meias brancas e, finalmente, ela pôs a corrente de ouro em meu pescoço. Meus cabelos limpos foram escovados e presos para o lado com uma fivela. Parei diante do espelho por alguns segundos, gostando do que via.

Meia hora antes do início da festa, fiquei parada nos degraus com o olhar fixo na entrada da casa, esperando o primeiro carro chegar. Os cachorros ficaram por perto, decididos a me fazer companhia, notando que havia algo no ar. Como eu, olhavam para a entrada.

Minutos antes do horário indicado nos convites, um comboio de carros pretos entrou na via empoeirada. Cascalhos bateram na frente dos degraus em que eu esperava, sentindo-me tão dona da casa quanto minha mãe. As portas abriram-se, e dos carros foram saindo pré-adolescentes bem-vestidas, todas trazendo pacotes em belas embalagens. Depois de confirmarem à minha mãe que buscariam as filhas às seis e meia, os pais foram embora.

Minha mãe trouxe jarros de refresco, enquanto sentávamos no gramado com minha pilha de embrulhos. Rostos atentos me observavam, à medida que eu abria os presentes. Algumas caixas de doces foram desembrulhadas, as quais foram passadas entre nós aos risos, até que minha mãe as guardasse, por não querer que estragássemos o apetite. Outros pacotes tinham fivelas e fitas. Suspirei de alegria ao ver uma caixa com uma caneta, assim como um diário de capa rosa, no qual nunca escreveria nada, pois, depois daquele dia, senti que não havia nada para escrever. Mas, no início daquela tarde, cercada por minhas colegas aquecidas pelo sol, eu não sabia o que viria em seguida.

Minha mãe me ajudou a recolher todos os presentes, depois me disse para mostrar a casa a minhas amigas, não precisando pedir duas vezes. Levei-as ao salão, onde, ao mostrar todas as recordações americanas, senti uma mudança na atmosfera. Ouvi um sussurro, alguns murmúrios e um riso surpreso, e, de repente, vi minha amada Cooldaragh através dos olhos delas.

Ao invés do esplendor que eu descrevera a elas tantas vezes, vi as lareiras tapadas com jornais amassados para impedir a entrada de correntes de ar, as teias de aranha pendendo nos cantos, o carpete empoeirado da escada que ia dar nos quartos sem mobília do andar de cima. Na sala de jantar, vi os olhares voltados à prataria, agora encardida, que não era lustrada desde a morte da sra. Giveen. Vi as cortinas puídas, penduradas ali havia tantos anos, e os lampiões no aparador, informando a elas que aquela enorme relíquia de outra era não tinha eletricidade.

— De onde vem — ouvi alguém sussurrar — a água quente?

Minhas colegas eram produtos de moradias independentes com jardins bem-cuidados, móveis modernos e prataria reluzente. Vinham de lares onde as faxineiras acabavam com qualquer vestígio de poeira, e banhos diários eram algo natural. Não podiam ver a magia que eu via. Viam apenas uma casa deteriorada. Com o instinto infalível das crianças, complementavam a informação já recebida de seus pais. Sabiam que minha mãe era a caseira. Sabiam que eu não era o produto de uma família tradicional, e fui isolada.

Senti novamente a distância entre nós e vi que eu não fazia parte do grupo. A curiosidade tinha sido a emoção que as levara até ali, não a amizade. A amizade em que eu quisera acreditar ia se perder. Senti que eu estava atrás de uma parede de vidro. Vendo, através de uma janela, minhas colegas rindo e falando,

Não conte para a mamãe

eu podia apenas fingir que fazia parte da conversa e copiar suas risadas. Eu estava de fora, passando pela festa de outra pessoa e observando a mim mesma.

Naquela tarde, fizemos brincadeiras e, com tantos cômodos, esconde-esconde era a favorita, mas quando chegava a minha vez de se esconder, senti de alguma forma que elas não procuravam com tanto afinco como quando procuravam uma das amigas. Senti sua união ao esperarem pelos carros que as libertaria, levando-as de volta a suas casas estéreis.

As porções de sanduíches, gelatinas e bolinhos com cobertura de minha mãe foram recebidas com vontade e rematadas com mais refresco. O bolo de aniversário foi trazido e, antes de ser cortado, eu tinha de soprar todas as velas. Se conseguisse apagá-las de uma vez, poderia fazer um pedido. Enchendo os pulmões de ar o máximo que pude, com os olhos bem-apertados, soprei. Ouvi os aplausos e abri os olhos. Todas as velas estavam apagadas, e, fechando os olhos com força de novo, fiz meu pedido.

"Quero que elas gostem de mim, quero que sejam minhas amigas", pedi. E, quando abri os olhos, por alguns instantes, achei que meu desejo tivesse sido realizado. Agora, pensei, seria um bom momento para oferecer os doces que eu havia ganhado. Fui até onde os presentes estavam guardados e percebi, para meu desânimo, que os doces haviam acabado. Devem ter sido comidos durante o esconde-esconde, quando, agachada em algum dos quartos vazios e empoeirados, eu esperara tanto para ser encontrada. Sem saber o que dizer, olhei para minha mãe.

Ela riu.

— Querida, tem que aprender a dividir.

Eu a vi trocar sorrisos de conspiração com as outras meninas, e vi que estavam rindo de mim juntas. Olhei para os rostos sorridentes ao meu redor e meus sentimentos de isolamento retornaram.

Quando a festa estava acabando, fiquei parada nos degraus da entrada de Cooldaragh, vendo os carros de minhas "amigas" saírem em comboio, depois de me agradecerem com educação pelo dia, com vagos convites para suas casas. Tive vontade de acreditar nelas, e acreditei, acenando com alegria para os carros até que o último desaparecesse.

Meu pai chegou às sete da noite. Um pai cujo rosto vermelho me dizia que tinha bebido. Estava com o olhar fixo em mim. Eu quis sair, escapar, mas, como sempre, seus olhos me mantiveram presa ao meu assento.

Minha mãe, com a voz mais aguda que de costume, um sinal que revelava seu nervosismo, mandou-me mostrar os presentes a ele.

— Olhe o que ela ganhou, Paddy.

Um a um, mostrei os presentes a ele.

— O quê? Não sobrou nenhum doce? — Ele bufou ao ver a resposta em meu rosto. — Não guardou nenhum para o seu pai?

Olhei para o rosto dele. Será que aquele era o pai jovial, que poderia aceitar uma brincadeira, ou o outro? Perguntei-me, com o frio de pavor crescendo no estômago.

O último presente que mostrei foi a caneta, preta com clipe prateado. Ao entregá-la para sua inspeção, senti um tremor em minha mão e notei, pelo sorriso dele, que ele também tinha visto.

— Onde está sua outra caneta, a que eu e sua mãe compramos para você? — perguntou ele, e, com um aperto no coração, vi que não era o pai jovial que estava ali naquela noite.

Não conte para a mamãe

— Na minha sacola — foi só o que consegui gaguejar.

Ele soltou uma risada desagradável.

— Vai pegar, então. Com certeza, não vai precisar de duas canetas.

— Preciso — protestei. — Preciso de uma reserva, por isso Marie me deu essa.

Diante dos meus olhos, como os sapos que eu vira no bosque, ele pareceu inchar. Seu peito pareceu crescer, os olhos ficaram vermelhos. O tremor de sua boca era o sinal: vi, tarde demais, que não deveria ter discordado dele.

— Não discuta comigo, minha menina — esbravejou ele, agarrando a gola do meu vestido e puxando-me da cadeira. Fui atirada ao chão, fiquei sem ar, as mãos dele estavam em volta do meu pescoço. Ouvi o som distante do grito de minha mãe.

— Paddy, pare, você vai matá-la!

Minhas mãos lutavam com as dele, tentando soltar os dedos que me apertavam. Indefesa, eu não conseguia respirar e minhas pernas debatiam-se no chão.

Ouvi-o berrar:

— Você faz o que eu mandar, minha menina. — Em seguida, ao som dos apelos de minha mãe, senti seus dedos afrouxarem.

Levantei-me, confusa e desorientada.

— Tire ela da minha frente — gritou ele para minha mãe. — Leve-a para o quarto dela.

Sem dizer uma palavra, ela pegou meu braço e me puxou pelo corredor e pela escada, depois me soltou de modo brusco. Com um olhar de irritação, ela me ordenou a ficar ali.

— Por que você sempre tem que perturbá-lo? Sabe que ele é temperamental. — Ela parecia cansada. — Não pode tentar manter a paz, por mim? — Notei um tom de súplica em sua voz e percebi que ela estava tão assustada quanto eu.

Mais tarde, ela voltou ao meu quarto, onde, ainda confusa, eu tentava me acalmar, refugiando-me na leitura de *Mulherzinhas*.

Nossos olhares se encontraram, e vi que a proteção que eu sentia com a presença das Giveen acabara. Ficou claro para mim que ela escolhera agradar a meu pai, e eu estava relegada a ser a criança que causava incômodo.

— Tente não deixar seu pai nervoso de novo, Antoinette — foram suas únicas palavras, enquanto ela retirava o lampião a querosene do meu quarto e saía. Fechei os olhos. Como não podia mais ler, inventei uma história na minha cabeça. Uma história em que eu era novamente amada, cercada de amigas e convidada a muitas festas.

De volta à casa de repouso, fiz café para mim e acendi um cigarro, na tentativa de interromper o fluxo de lembranças, mas Antoinette, o fantasma de minha infância, ainda estava lá. Eu a ouvi mais uma vez.

— Toni, lembre-se por você mesma, lembre-se da verdade.

Eu havia acreditado que meu passado estava resolvido, mas o rosto de Antoinette continuava voltando para me assombrar. Eu destruíra quase todas as fotografias muitos anos atrás, imagens que revelavam a vida da criança que um dia eu fora. No entanto, elas surgiam diante de mim, uma por uma.

Eu a vi como a menina pequena e bochechuda de cabelos cacheados e olhos brilhantes, sorrindo com segurança para a câmera, sentada de pernas cruzadas, com as mãozinhas rechonchudas segurando um joelho. Nessa foto, ela estava usando seu vestido favorito, feito por sua mãe.

Alguns anos depois, ela estava usando um vestido xadrez, curto demais o corpo magro, sem meias e com sandálias de segunda mão. O olhar vazio tinha marcas embaixo e estava voltado para mim. Ela estava no gramado de Cooldaragh, segurando Judy no colo, com seus outros amigos, os cães, aos seus pés.

Em outra fotografia, ela estava ao lado dos rododendros de Cooldaragh, com a mãe que ela amava tanto. Não havia nenhuma foto dela com outras crianças ou amigos de infância.

Esforcei-me para afastar as imagens e voltei a ficar ao lado de minha mãe. Ao fechar os olhos, voltei no tempo e me lembrei da criança infeliz e isolada que morava em Cooldaragh. Uma criança cujo aniversário fora estragado, não apenas pela brutalidade do pai e pela indiferença da mãe diante de seus apuros, mas também por sua incapacidade de interagir e relacionar-se com suas colegas. Vi como ela as observava como que através de uma janela, enquanto brincavam, riam e falavam. Quando ela tentava se aproximar, não estava fazendo nada além de imitá-las.

Era tarde demais para que ela pudesse sentir-se parte do grupo, sua infância já acabara. Ao completar dez anos de idade, ela sabia que qualquer felicidade que sentisse era somente uma ilusão momentânea.

Sentada ao lado da cama de minha mãe, lembrei-me de um ato secreto de revolta que pôs um sorriso de ironia em meu rosto. Aconteceu logo após meu aniversário e foi uma prova de que a menina pequena ainda era capaz de sentir raiva, não se limitando a ser um mero fantoche.

Em Cooldaragh, todas as lareiras fora de uso eram fechadas com jornais, não apenas para deixar o frio de fora, mas também para impedir a entrada de pássaros e morcegos. Quando eu ia buscar água no fim da tarde, costumava ver os morcegos sobrevoando a área em frente à casa, explorando seu mundo invisível na escuridão.

Ao observá-los, lembrei-me daquele dia na igreja, quando o toque do sino perturbou um deles. Eu notara o medo que seu voo cego provocara na ala feminina da congregação.

Escolhi a noite certa com cuidado, sabendo que, quando meu pai ia de carro para Coleraine nas manhãs de sexta-feira, ele sempre voltava para casa tarde e bêbado. Eu conhecia a rotina de minha mãe nesses dias. Quando finalmente desistia de esperar por ele, ela atravessava o longo corredor escuro que ia de nossa sala à cozinha, levando uma vela para iluminar o caminho. Ela fazia chá e subia a escada de serviço, levando o bule até o seu quarto.

Naquela noite, sabendo que minha mãe achava que eu estaria dormindo, saí da cama em silêncio, decidida que os morcegos teriam o máximo de acesso à casa. Abri buracos no jornal das lareiras. Depois abri a porta dos fundos, onde apenas o pequeno pátio separava a casa dos estábulos abandonados em que os morcegos ficavam.

Com toda paciência, fiquei agachada no alto da escada de serviço, à espera de meus visitantes noturnos, instrumentos de minha pequena vingança. Fui recompensada. Um bravo camundongo voador entrou, precipitando-se pela porta dos fundos. Quando tive certeza de que ele estava longe da saída, desci as escadas de modo furtivo, descalça, e fechei a porta sem fazer barulho.

Tremendo de frio, voltei ao meu posto na escada para aguardar os resultados. Não tive de esperar muito.

Não conte para a mamãe

Vi um brilho alaranjado quando a porta da sala de estar de meus pais foi aberta. Em seguida, veio a luz bruxuleante da vela, clareando o caminho de minha mãe. Ouvi seu grito quando o morcego, com o sentido de seus radares, sobrevoou em volta da cabeça dela.

Eu sabia que ela estava paralisada de medo na penumbra. Rapidamente, desci a escada, pus os braços em torno dela, peguei a vela de seus dedos trêmulos e levei-a de volta à sala, onde a ajudei a sentar-se na cadeira. Disse-lhe que estava no banheiro quando ouvi o grito.

Quando ela se sentou, com as lágrimas correndo pelo rosto, peguei a vela e fui à cozinha, onde os cães dormiam sossegados, e fiz chá para ela. Coloquei uma xícara, a jarra de leite e o açúcar na bandeja em que eu equilibrara a vela com cuidado. Levei-a ao seu quarto pela escada principal, evitando assim passar pelo morcego. Pus a bandeja na mesa de cabeceira e a abracei, porque eu ainda amava minha mãe.

Através de meus olhos adultos, tentei entender como deveria ser a vida de minha mãe durante aqueles anos. Pude entender por que ela queria escapar em seu mundo de fantasia das "famílias felizes", no qual nada havia de errado em nossa vida. Afinal, onde mais ela poderia se refugiar? Após a morte da sra. Giveen, ela não tinha praticamente nenhum contato com outras pessoas. Não tinha amigos nem parentes na Irlanda do Norte e, com certeza, nenhuma independência financeira. Sem transporte, seu isolamento deve ter aumentado, pois pude notar a depressão que a acometia.

Hoje, uma mulher na sua situação teria escolhas que minha mãe não tinha, mas, se tivesse, ela teria aceitado um caminho diferente? O que aconteceu nos anos seguintes me fez duvidar disso.

Continuei sentada ao lado da sua cama, com a luz da noite lançando um brilho tênue sobre ela. Olhei para o corpo pequeno e indefeso e vi que o sono aliviara algumas linhas causadas pela dor. Senti as mesmas emoções conflitantes que a menina sentira ao abraçar a mãe naquela noite: perplexidade, raiva e um forte desejo de consolá-la e protegê-la.

Capítulo Onze

Agora que as Giveen tinham partido, meu pai começou a ir ao meu quarto novamente. Nos dias em que sabia que iria voltar tarde, ele ia de carro para a cidade. Ao voltar, minha mãe e eu estávamos dormindo em cantos opostos da casa. Meu quarto era escuro, e a única luz que entrava era a da Lua, que, nas noites de tempo bom, parecia flutuar diante da minha janela. Eu costumava cair no sono enquanto tentava ver a imagem simpática e reconfortante do homem na Lua. Eu havia perdido minha lanterna havia muito tempo; portanto, agora que minha mãe levara meu lampião, eu tinha apenas a vela que iluminava o caminho até o quarto. Deitada no escuro com os punhos cerrados, eu apertava os olhos com força, na esperança de que, se não os abrisse, ele não apareceria. Mas ele sempre aparecia. Eu tentava me afundar sob as cobertas. Depois sentia o frio no corpo, quando ele as puxava para baixo e levantava minha camisola de flanela.

Ele sussurrava no meu ouvido:

— Você gosta disso, não gosta, Antoinette?

Eu não dizia nada.

Ele dizia:

— Você gostaria de ganhar uma mesada, não?

Ele pegava uma moeda de meia coroa e enfiava na minha mão. Depois tirava a calça. Nunca vou me esquecer do cheiro dele. O bafo de uísque, o cheiro rançoso de cigarro e o odor do corpo — sem desodorante. Ele subia em mim. Como eu era um pouco mais velha, embora ele ainda tomasse cuidado, podia ser um pouco mais bruto. E entrava em mim. Eu podia sentir seu olhar através de minhas pálpebras fechadas. Ele me mandava abrir os olhos. Eu nunca queria. Naquela idade, ele me machucava. Eu o ouvia arquejar antes de sair de cima de mim. Ele saía da cama, vestia as roupas rapidamente e ia para a cama de minha mãe.

Eu ficava segurando a moeda.

Conforme as visitas ao meu quarto ficavam mais frequentes, aumentava também a violência física. Uma noite, eu estava brincando no que fora a sala de estar da sra. Giveen. Eu havia ido lá para ficar sozinha, longe de meus pais. Ele entrou com um jornal e se sentou. Eu tinha um pingente em forma de sapo que fazia parte dos presentes de Natal. Fiquei brincando com o enfeite, ouvindo os estalos que ele fazia. Então, senti o olhar dele sobre mim.

— Antoinette — disse ele —, pare com isso, pare já.

Tive um sobressalto de medo. O pingente caiu da minha mão, dando um último estalo. Foi a desculpa de que ele precisava. Levantou-me e jogou-me de costas no chão.

— Você para quando eu mandar parar, minha menina! — gritou ele.

À noite, eu costumava ser despertada por um pesadelo recorrente. Sonhava que estava caindo sem parar na escuridão. Então, a imagem de meu pai misturava-se ao sonho, quando ele me acordava. Depois que ele saía, o sono não voltava fácil. De

Não conte para a mamãe

manhã, eu estava cansada e tinha de buscar a água quente na cozinha para me lavar. Eu sempre me lavava bem entre as pernas nessas manhãs. É muito difícil me lembrar do que sentia, mas me parece que eu sentia muito pouco.

Agora que ele ia ao meu quarto com tanta frequência, e eu recebia a "mesada", pude voltar a comprar os doces para tentar fazer amigos. As crianças, assim como os animais, são capazes de sentir quando alguém é fraco, diferente ou vulnerável. Embora aquelas fossem crianças criadas sem violência, não havendo crueldade em sua formação, elas sentiam uma aversão instintiva por mim. Assim, no início da noite, quando jantava com os internos, eu evitava o máximo possível os que tivessem a minha idade. Eu tentava me sentar com as meninas mais novas, com as quais eu podia brincar, ou com as mais velhas, que me tratavam bem. Fora dos horários de refeição, eu ficava na biblioteca fazendo a lição. Eu sabia que não era popular, e percebia que as professoras também sabiam. Os funcionários da escola eram gentis comigo nas aparências, mas eu sentia uma indiferença. Aos dez anos de idade, deixei de esperar que as pessoas gostassem de mim.

O trajeto de ônibus para casa levava cerca de trinta minutos, e eu tentava terminar a lição, lendo parágrafos de livros sobre os quais eu sabia que seria questionada no dia seguinte. Uma noite, meu pai subiu no ônibus, no ponto seguinte. Ele não se sentou ao meu lado. Sentou-se do outro lado do corredor, para que pudesse olhar para mim. Ficou com o sorriso do pai amigável. Porém, eu não acreditava mais que esse pai existisse. Nessa noite, não consegui encontrar minha passagem. Pude sentir que meu pai olhava para mim e passei mal de medo, enquanto procurava na sacola e nos bolsos. Sussurrei para o trocador:

— Não consigo encontrar minha passagem. Por favor, não conte para o meu pai.

Mas o trocador apenas riu. Ele sabia que eu tinha uma passagem semanal porque ele trabalhava no ônibus todos os dias.

— Não faz mal — disse ele. — Com certeza, seu pai não vai se zangar. Olhe para ele, está sorrindo para você. Não seja boba.

De fato, lá estava meu pai, com aqueles olhos vermelhos brilhando. Então, ele piscou para mim. Reconheci o sinal. A viagem pareceu interminável, embora fosse apenas de alguns quilômetros. Estava escuro e, quando desci do ônibus, fazia frio. Quando o ônibus desapareceu, ele veio atrás de mim, como eu já esperava. Bateu em mim. No traseiro, nos ombros, com a outra mão na minha nuca, segurando-me com força. Ele me chacoalhou. Não chorei. Não naquele momento. Não gritei. Eu havia parado de gritar havia muito tempo. No entanto, ao seguir para casa com ele, senti as lágrimas rolando pelo meu rosto. Minha mãe deve ter visto as marcas que elas deixaram, mas não disse nada. Comi um pouco do jantar, angustiada demais para ter apetite, porém com medo de recusar. Terminei o pouco que faltava da lição de casa e fui para a cama. Percebi, então, que eu não era uma criança que tentava aborrecer os pais, mas que eu tinha um pai que procurava qualquer desculpa para encontrar uma falha e bater em mim.

Nessa noite, ele foi ao meu quarto quando eu ainda estava acordada. Arrancou minhas cobertas, e senti que havia mais violência que de costume. Senti muito medo dele e comecei a chorar, assustada.

— Não quero nenhuma mesada — disse. — Não quero que faça isso comigo. — Sentindo meu nervosismo aumentar,

Não conte para a mamãe

continuei a implorar. — Por favor, por favor, não faça isso. Você me machuca.

Foi a primeira e última vez que chorei quando ele foi ao meu quarto. Minha mãe estava no corredor e me ouviu.

Ela gritou:

— O que está acontecendo?

Meu pai respondeu:

— Nada. Ela estava tendo um pesadelo. Só entrei para ver o que era. Ela está bem agora.

Antes de sair, ele sussurrou em meu ouvido:

— Não conte para a sua mãe, minha menina.

Ela entrou no meu quarto alguns minutos depois, quando eu estava encolhida debaixo das cobertas.

— Antoinette, o que aconteceu? — perguntou.

— Nada — respondi. — Eu estava tendo um pesadelo.

Com isso, ela saiu do quarto. Nunca mais me perguntou.

Em outras noites, eu ouvia o barulho dos cascalhos sob os pneus do carro. Tremendo de medo, deitada na cama, eu ouvia o rangido do assoalho, enquanto os passos furtivos dele se aproximavam do meu quarto. Eu fingia dormir nessas noites, sempre esperando que ele não fosse querer me acordar. Ele sempre queria.

Nem todas as vezes em que vinha, ele deixava a moeda de meia coroa, mas, pelo menos duas vezes por semana, sim. Depois da primeira noite em que abriu meus dedos e enfiou a moeda na minha mão, passou a colocá-la, num gesto de zombaria, no pote de porcelana da penteadeira em que eu guardava o pingente de ouro. Ele dizia:

— Aqui está sua mesada, minha menina.

Nas noites em que ele chegava cedo, eu me acomodava no sofá, com os cachorros aos meus pés, e abria um livro. Muitas vezes, quando eu lia algo sobre crianças com pais amáveis e atenciosos, as lágrimas derramavam de meus olhos e deslizavam pelo rosto, dando a meu pai a oportunidade que ele esperava. Ele erguia a cabeça.

— Por que está chorando, minha menina? — perguntava.

Eu tentava não olhar nos olhos dele, quando murmurava:

— Por nada.

Ao ouvir isso, ele se levantava, segurava minha nuca, me chacoalhava e depois me batia, geralmente nos ombros.

— Pronto — dizia ele, em voz baixa —, agora você tem um motivo para chorar, não?

Minha mãe não dizia nada.

Depois disso, parei de ler livros infantis sobre famílias felizes. Comecei a ler os livros de minha mãe. Não contei a ela os motivos. Ela nunca perguntou. Os primeiros livros para adultos que li foram da Série Carvalho Branco. Não eram livros tristes, mas não havia crianças nas histórias.

Um dia, um homem esperava por mim na saída da escola. Ele se apresentou como amigo de meu pai. Ele obtivera permissão da professora que supervisionava os internos para me levar para tomar chá. Fui à casa de chá com ele, onde ele me ofereceu bolos e pães, seguidos de sorvete. As comidas favoritas de garotas pequenas! Conversou comigo sobre a escola. Aos poucos, começou a perguntar sobre meus cachorros. Depois perguntou o que eu gostava de ler. Contei-lhe que estava lendo um livro chamado *O feitiço de Jalna*, da Série Carvalho Branco.

— Você é muito adulta para uma menina pequena, já que lê livros como esses — disse ele.

Não conte para a mamãe

Fiquei feliz com sua gentileza e claro interesse, e com os elogios que me fazia. Depois de comermos e conversarmos, ele me acompanhou de volta à escola e me disse que gostara muito da minha companhia. Perguntou se eu gostaria de sair com ele outras vezes. Respondi que sim.

Ele me visitou algumas vezes depois disso. Contei às professoras que ele era amigo do meu pai, e elas sempre lhe davam permissão para me levar. Eu aguardava suas visitas com alegria. Percebia que ele se interessava em me ouvir, o que me fazia sentir madura e importante. Eu sempre podia pedir a comida que quisesse. Ele parecia fascinado com o meu falatório infantil. Para mim, a quem tão poucas pessoas demonstravam interesse, ele era um amigo adulto, até o último dia em que o vi.

Nesse dia, ao voltarmos para a escola, ele me levou a uma área de gramado. Disse-me mais uma vez que gostava muito da minha companhia. Disse que gostava de meninas pequenas, especialmente maduras como eu. Depois, ficou olhando fixamente para mim, assumindo, de repente, uma expressão muito parecida com a de meu pai. Apanhou algumas folhas da grama e passou os dedos de um lado para o outro, repetindo um movimento sugestivo.

— Antoinette — disse ele —, sabe o que eu gostaria de fazer agora?

Eu sabia.

— Sei que você gostaria, não é, Antoinette?

Como um coelho flagrado pelos faróis de um carro, fiquei paralisada.

— Sei que faz com o seu pai — disse ele. — Diga às professoras que, da próxima vez que eu vier, eu a levarei para casa. Aí poderemos passar a tarde juntos antes de você pegar o ônibus. Você gostaria de fazer isso, não?

Pude apenas fazer que sim com a cabeça, como fora treinada.

Nessa noite, contei a meu pai sobre seu amigo. Com o rosto vermelho de raiva, ele me chacoalhou.

— Não faça isso com ninguém a não ser comigo, minha menina — sussurrou ele, erguendo os punhos.

Dessa vez, no entanto, ele baixou os punhos sem me bater e saiu da sala. Nunca mais vi o amigo de meu pai e nunca descobri como ele veio a saber sobre mim e meu pai. Só pode ter sido meu pai que contara a ele. Parece que até os monstros sentem a pressão de viver uma mentira. Até eles precisam que alguém conheça e aceite a pessoa real.

Minha vida em Cooldaragh continuou por mais alguns meses, até que minha mãe deu a notícia de que a casa fora vendida e, mais uma vez, teríamos de nos mudar, dessa vez de volta ao outro lado do Mar da Irlanda, para Kent. Ela, assim como meu pai, precisava trabalhar, explicou, pois agora que não podíamos mais viver sem pagar aluguel, e somente a renda de meu pai não seria suficiente. Ela acreditava que seria mais fácil encontrar emprego para ela na Inglaterra.

Minha mãe, então, me contou que nos dois anos que passáramos em Cooldaragh ela conseguira guardar dinheiro suficiente para dar entrada em uma casa. As rugas que tinham aparecido em volta de sua boca ao longo dos últimos anos pareceram mais amenas enquanto ela falava, uma vez que finalmente podia ver que seu sonho — ter uma casa própria — estava se aproximando.

Vi o entusiasmo em seu rosto, mas não pude sentir o mesmo, já que eu aprendera a amar Cooldaragh.

Capítulo Doze

Além da ansiedade de ter de deixar Cooldaragh, havia o fato de que minha mãe me dissera que eu não iria morar com eles depois da mudança. Eu iria morar com minha madrinha em Tenterden. Estava tudo acertado para que eu frequentasse a escola de lá. Embora ela me garantisse que se tratava de um arranjo temporário, até que ela e meu pai encontrassem uma casa para todos nós, senti que seria abandonada. A vida em família podia ser terrível, mas ser entregue aos cuidados de estranhos era ainda mais assustador.

Longe de parecer preocupada com a ideia de se separar de mim, minha mãe lamentava apenas o fato de ter de encontrar um lar para Bruno, seu cachorro favorito. Ele iria para o sul da Irlanda, onde a filha da sra. Giveen morava.

Para aumentar meu sofrimento, meus pais decidiram que Sally, embora ela fosse feliz conosco, seria sacrificada. Com paciência, minha mãe explicou que a cadelinha nunca se recuperara do início de sua vida. Ela havia começado a ter convulsões, e não seria justo enviá-la para outra casa.

Chorando, perguntei a ela sobre Judy e os gatos. Os gatos ficariam em Cooldaragh, e Judy ficaria com um fazendeiro da vizinhança até que estivéssemos todos acomodados.

Fiquei arrasada de ter de deixar Cooldaragh e a única escola em que fora feliz. Sentia que minha vida tinha acabado, enquanto me despedia dos animais, às lágrimas. O primeiro foi Bruno, que saiu animado no carro da nova dona. Fiquei parada na saída da garagem, vendo o carro desaparecer, esperando que ele fosse tão amado por eles quanto havia sido por mim.

A segunda despedida, e a mais difícil, foi de Sally. O que já era uma tristeza insuportável quase acabou comigo quando, ao achar que estava saindo para um passeio, ela pulou para dentro do carro de meu pai de bom grado. Pus a mão pela janela para fazer um último carinho, tentando não deixar que ela visse as lágrimas que ameaçavam me sufocar. Eu sabia que ela estava indo para sua jornada final ao veterinário porque meu pai me informara do fato naquele dia.

Lembro-me da dor que senti e me pergunto por que um homem que sabia mentir tão bem precisara me contar a verdade nesse dia. Tive de encarar o fato de que a verdade também partira de minha mãe. O que importava contar uma pequena mentira, quando toda a nossa vida familiar era baseada em mentiras? Por mais que minha mãe tentasse me consolar, não conseguiu me fazer sentir nem um pouco melhor. Eu sentia que enviara uma amiga à morte.

Ao longo das semanas seguintes, ajudei minha mãe a encher os baús mais uma vez, e fiz minha mala para a estada com minha madrinha, de quem eu não tinha nenhuma lembrança. Como só pude usar uma mala pequena, precisei me desfazer de alguns objetos estimados. Jumbo foi a primeira perda.

Alguns dias antes da partida, todos os nossos pertences foram recolhidos para serem encaixotados. No dia seguinte, meu pai levou Judy ao fazendeiro. Eu queria ir com ela, mas meu medo

Não conte para a mamãe

de ficar a sós com ele foi maior que meu desejo de acompanhá-la. Fiz carinho nela e abracei-a quando ela entrou no carro, e ela, percebendo minha tristeza, apenas lambeu minha mão.

Quando vi o carro desaparecer, senti-me totalmente sozinha, uma vez que todos os meus amigos tinham ido embora. Eu sabia que minha mãe também estava triste, mas dessa vez não senti muito amor por ela, apenas um vago ressentimento.

Chegou o dia em que nossas poucas posses foram colocadas no carro e, comigo espremida atrás, seguimos para a balsa de Belfast. De lá iríamos para Liverpool, e, depois de uma travessia de doze horas, continuaríamos nossa longa jornada até Kent. Dessa vez, após a travessia, ao chegarmos a Liverpool, não me senti nem um pouco animada, mas profundamente deprimida.

No trecho seguinte, o longo trajeto pela estrada até Kent, tentei ler, mas imagens nítidas me vinham com insistência. Os olhos castanhos de Sally, expressando confiança em mim, enquanto ela partia em sua última viagem. Eu ainda era capaz de sentir o pelo macio de sua cabeça quando a acariciei. Vi os pôneis esperando por mim diante da cerca, quando me despedi deles, ao dar sua guloseima. A sensação do toque e do cheiro ao colocar o braço em volta de seu pescoço pela última vez ainda permanecia. Vi o fiel Bruno olhando pela janela até desaparecer, e a falta que sentia de Judy era insuportável.

Do banco de trás, via a cabeça de meu pai e a de minha mãe. A dela virava para ele diversas vezes, enquanto ela falava com tranquilidade. Vez ou outra ela se voltava para mim, mas eu mantinha o livro diante do rosto para esconder os sentimentos que teriam ficado claros: o ressentimento diante do meu abandono iminente e a raiva por ter de me separar de meus amigos.

Parávamos ocasionalmente no caminho para um lanche de sanduíches e chá. Eu sabia que recusar não era uma opção para mim, mas podia sentir a comida mastigada parar na garganta. Apenas o líquido da garrafa térmica parecia me ajudar a engolir.

À noite, finalmente paramos em frente a uma casa grande e cinza. A grama do pequeno jardim não era enfeitada por flores. Em vez delas, havia uma grande placa anunciando vagas para quartos e café da manhã. Ali, meus pais explicaram, era onde passaríamos a noite antes que minha mãe me levasse à casa de minha madrinha. Depois do jantar, que foi servido pela proprietária numa sala pequena e sombria, fui me deitar num estado de apatia. Havia um colchão no quarto de meus pais, no qual caí no sono de imediato.

Na manhã seguinte, depois de me lavar e vestir, tomei o café da manhã na mesma sala escura e, em seguida, minha mãe saiu para pegar o ônibus, segurando minha mala, enquanto eu a seguia, deprimida.

Durante a jornada de uma hora, minha mãe manteve uma conversa unilateral. Conhecendo-a como conhecia, notei que seu tom de voz animado escondia um nervosismo. Ela me disse que minha madrinha estava ansiosa para me ver. Tranquilizou-me, dizendo que nossa separação não duraria muito, e que eu seria feliz ali.

Sem acreditar, fiquei escutando, dando poucas respostas, até que, aos poucos, sua fala foi ficando menos animada e, finalmente, cessou por completo. Senti que meu destino era o mesmo dos cachorros. Eu estava mudando de lar. Não conseguia entender por que eu não poderia ficar com meus pais, uma vez que eles estariam morando tão perto. Sentada no ônibus, previ que não iria gostar de minha madrinha e, quando chegamos à sua casa, vi que não estava enganada.

Depois dos tijolos vermelhos e acolhedores de Cooldaragh, a casa geminada cinza parecia completamente sem vida. Olhei com desgosto para o jardim minúsculo, com seu arbusto de hortênsia rosa-escuro plantado num pequeno pedaço de terra escura. Quando minha mãe ergueu a aldrava de ferro para anunciar nossa chegada, olhei para as janelas com cortinas de renda que impediam qualquer visão do interior. Vi que a cortina do andar superior foi puxada, mas não pude ver quem estava lá. Ouvi passos descendo a escada; então, ela abriu a porta e, com um sorriso discreto, chamou-nos para dentro.

Com a vida adulta, aprendi a compreender e ter compaixão. Hoje eu teria visto uma mulher de meia-idade, solitária e pouco simpática, que não estava acostumada a lidar com crianças. Meu olhar preconceituoso de criança associou o corpo alto e magro ao de uma bruxa. Minha opinião estava formada.

Eu e minha mãe nos sentamos na austera sala de estar, nas cadeiras retas e utilitárias com suas capas imaculadas. Minutos depois, veio a bandeja de chá obrigatória, sem a qual nenhuma conversa entre adultos parecia possível.

Enquanto eu equilibrava sobre os joelhos um pequeno prato, no qual havia um bolinho seco, e segurava minha xícara de porcelana de modo desajeitado, eu e ela analisávamos uma à outra. Se eu via uma bruxa, ela via, tenho certeza, uma criança calada e séria, alta para sua idade e magra demais. Vi a antipatia que senti refletida nos olhos dela.

Fiquei ouvindo as duas mulheres falarem sobre mim como se eu fosse um objeto inanimado. Pela primeira vez, naquele silêncio deprimente, senti um verdadeiro ressentimento por minha mãe.

Pensei: Como ela pode me deixar aqui?

Ouvi a conversa terminar, notei uma pausa desconfortável, interrompida por minha madrinha dizendo: "Vou deixar as duas sozinhas, então, para se despedirem." E levantou-se de modo abrupto, recolhendo a bandeja de chá.

Minha mãe e eu nos entreolhamos com cautela, enquanto eu esperava que ela tomasse a iniciativa. Finalmente, ela abriu a bolsa, retirou um envelope e me entregou.

— Antoinette — disse ela, calmamente —, tenho que ir agora. Deixei um dinheiro aqui para você. É para durar até o dia em que eu vier buscá-la.

Fiquei ali, paralisada, e ela me deu um abraço rápido antes de sair às pressas. Ao ouvir a porta se fechar, fui para a janela. Afastei a cortina e, desamparada, observei-a até sair do meu campo de visão.

Raiva e indignação me consumiam. Senti uma falta insuportável de Judy. À noite, as lágrimas correram pelo meu rosto ao pensar no destino dos animais. Eu estava sendo punida, mas não sabia o motivo. Escondi minha tristeza profunda atrás de uma expressão taciturna naquela casa, e minha madrinha, com sua total falta de experiência com crianças, não tinha noção de que a menina diante dela estava perturbada. Ela via apenas uma criança rebelde.

Na casa de meus pais, minha instabilidade crescente não era demonstrada, pois eles atuavam como a tampa que continha a pressão. Lá, eu era controlada, as emoções eram reprimidas e os comportamentos, programados. Agora, sem os limites deles, minha segurança acabara. Um animal que é treinado por meio

Não conte para a mamãe

do medo recorre ao mau comportamento quando o medo é removido. Eu não era uma criança moldada por meio de elogios e afetos, com estímulos à autoconfiança. Eu era uma criança cujas noites eram destruídas por pesadelos e cujos dias eram confusos. Uma criança que não apenas sentia falta de tudo que lhe era familiar, mas também sentia medo de ter sido abandonada para sempre. Sem nunca ter tido a independência de estar no controle das próprias emoções, eu me senti ainda mais insegura, e, qualquer regra que minha madrinha tentava impor, causava mal-estar.

Meus pais eram meus mestres. Meu pai me controlava com ameaças, e minha mãe, com a manipulação dolorosa de meus sentimentos. Agora, a emoção predominante era a raiva que atravessava meu corpo. A raiva era a minha defesa contra a infelicidade, e minha madrinha se transformou no alvo desse sentimento. Ela observava com impotência minha determinação em não ceder um centímetro e minha rebeldia diante de todos os seus comandos.

"Não corra, Antoinette", dizia ela, ao sairmos da igreja. Então, eu corria. "Venha direto para casa depois da escola." Eu demorava. E remexia na comida do prato até que ela me dissesse para deixar a mesa e eu ficasse livre para ir ler em meu quarto. Ela escreveu para minha mãe, dizendo que eu estava infeliz e que ela achava que seria melhor eu voltar para ela. Minha mãe, que, penso eu, esperava que minha madrinha se afeiçoasse a mim e quisesse que eu ficasse, combinou de ir me buscar.

Depois vim a saber que minha madrinha sentiu que havia falhado tanto em sua habilidade para cuidar de uma criança, que culpara a si mesma, e não a mim, por meu comportamento.

Em consequência, recusou-se a relatar meu mau comportamento a minha mãe, salvando-me assim da punição.

    Fiquei feliz em deixar a casa, que eu achara tão sem vida. Não via a hora de me despedir da velha senhora que, eu sabia, nunca me quisera ou gostara de mim. Talvez, se eu pudesse prever o futuro e saber o que os próximos anos me reservavam, tivesse mudado de ideia, mas, aos 11 anos, eu não sabia nada.

Capítulo Treze

Na viagem de Tenterden a Old Woking, que fizemos de ônibus e trem, minha mãe me falou sobre a casa que ela e meu pai haviam comprado e como ela a havia decorado.

Na década de 1950, antes que os pátios estivessem na moda, as casas tinham quintais, onde havia um banheiro externo, um varal e, o que era muito frequente, a bicicleta do marido encostada na parede de tijolos sem pintura. Minha mãe, no entanto, que adorava as flores de Cooldaragh, vira uma foto de um chalé em Paris e tentara copiar o exterior o máximo possível.

Ela pintara os muros de branco, as portas e as molduras das janelas, de azul. Não apenas havia jardineiras nas janelas da frente, como outras, presas com firmeza no alto dos muros do quintal, as quais ela preenchera com capuchinhas. Ela me contou que as flores laranja pendiam, criando um contraste intenso com as paredes brancas recém-pintadas.

O interior da casa, ela me contou, ainda precisava ser decorado. Sua ideia era remover todo o papel de parede, pintar a cozinha de amarelo, e o restante da casa, de creme, enquanto os tacos de linóleo transformariam o piso do andar térreo.

Enquanto minha mãe explicava cada detalhe, pude ver que ela sentia um prazer enorme em planejar nossa nova casa, a primeira que eles conseguiram comprar após quase doze anos de casamento.

Ao fim da viagem, andamos uma pequena distância até uma rua, onde fileiras de casas geminadas, pequenas e de cores apagadas, iam até a calçada, sem um arbusto ou cerca viva para quebrar a monotonia. Nossa casa destacava-se com seus muros recém-pintados, jardineiras coloridas nas janelas e porta azul com maçaneta de metal reluzente.

Nessa noite, quando meu pai chegou do trabalho, jantamos juntos. Os dois pareciam tão felizes em me ter de volta em casa que tomei coragem para dar a notícia.

— Agora eu me chamo Toni.

Minha madrinha me dissera que Toni era a abreviação correta de Antoinette. Senti que Toni era meu nome, o nome de uma garota que poderia ser popular. Antoinette era outra pessoa.

Minha mãe sorriu para mim.

— Bom, será mais fácil de escrever nas etiquetas quando você for para a escola nova.

Esse era o seu modo de expressar a aceitação.

Meu pai não fez comentário algum e se recusou, com teimosia, a me chamar de Toni até o dia em que morreu.

Durante o final de semana, ele estava trabalhando; então, ajudei minha mãe, tirando o papel de parede. Primeiro, eu passava um pano molhado. Depois pegava a raspadeira e puxava longas faixas. Consegui tirar todo o papel naquele sábado. Eu me senti próxima de minha mãe novamente. Ela repetia que eu estava sendo muito prestativa. Tomamos o chá da tarde juntas no quintal florido, onde ela respondeu às perguntas que não fiz.

— Seu pai vai visitar seus avós daqui a duas semanas e trará Judy de volta — tranquilizou-me. — Levarei você à sua nova escola na segunda-feira, quando você conhecerá o diretor.

Não conte para a mamãe

Percebi que não seria uma escola só de meninas, à qual eu voltara a me acostumar, e sim uma escola mista.

— O que vou usar? — perguntei.

— Ah — respondeu ela —, a diretora deu permissão para que você use o uniforme antigo até não servir mais.

A felicidade que eu sentira ao saber que Judy voltaria desapareceu. Fiquei desanimada, pois mais uma vez minhas roupas seriam diferentes.

O domingo passou rápido demais para mim. Na segunda, minha mãe me levou à escola nova. Naquela manhã, vesti cuidadosamente minha túnica verde, a camisa branca, a gravata verde e preta, meias cinza até os joelhos, sapatos velhos de cadarço e, por fim, o blazer verde.

Ao chegar, estremeci por dentro. No pátio havia meninas com saias cinza, blusas brancas, meias curtas e mocassins. Vi grupos de crianças da minha idade brincando, grupos de adolescentes conversando, e minha confiança despencou. Armada apenas com meu novo nome, segui minha mãe para dentro do prédio para conhecer o diretor.

Ele examinou meus boletins e me perguntou sobre minhas duas últimas escolas e do que eu mais gostava lá. Perguntou sobre meus hobbies, mas como eu poderia explicar a ele, um morador de uma cidade na Inglaterra, como tinha sido a vida na Irlanda do Norte? Ele me levou à sala de aula e me apresentou à professora. Não vi a figura de vestido preto com a qual estava acostumada, mas uma mulher grande e loura com um belo rosto. Ela me disse que ia dar aula de inglês. Recebi um livro para ler, o qual já havia estudado na Irlanda do Norte. Percebi que até minha matéria favorita seria entediante.

Nesse dia, aula após aula, fui ficando cada vez mais melancólica, porque as matérias eram muito estranhas para mim.

Intervalos passavam. As pré-adolescentes com seus uniformes casuais pareciam me ignorar. Deviam ter me achado muito estranha com minha túnica verde, minhas meias compridas presas por ligas, meu cabelo dividido com precisão e uma fivela, enquanto o delas era preso em rabos de cavalo. Fiquei parada no pátio, segurando os livros, tentando induzir, pelo menos, uma menina a vir falar comigo.

Ninguém falou.

Nessa tarde, fui a pé para casa, vendo as outras crianças conversando em grupos. Sem dúvida, eu parecia distante. Eu, com tão pouco jeito para me socializar, era uma estranha.

Em casa, minha mãe contou, com alegria, que havia conseguido um emprego e, duas semanas depois do início das aulas, meu pai foi à Irlanda do Norte para visitar sua família e trazer Judy de volta. Nas semanas seguintes, fiquei sabendo que teria de prestar um exame de admissão, algo de que eu não fazia ideia. A professora me deu lição de casa extra para me atualizar no programa escolar, mas, como só faltavam algumas semanas, comecei a perder o sono.

Se, por um lado, meu pai era indiferente à minha educação, minha mãe, com certeza, queria que eu passasse. Os professores tinham confiança em mim, mas eu não estava nada confiante. Fiquei com sentimentos contraditórios nas semanas seguintes, variando entre a expectativa da volta de Judy e o temor do exame que se aproximava.

Os dois aconteceram. Primeiro, a chegada de Judy, que se sacudiu de alegria ao me ver. Embora ela não tivesse mais o bosque e os campos para correr em busca de coelhos, logo se adaptou à vida na cidade e aos passeios de coleira, que eu fazia com ela três vezes por dia.

Não conte para a mamãe

Sentia falta de minha antiga escola e muito de minha vida em Cooldaragh. Parecia que Judy estava se adaptando melhor que eu.

Depois veio o exame temido. Os papéis foram entregues em silêncio aos jovens alunos, que sabiam a importância desse dia. Eu sabia que havia me saído bem em duas de minhas provas, mas a aritmética me parecia muito diferente. Olhei com desânimo para a professora, que olhava para minhas respostas por cima de meu ombro, mas não disse nada.

Depois que o sino tocou e todas as provas foram devolvidas, senti desespero, porque sabia que, se não passasse, não iria para as aulas de gramática e teria de ficar na escola para sempre.

Durante as semanas seguintes, enquanto eu aguardava os resultados do exame, vi pouco meu pai, que parecia estar trabalhando em período integral, segundo minha mãe. Eu ia direto para casa, ajudava nas tarefas domésticas, depois parava para fazer a lição de casa.

Em seguida, meu pai mudou seu turno do dia para o noturno. No mesmo momento, minha mãe começou a trabalhar. Como era preciso tomar um ônibus para o escritório em que ela trabalhava, e minha escola ficava a alguns minutos de caminhada de casa, ela saía antes de mim. Na primeira manhã de nossa nova rotina, tomei o café rapidamente, enquanto uma panela de água esquentava no fogão para que eu me lavasse no meu quarto, no andar de cima.

Como havia apenas um minúsculo patamar entre o quarto de meus pais e o meu, tentei subir a escada fazendo o mínimo de barulho possível, para não acordar meu pai, que fora direto para a cama ao voltar do turno da noite.

Despejei a água numa velha bacia de cerâmica, tirei a camisola, peguei a toalha de rosto e comecei a me ensaboar, notando, pela primeira vez, ao me olhar no espelho, que meu corpo estava começando a mudar. Pequenos seios estavam se formando no peito que antes era plano. Ainda olhando no espelho, passei as mãos sobre eles, sem ter certeza se gostava das mudanças. Então, vi outro reflexo.

Meu pai, vestindo apenas a camiseta manchada de suor e cueca, havia saído do quarto e se agachado diante da minha porta, que ele devia ter aberto muito devagar. Com um sorriso no rosto, ficou só me observando. Senti tremores de medo ao estender o braço para pegar a toalha para me cobrir.

— Não, Antoinette — ordenou ele —, quero ver você. Vire-se.

Fiz o que ele mandou.

— Agora, se lave — comandou ele.

Enquanto obedecia, senti que meu rosto ardia de vergonha. Então, ele se levantou, aproximou-se de mim e me virou de frente para o espelho.

— Olhe no espelho, Antoinette — sussurrou ele.

Enquanto passava a mão sobre meus pequenos seios que começavam a se desenvolver, sua respiração raspava em meu ouvido e a outra mão deslizava para baixo. Então, ele me soltou.

— Agora você vem direto para casa quando acabam as aulas. Me traga uma boa xícara de chá quando voltar. Entendeu, Antoinette? — perguntou ele, enquanto eu olhava para o chão sem dizer nada.

— Sim, papai — sussurrei.

Ele piscou para mim e saiu do quarto de repente. Ainda tremendo, eu me vesti rapidamente, escovei os cabelos e desci para dar uma volta com Judy antes de ir para a escola.

Não conte para a mamãe

Nesse dia, fiquei ainda mais calada que de costume, sem ser a primeira a levantar a mão quando a professora fazia uma pergunta, pois eu sabia o que ia acontecer comigo quando eu chegasse em casa e fizesse o chá de meu pai. Assim que o sinal tocou às quatro horas, peguei minha sacola sem pressa e fui andando para casa sozinha, ignorando meus colegas que faziam o mesmo trajeto em pequenos grupos. Eu sabia que eles, no entanto, seriam recebidos por mães afetuosas, porque crianças que ficavam em casa sozinhas só viriam a ser algo comum anos depois.

Abri a porta com a minha chave e fui recebida por Judy, que me esperava animada, como sempre fazia, para o nosso passeio. Nesse dia, pude sentir a presença dele no andar de cima antes mesmo que ele falasse.

— Antoinette, é você? — gritou ele.

Respondi que sim.

— Faça-me uma xícara de chá e suba aqui. Deixe seu cachorro no quintal.

Coloquei a chaleira no fogão, deixei a água aquecer e pus as folhas dentro, deixando-as corar devagar. Adicionei leite e açúcar na xícara, sentindo o tempo todo a impaciência dele e meu pavor crescente. Finalmente, não pude demorar mais. Pus a xícara numa bandeja com dois biscoitos digestivos e carreguei até o quarto dele. Ao entrar no quarto escuro, onde as cortinas estavam fechadas, ele estava deitado na cama que dividia com minha mãe. Mais uma vez, pude sentir o odor de seu corpo e sua excitação. Deixei a bandeja ao lado da cama.

— Vá tirar o uniforme e volte aqui — disse ele, pegando a xícara de chá.

Voltei de camiseta, calcinha, sapatos e meias.

— Tire tudo agora — ordenou ele, apontando para minha camiseta e a calcinha do uniforme. Depois acendeu um cigarro e me sorriu do jeito que eu conhecia tão bem. Na cabeceira estava o pote de vaselina que costumava ficar sobre a penteadeira ao lado de sua escova de cabelo. Ele afundou os dedos no pote, ainda tragando o cigarro. Senti o medo em mim, pois sabia que minha mãe só estaria de volta dali a duas horas, e deduzi que o que acontecera comigo na Irlanda do Norte seria pior agora. Eu sabia que meu corpo em desenvolvimento o excitava mais que meu corpo mais jovem.

Ele me puxou para a cama de modo a ficar sentada de frente para os joelhos dele. Depois de tirar os dedos do pote, enfiou-os com força dentro de mim. Depois saiu da cama e me posicionou como sempre havia feito no carro durante todos aqueles anos, com as pernas pendendo de modo impotente na beirada. Ele entrou em mim de modo mais rude do que jamais fizera. Eu podia fechar os olhos, mas não os ouvidos.

— Você gosta disso, não gosta, Antoinette? — sussurrou ele.

Como não respondi, ele entrou com mais força, e meu corpo todo ficou rígido de dor.

— Diga a seu papai que gosta — disse ele, dando o último trago no cigarro. — Diga: "Sim, papai, eu gosto disso".

Obedeci, sussurrando. Depois senti a substância pegajosa escorrer entre as minhas pernas, enquanto ele, ainda segurando a ponta do cigarro, ejaculava sobre mim.

— Agora vá se limpar e arrumar as coisas lá embaixo antes que sua mãe volte do trabalho — ordenou ele, empurrando-me de modo rude para fora da cama.

Vesti uma saia e um suéter velhos, desci ao banheiro do quintal e me esfreguei repetidas vezes com papel higiênico molhado, tentando remover a substância pegajosa e o cheiro dele. Depois entrei para tirar as cinzas deixadas no fogão na noite anterior, acendendo o fogo novamente, com um jornal enrolado e pequenos pedaços de madeira. Trouxe carvão para dentro, limpei-me e, alguns minutos antes de minha mãe chegar, coloquei a chaleira no fogão para que ela pudesse tomar um chá fresco quando chegasse.

Capítulo Catorze

Ouvi a voz distante de minha mãe chamando no andar de cima, penetrando as ondas de dor escondidas atrás dos meus olhos, dor que se agarrava ao alto da minha cabeça, com garras invisíveis apertando minha nuca.

Estava na hora de descer e buscar a água para o meu banho. Abri a boca para responder à minha mãe, mas apenas um ruído rouco saiu de minha boca. Meus olhos pareciam colados, como se para protegê-los da claridade da manhã que ardia em minhas pálpebras. Ergui a mão, que ficara pesada durante a noite, com dedos inchados e rígidos, tentei esfregar os olhos e senti o calor intenso na testa.

Forcei meu corpo a sentar, e a tontura fez o quarto girar. Pontos pretos dançavam na minha frente, e o suor pingava da minha testa. Morrendo de frio, com o corpo estremecendo e batendo os dentes, o pânico fez meu coração acelerar até eu poder ouvir o sangue martelando ao percorrer meu corpo.

Ergui as pernas para sair da cama e cambaleei até o espelho. O rosto que me olhava era o de uma estranha, com a pele amarelada esticada sobre o rosto inchado. Olheiras escuras haviam surgido durante a noite, e o cabelo úmido e escorrido estava grudado na cabeça. Levantei a mão mais uma vez à cabeça para afastar os cabelos e notei que os dedos estavam tão amarelados quanto o rosto, e com o dobro do tamanho normal. Desci a escada tremendo, com pernas que pareciam fracas demais para me sustentar, e desabei numa cadeira. As lágrimas correram de modo descontrolado por meu rosto quando vi o olhar frio de minha mãe.

— O que foi agora, Antoinette? — ouvi-a perguntar e, em seguida, sua voz adquiriu um tom de preocupação. — Antoinette, olhe para mim. — Ela tocou minha testa de modo breve. — Meu Deus — exclamou ela —, você está ardendo em febre.

Às pressas, dizendo-me para não me mexer — como se fosse possível isso acontecer — ela foi até o outro lado da sala, onde havia um telefone no pequeno corredor. Ela discou e falou rapidamente.

Minutos depois, voltou com um cobertor, que colocou sobre meus ombros com cuidado, e me informou que o médico estava a caminho. Eu não saberia dizer quanto tempo passara, pois entrara num estado de confusão induzido pela febre. Fiquei alternando estados de calafrios e ardor. Ouvi uma batida na porta e a voz do médico, o que me fez sentir um alívio pela certeza de que ele me ajudaria.

Um termômetro frio foi colocado em minha boca, dedos seguraram meu pulso, e os vultos na minha frente estavam o tempo todo embaçados. O médico informou a minha mãe que minha temperatura era de quase 40 graus e que eu estava com uma inflamação nos rins. "Nefrite", disse ele, e avisou que era necessário chamar uma ambulância de imediato.

Ouvi o veículo chegando, senti a mão de minha mãe segurando a minha durante o trajeto, mas mal senti que estava sendo carregada na maca até a enfermaria infantil, e depois sendo colocada na cama para aguardar o exame. Eu só queria dormir.

Os dias que se seguiram são apenas uma vaga lembrança, uma memória nebulosa de estar me sentindo mal de modo constante, de agulhas injetando em minhas nádegas o que depois vim a saber que se tratava de penicilina, de mãos virando-me e um pano úmido sendo passado em meu corpo febril a intervalos. Em outros momentos, meu sono era interrompido por alguém que segurava minha cabeça e colocava um canudo em minha boca, fazendo com que um líquido frio descesse por minha garganta seca, ou quando uma bacia de metal frio era colocada sob minhas nádegas e vozes me diziam para não me sentar, mas ficar deitada até estar mais forte.

Aqueles primeiros dias pareciam um tempo ininterrupto, em que o sono era marcado apenas pela atividade das enfermeiras. Os horários de visita eram o único momento em que eu sentia a necessidade de manter os olhos abertos.

As crianças à minha volta ficavam olhando para a porta dupla no fim da enfermaria, observando o relógio com impaciência, enquanto os ponteiros se arrastavam até o horário em que a porta se abriria para a entrada de adultos sorridentes com brinquedos, livros e frutas de presente.

Eu virava a cabeça no travesseiro, o olhar fixo na porta, esforçando-me para procurar minha mãe. Ela, ao abrir da porta, corria para o meu lado numa nuvem de perfume, sentava-se perto da cama, tirava os cabelos do meu rosto e me beijava numa demonstração pública de afeto. Meu pai me observava com um sorriso que demonstrava preocupação, ao passo que o sorriso que ele lançava às enfermeiras lhe garantia sorrisos alegres em resposta.

Eu deixara minha mãe preocupada, ela me disse, ao lhe dar um susto tão grande. No entanto, eu agora estava em boas mãos e tinha de ser uma boa menina e melhorar. Explicou que eu ficaria no hospital por algumas semanas, não apenas no hospital, mas de cama. Ela prosseguiu, contando que eu estava com uma infecção muito grave nos rins e submetida a uma dieta de glicose e água de cevada. Disse que a casa estava silenciosa sem mim, que Judy sentia a minha falta, e que sabia que eu ficaria bem assim que possível. Olhando para ela de bruços, enquanto ela falava, meu olhar ficava concentrado em seu rosto até que a força do olhar fixo de meu pai atraísse meus olhos para os dele.

O sorriso em seus lábios era sempre o sorriso do pai amigável, mas em seu olhar eu via o pai repugnante, o que era invisível a todas as outras pessoas, o que vivia dentro da minha cabeça.

À medida que os dias viravam semanas, minha força retornou aos poucos e, com ela, um interesse no ambiente. Embora ainda confinada à cama, conseguia me sentar, apoiada nos travesseiros, que foram aumentando de um para três ao longo do mesmo número de semanas. Agora que meus olhos não estavam mais caídos de cansaço, a leitura voltou a ser um prazer. Duas vezes por semana, eu aguardava com ansiedade o carrinho com livros apropriados. Na primeira visita, quando informei ao bibliotecário que as histórias de detetive eram as minhas favoritas, recebi um olhar de desânimo diante de um gosto tão diferente para uma criança e um som de desaprovação. Entretanto, entramos em acordo quanto a histórias de Agatha Christie com as farsas de Tommy e Tuppence, seguidas de casos com Miss Marple e Hercule Poirot. Para minha sorte, Agatha era uma escritora prolífica, e meu suprimento parecia inesgotável.

A rotina invariável da enfermaria causava um conforto próprio. Primeiro, a rodada matinal de urinóis para as crianças confinadas à cama. Lá ficávamos empoleiradas, fazendo o esforço necessário, como fileiras de galinhas poedeiras, sabendo que o conteúdo dos recipientes de metal seria examinado antes de ser levado. Em seguida, vinham as bacias de água para lavar as "extremidades", quando, em nome da discrição, as cortinas eram fechadas ao nosso redor.

Depois vinha o café da manhã. Os ovos ricos em proteínas e o pão integral servido nas camas próximas aguçavam minhas papilas gustativas, mas eu recebia apenas meu copo de glicose cinza clara e viscosa.

Somente após a remoção das bandejas, eu podia pegar meu livro e buscar a solução dos mistérios, antes que o detetive em questão revelasse o culpado sem maiores esforços.

Eu mal notava a agitação constante da enfermaria à minha volta. O roçar dos uniformes azul e branco das enfermeiras, os passos suaves de seus sapatos brancos de cadarço sobre o piso industrial cinza, as conversas das crianças que se recuperavam e o som metálico das argolas da cortina fechada em torno de uma criança mais doente que eu, tudo se misturava no fundo, enquanto eu virava as páginas, absorta.

Os aromas da hora do almoço penetravam minhas narinas, e minha privação de proteína fazia com que toda comida tivesse cheiro bom. Eu olhava para as bandejas com inveja, enquanto minha bebida glutinosa era servida.

— Beba tudo, Antoinette — ordenavam-me com ânimo quando eu ficava olhando com rebeldia para o líquido sem graça. — Vai lhe fazer bem.

Eu queria comida.

— Você vai melhorar, e depois poderá voltar para casa.

Eu queria bolo, sorvete, doces e torradas cheias de manteiga amarela com espirais marrons de Marmite. Imagens de tais

Não conte para a mamãe

guloseimas flutuavam diante de meus olhos, e minha boca enchia d'água só com a lembrança dos sabores. Então, eu levava à boca uma colherada da substância desagradável, forçando-me a engolir. O esforço para melhorar, com a dieta de privação e o espetar interminável das agulhas, constituía uma jornada longa e árdua.

Após o almoço, vinha a arrumação das camas, quando os lençóis eram tão esticados que ficávamos imobilizados. Em seguida, com os braços firmemente presos e os cabelos bem penteados, aguardávamos a visita da enfermeira-chefe.

A porta dupla se abria de repente, e uma figura imponente entrava, seguida de um cortejo de médicos, uma enfermeira vestida de azul e uma enfermeira auxiliar. Uma gola engomada mantinha a cabeça da enfermeira-chefe ereta de modo impressionante, com seu chapéu branco e uma capa que balançava atrás dela. Ela parava com uma postura grandiosa ao pé de cada cama para perguntar a cada criança mumificada como ela estava se sentindo.

Ao ouvir "Muito bem, obrigada", ela seguia para a cama ao lado, até concluir a visita. Então, a porta se abria novamente e, com sua saída imponente, um suspiro de alívio coletivo era emitido tanto por funcionários como por pacientes. Os braços eram soltos dos lençóis, os corpos passavam a posições confortáveis, e começava a sesta que precedia o horário de visitas.

As noites chegavam rápido demais para mim, sempre interrompendo o momento em que o detetive iria desmascarar a pessoa mais improvável do livro para ser o vilão. No entanto, por mais que me desagradasse a pausa em minha aventura por procuração, eu costumava cair logo num sono quase ininterrupto.

Apenas a rara chegada de um paciente à noite me perturbava. Foi numa dessas ocasiões que vi o bebê.

Ouvi um leve ruído das argolas da cortina duas camas depois da minha, abri um olho sonolento e vi uma pequena forma, em minha mente infantil, com uma cabeça de monstro. Uma cabeça completamente careca e tão grande que eu sentia que, a qualquer movimento, poderia quebrar o pescoço frágil. Uma lâmpada alta lançava um brilho alaranjado sobre a maca. Uma mulher inclinava-se sobre o bebê, tocava com a mão seus dedos minúsculos, depois as cortinas se fechavam novamente e eu caía num sono agitado.

Durante dois dias as cortinas daquela cama permaneceram fechadas, enquanto enfermeiras e médicos entravam e saíam com cuidado, mantendo fora do alcance de nossa visão o que havia lá dentro. Na terceira noite, como se em sonho, vi a mulher mais uma vez e notei, por sua postura, que estava sofrendo. Vi uma forma enrolada em panos nos braços da enfermeira auxiliar, carregando-a pela porta, vi a luz se apagar e, em seguida, meus olhos se fecharam.

Na manhã seguinte, as cortinas estavam abertas, havia uma cama arrumada e vazia, e nenhum sinal do bebê.

Com o conhecimento instintivo que as crianças às vezes têm, eu sabia que ele estava morto. Também sabia que não deveria fazer perguntas.

Todas as tardes, eu via as crianças olhando para a porta, aguardando suas famílias com muita expectativa. Via os rostos se iluminarem, braços erguidos para os abraços, ouvia seus gritinhos de alegria e sentia meu próprio estremecimento de pavor. Deitada na cama do hospital, eu não tinha como evitar o olhar de meu pai nem o medo que sentia dele.

Não conte para a mamãe

Seis semanas após minha internação, ele chegou sozinho. As lembranças, amenizadas pela rotina suave do hospital, voltaram à minha mente, e meus dedos agarraram os lençóis com força.

Eu me perguntava onde estaria minha mãe, quando ele pegou minha mão e inclinou-se para beijar meu rosto. Em resposta à pergunta que não fiz, ele me disse que ela estava muito resfriada e não queria levar os germes à enfermaria. O cabelo grosso e ondulado dele cintilava com a brilhantina nesse dia, e seu sorriso reluzia para as enfermeiras. O pai repugnante, no entanto, escondia-se no olhar e deslizava pela boca a cada palavra proferida.

Ainda segurando minha mão, enquanto eu escorregava para baixo dos travesseiros, ele disse:

— Antoinette, senti sua falta. Sentiu falta do papai?

Meu lado fantoche assumiu o comando.

— Sim — sussurrei, e a força que acabara de recuperar pareceu abandonar meu corpo.

— Bom, quando você voltar para casa, com certeza terei um presente para você. Vai gostar, não vai, Antoinette?

Não perguntei a ele qual era o presente. Eu sabia. Senti a pressão de sua mão enquanto ele aguardava a resposta. Olhei para ele e dei a resposta que ele queria.

— Sim, papai.

Ele abriu um sorriso para mim, e eu vi o brilho da arrogância em seu olhar.

— Agora, seja uma boa menina, Antoinette. Volto amanhã.

— E voltou.

As enfermeiras ficaram me dizendo que eu tinha um ótimo pai, que ele amava sua filhinha, que eu logo voltaria para casa.

Após a terceira visita dele, esperei até as outras crianças adormecerem. Peguei o cordão da minha camisola, amarrei uma ponta em volta do pescoço e a outra à cabeceira da cama. Depois me joguei ao chão.

É claro que fui descoberta. A enfermeira da noite pareceu achar que eu estava deprimida porque queria voltar para casa. Garantiu-me várias vezes que não demoraria muito mais. Colocou-me de volta sob as cobertas e ficou sentada ao meu lado até que eu caísse no sono. Na manhã seguinte, haviam retirado o cordão da minha camisola.

Na visita desse dia, meu pai e minha mãe entraram. Ela segurou minha mão, enquanto ele ficou de braços cruzados.

— Antoinette — disse ela —, tenho certeza de que o ocorrido na noite passada foi um engano. A enfermeira-chefe me ligou hoje. Tenho certeza de que você não vai querer me preocupar de novo desse jeito.

Vi o sorriso radiante e entendi que o incidente havia sido colocado com firmeza numa caixa com os dizeres: "Não se fala mais nisso." O jogo das famílias felizes ainda estava de pé, e ela era a personagem principal da cena.

— Eu e o papai estávamos conversando — prosseguiu ela, incluindo-o em seu sorriso. — É óbvio que você estará muito debilitada quando sair daqui. Então, decidimos enviá-la à casa da tia Catherine. — Eu mal conhecia a tia Catherine, mas sempre tivera boa impressão dela em suas raras visitas. — Algumas semanas no interior vão lhe fazer um bem imenso. Não vamos mais tocar nesse assunto bobo de novo, querida, e é claro que não mencionaremos nada à tia Catherine. Não queremos que ela fique preocupada, não é?

Não conte para a mamãe

Senti o olhar fixo de meu pai enquanto eu olhava para minha mãe, sentindo o puxão que ela estava dando no cordão que me ligava a ela. No desejo de obter sua aprovação, respondi:

— Obrigada, vai ser bom.

Com sua missão cumprida, os dois relaxaram pelo resto da visita; depois, quando a campainha anunciou o fim, despediram-se com uma porção de beijos. Limpei o queixo onde os lábios de meu pai haviam tocado e, em seguida, peguei meu livro e deixei que a história me absorvesse.

A promessa dela foi cumprida, e o incidente da corda da camisola nunca mais foi mencionado. O padrão com que minha mãe lidava com os problemas já estava estabelecido com firmeza: "Se não falarmos a respeito, quer dizer que nada aconteceu." Como se sua negação fosse algo contagioso, toda a equipe do hospital procedeu da mesma maneira.

Meu pai esteve no hospital sozinho mais uma única vez.

— Lembre-se, Antoinette, do que lhe falei. Não vá falar de assuntos da nossa família com ninguém, minha menina. Entendeu?

— Sim, papai — respondi, deslizando para baixo na cama, tentando evitar seu olhar penetrante. Nas profundezas desse olhar, podia ver as sementes de fúria que seriam liberadas caso eu ousasse desobedecê-lo.

Todos os dias, esperava que minha mãe entrasse novamente pela porta dupla e fui desapontada repetidas vezes. Quando ela finalmente apareceu, veio cheia de pedidos de desculpa. Suas justificativas agitavam-se em minha mente, e eu, querendo acreditar nela, acenava com a cabeça minha aceitação na hora certa. Segundo ela, o trabalho a deixara esgotada. Era tão longe o caminho de ônibus, continuou ela. Ela me disse que a tia Catherine aguardava ansiosa minha visita, e, como sua família tinha uma boa situação financeira, ela não precisava trabalhar. Ela queria poder pedir alguns dias de folga no trabalho para cuidar de mim, mas sabia que eu entenderia seus motivos. Eu deveria estar ansiosa para a visita também.

Aos onze anos, eu só sabia que queria voltar para casa, para estar com minha mãe, mas meu desejo de agradar permanecia mais forte que nunca.

— Será bom ver a tia Catherine — respondi, e fui recompensada com um sorriso radiante e um beijo em cada bochecha.

Os últimos dias no hospital fundiram-se num só, à medida que eu lia, brincava com outras crianças e aguardava o momento de ser informada que o dia seguinte seria o último ali. O momento chegou, enfim.

Eu me vesti cedo nessa manhã, fiz minha pequena mala com os livros e as roupas acumulados ao longo dos três meses. Quando a tarefa terminou, fiquei sentada na cama, esperando pacientemente por minha mãe.

Capítulo Quinze

Minha mãe me levara de trem e ônibus até a casa grande e assimétrica na costa de Kentish, onde minha tia morava. Lá, recebi um lindo quarto, com o papel de parede combinando com os ramos de flores do edredom sobre a cama pintada de branco. Fiquei sabendo que aquele havia sido o quarta da filha da tia Catherine, mas como Hazel era agora uma adolescente, transferira-se para um quarto maior, de modo que aquele seria só meu durante todo o período da visita.

Tia Catherine não era minha parenta de sangue, mas uma amiga próxima de minha mãe. Nos anos 1950, os nomes de adultos costumavam ser precedidos de "tia" ou "tio" por qualquer pessoa com menos de vinte e um anos. Ela era uma mulher bonita com cabelos até os ombros no tom castanho dourado que estava na moda, pertencente a uma geração que contava pouco com o artifício de um cabeleireiro habilidoso. Seu perfume evocativo, uma mistura de aroma floral suave e deliciosos cheiros de pães e bolos assando, demorava-se no ar depois que ela saía de perto. As unhas, diferentes das de minha mãe, eram curtas, pintadas apenas com um esmalte rosa muito claro, e nos pés usava sandálias baixas. Notei que os saltos altos eram usados apenas em ocasiões especiais, tais como nos dias em que me levava às casas de chá que recordavam minha primeira infância.

O primeiro passeio que fiz com ela foi a uma grande loja de departamentos, onde ela me pediu para escolher alguns produtos.

— Você cresceu no hospital, Antoinette, e emagreceu tanto que nenhuma de suas roupas parece estar no tamanho certo.

Desse modo, ela encerrou com habilidade minha história com as roupas de segunda mão, recebidas com gratidão por minha mãe e muito desprezadas por mim.

— Vamos escolher algo bonito juntas.

Ela me pegou pela mão e me levou ao elevador, onde o responsável era um veterano de guerra que usava o uniforme da loja com orgulho, com uma manga vazia presa contra o peito com um alfinete, apoiado num banquinho e recitando as mercadorias de cada andar até chegarmos ao armarinho. Na Inglaterra do pós-guerra, tais empregos ainda não tinham sido extintos pela automação.

Passamos pela seção de botões, lãs e ornamentos diversos e chegamos à de tecidos. Peças de fazendas de todas as cores do arco-íris encheram meus olhos de alegria, cores que eu nunca vira antes. Um pano prateado e delicado foi o que primeiro chamou minha atenção. Eu queria correr para examinar todos eles, mas tia Catherine segurou minha mão com delicadeza e me conduziu aos tecidos de algodão, mais apropriados.

— Olhe — exclamou ela, puxando um rolo listrado de rosa suave e branco na minha direção —, este vai combinar com você. — Então, antes que eu pudesse responder, ela apontou para outro tecido, azul-claro. — Você gosta daquele?

Fiz que sim com a cabeça, com medo de que o encanto fosse quebrado. A euforia paralisara minha língua e suspendera minha respiração.

Não conte para a mamãe

— Bom, então, vamos levar os dois — exclamou ela, muito animada. — Agora, precisamos de mais um para festas.

Ela viu meu olhar se iluminar na direção de um belo tartan, semelhante ao tecido de meu vestido favorito que não cabia mais.

— Vamos levar esse também — disse ela. Então, com nossas compras embaladas nas bolsas, fomos tomar chá. Senti que poderia morrer de felicidade; eu ganhara não apenas um vestido novo, mas três. Segui ao lado dela com um sorriso tão grande que minhas bochechas chegaram a doer.

Ciente de que aquele era um dia especial, ela me deixou comer um pedaço de bolo, apesar da dieta restrita. Ao engolir a massa leve e sentir a doçura do glacê na língua, fui envolvida pela felicidade e desejei ficar com ela para sempre.

Ao entrar numa vida que antes era apenas vislumbrada através de conversas com outras crianças, eu havia "atravessado o espelho", como Alice, e não tinha nenhum desejo de voltar. Naquele dia, esqueci-me de Judy, de quanto sentia sua falta, e me permiti saborear cada momento. Meu prazer evidente animou tia Catherine, que falou sobre os diferentes passeios que havia planejado para nós.

— Não podemos fazer muita coisa — alertou-me ela —, porque você ainda não se recuperou totalmente, mas daqui a algumas semanas, quero levar todos vocês ao circo. Você gostaria de ir?

Senti meus olhos crescerem. Aquele era um passeio do qual somente ouvira falar. Eu sonhava em ir ao circo.

— Ah, sim! — consegui exclamar. Com certeza, pensei, o dia não poderia ficar melhor.

Com o decorrer das semanas, notei que fazer a família feliz era o que mais dava prazer a tia Catherine, e me senti fazendo parte disso. Seus dois filhos — Roy, que era um ano mais velho que eu, e Hazel, cinco anos mais velha — ignoravam-me a maior parte do tempo. Roy, porque eu ainda não estava forte o bastante para brincar, e Hazel, pela diferença de idade. Portanto, fiquei surpresa, mas muito contente, quando, duas semanas após a minha chegada, Hazel convidou-me para ver seu cavalo. Os cavalos eram sua paixão. Ela montava desde pequena, e tivera um pônei até ficar grande demais para ele. O novo cavalo fora seu presente de quinze anos, e era seu maior orgulho.

Ele era castrado, informou-me, um baio leve de 14 palmos de altura. Soube que ela sentia por ele algo muito parecido com o que eu sentia por Judy, embora deixasse muito claro que, enquanto era muito bom conversar com um cachorro, um cavalo podia ser montado, sendo, portanto, muito mais útil.

Tia Catherine deu-nos um monte de cenouras para ele, avisou a Hazel para não me deixar ir longe demais, e, com uma idolatria por ela começando a se formar, eu a segui até o campo. Lá, um cavalo de pelo castanho-claro e dourado, muito maior que os pôneis de Cooldaragh, veio trotando em nossa direção. Fui instruída a estender a mão aberta com minha oferenda, o que fiz com hesitação. Senti uma onda de prazer quando sua respiração suave fez cócegas em minha palma, e minha confiança aumentou quando ele me deixou acariciar sua cabeça.

Hazel colocou a sela e, para o meu deleite, perguntou se eu gostaria de montá-lo.

— Ah, sim! — foi a minha resposta imediata. Afinal, só me haviam dito para não ir muito longe; ninguém dissera nada sobre não poder cavalgar.

Não conte para a mamãe

Tive de me esticar para alcançar o primeiro estribo, enquanto Hazel o mantinha firme. Depois, com mais um impulso, estava montada. De repente, o chão parecia muito distante; então, olhei para a frente e segurei as rédeas. Primeiro, fomos devagar, e eu, sentindo uma confiança excessiva, bati de leve com os calcanhares, como vira cavaleiros fazerem. Senti que ele acelerou um pouco e, ao tentar me mover em seu ritmo, ele, com toda a alegria de um cavalo jovem, seguiu em meio galope. O vento fez meus olhos marejarem, minha visão ficou turva e, sentindo que estava perdendo o controle, minha excitação virou medo. Ouvi Hazel chamar o nome dele, enquanto ele galopava em volta do campo. Ela gritou para que eu puxasse as rédeas, mas todo o meu esforço estava voltado para me manter sobre o cavalo.

Então, com um prazer travesso, ele ergueu as patas traseiras e eu voei acima de sua cabeça. Fiquei sem ar e, por um momento, vi estrelas, deitada no chão com as pernas arqueadas e os olhos abertos, mas desfocados.

A voz preocupada de Hazel penetrou meu estado de confusão, e a idolatria fez com que eu endireitasse a coluna. Concentrei-me até que o mundo voltasse ao lugar, depois me levantei com cautela. A preocupação no olhar de Hazel diminuiu quando ela tirou a grama da minha roupa, sem dúvida aliviada por não haver nenhuma fratura a ser explicada.

Para o meu desânimo, ela disse:

— Você tem que montar de novo. Caso contrário, nunca mais montará, sempre terá medo.

Olhei para o cavalo, que, sem se preocupar com meu desconforto, mastigava contente as últimas cenouras, e vi um gigante. Hazel tranquilizou-me, dizendo que o guiaria e, sem acreditar muito nela, montei de volta. A idolatria é capaz de nos transformar em bravos soldados. Fui recompensada, pois, nesse dia, eu e ela ficamos amigas ao conspirarmos em silêncio que tia Catherine ficaria mais feliz se não soubesse da pequena aventura.

A vida na casa de minha tia foi tranquila naquele verão. Por estar mais restrita à casa do que seus dois filhos, eu passava os dias lendo no jardim ou ajudando-a na cozinha. De manhã, sua máquina de costura era colocada na mesa grande de madeira, e as roupas para toda a família surgiam como que por milagre. Primeiro, no entanto, ela fez meus três vestidos. Eu ficava de pé, enquanto ela, com alfinetes na boca e fita métrica na mão, prendia o tecido no lugar até sobrar apenas a barra a ser costurada, o que ela fazia à mão à noite.

Os almoços eram lanches leves, comidos no calor da cozinha, mas as refeições noturnas eram sempre feitas na sala de jantar.

Durante a tarde, a costura era interrompida para o preparo da refeição. Eu picava legumes, descascava batatas e fazia chá para nós duas, enquanto ela preparava os pratos favoritos da família: ensopados e cozidos deliciosos, exceto às segundas-feiras, quando ela servia frios do almoço de domingo com picles e purê de batatas.

Tio Cecil, o marido de tia Catherine, um homem alto e magro, com sorriso afetuoso e olhos brilhantes, gerente do banco local, trocava o terno listrado toda noite, para vestir uma confortável calça de veludo cotelê, camisa e o cardigã com detalhes em couro de que mais gostava. Depois, relaxava tomando o gim com tônica que minha tia servia para os dois, como parte do ritual da noite.

Após o segundo drinque, sentávamos para a refeição. Ele tomava seu lugar na cabeceira, e ela servia a ceia. Era sempre um momento familiar, em que ele indagava de modo atencioso sobre as atividades do dia dos filhos e da esposa. Sem se esquecer de mim, perguntava sobre minha saúde e comentava que minha aparência estava melhorando muito.

Com frequência, jogávamos baralho ou jogos de tabuleiro, tais como cobras e escadas, depois que a cozinha estava arrumada, seguidos de banho e cama. Toda noite, eu podia ler por meia hora, até minha tia ir ao meu quarto, para me cobrir e apagar a luz, e eu adormecia com a lembrança feliz do meu beijo de boa-noite.

O dia em que íamos ao circo finalmente chegou. Com meu novo vestido rosa e branco e cardigã branco, sentei-me no banco de trás do carro. Roy, com os cabelos louros divididos com precisão e impecavelmente penteados para trás, com calça comprida cinza e blazer azul-marinho, sentou-se ao meu lado, tentando parecer indiferente, enquanto eu tagarelava com empolgação.

Luzes intensas brilhavam no alto da lona, as filas cheias de crianças, rostos animados que refletiam a emoção que eu sentia, segurando firme as mãos de seus pais. Ao entrarmos na enorme tenda, o cheiro de serragem penetrou minhas narinas enquanto tomávamos nossos assentos na arquibancada. Eu estava totalmente extasiada. Primeiro, vieram os palhaços com o rosto pintado e sorriso permanente na boca; depois, os cachorros dançarinos, pequenas criaturas pretas e brancas, cheias de energia, com tufos brancos no pescoço. Ao final do número, cada cão ocupou um banquinho à espera da merecida salva de palmas. À minha volta, vi crianças de olhos arregalados e bochechas rosadas pela emoção causada pelo circo, esticando o pescoço para ver os palhaços voltarem; depois, ouvi o suspiro coletivo quando o número deles foi seguido por grandes felinos. Com as mãos esticadas dos lados para manter o equilíbrio, esforcei-me para ficar o mais no alto possível, sem querer perder um segundo da apresentação. Eu compartilhava a excitação das outras crianças, prendendo a respiração junto com elas quando as belas criaturas, grandes e douradas, pulavam pelo anel de fogo, e batendo palmas com força quando o adestrador fazia reverências. Em seguida, ficava em silêncio, quando meus olhos hipnotizados eram atraídos para o alto e minha boca formava um "oh" com o resto do público quando os trapezistas começavam seus voos incríveis.

Depois vieram os elefantes majestosos, cada um segurando com a tromba a cauda do outro, e um filhote no fim da fila. Esperei os banquinhos minúsculos quebrarem quando, para o final do número, equilibraram as ancas gigantescas sobre eles. Depois suspirei com decepção quando deixaram o picadeiro. Por fim, os palhaços apareceram para anunciar o fim do espetáculo. Eu mal conseguia me mexer. Sentia-me presa numa bolha mágica de pura alegria que só a infância é capaz de criar. Muitos anos depois, quando assinei uma petição para que se proibisse o uso de animais em circos, ainda me lembrava da magia daquela noite com uma nostalgia pesarosa.

Duas semanas depois, tia Catherine contou-me o que achava ser uma boa notícia. Meus pais viriam passar o fim de semana conosco, e eu voltaria para casa com eles. Eu faria um checkup no hospital e, se tudo estivesse bem, poderia retornar à escola para o período do outono.

Meus sentimentos ao ouvir isso eram confusos. Por um lado, sentia saudades de minha mãe e Judy, mas, por outro, havia me acostumado à vida num lar feliz, a estar bem-vestida, e me sentia parte da família de tia Catherine. Querendo agradá-la, sorri

Não conte para a mamãe

e garanti que sentiria a falta dela, mas que era claro que estava ansiosa para rever meus pais.

    O final de semana chegou. Ouvi o carro deles parar, e fiquei à porta com tia Catherine para recebê-los. Houve abraços e beijos e exclamações sobre o quanto eu havia crescido e como minha aparência estava boa. Nessa noite, foi minha mãe quem me cobriu e me deu o beijo de boa-noite, um beijo que ainda aquecia meu rosto enquanto, deitada, eu me perguntava o que me aguardava na semana seguinte.

Capítulo Dezesseis

O checkup do hospital teve bons resultados, e recebi o atestado de que estava em condições de retornar à escola, embora devesse ter licença de todas as aulas de educação física, uma vez que ainda não estava forte o suficiente para os esportes. Recebi essa notícia com prazer. A popularidade naquela escola em particular não era conquistada pela habilidade do aluno na sala de aula, mas pela agilidade na quadra de hóquei, velocidade no netball e técnica na ginástica. Eu não me destacava em nenhuma dessas atividades. Agora eu tinha uma desculpa perfeita para escarpadas aulas que detestava e do ridículo que se seguia.

Minha mãe havia tirado alguns dias de férias do trabalho para me ajudar na minha volta, e, nas duas semanas seguintes, eu me sentia bem em voltar para casa para encontrá-la. Sempre havia bolinhos quentes, saídos do forno, e um bule de chá esperando por mim, e, às sextas, bolo de café caseiro, meu favorito. Mas meu maior prazer era ter minha mãe para mim, podendo conversar com ela sem sentir o olhar fixo de meu pai seguindo meus passos.

Depois de comer e brincar com Judy, eu ficava na cozinha para fazer a lição de casa, que exigia mais de mim, agora que estava no ginásio e tinha um trimestre a ser recuperado. Minha mãe preparava a ceia enquanto eu trabalhava, sentada

Não conte para a mamãe

naquela cozinha acolhedora e desejando que aqueles dias não terminassem nunca.

Decidi, então, enfrentar meu pai quando minha mãe voltasse ao trabalho. Diria a ele que agora eu sabia que o que ele fazia comigo era errado. Embora sempre tivesse odiado o que ele fazia comigo, até então aceitara aquilo como algo inevitável. Após seis semanas em um lar feliz, pude perceber quão errado era aquilo. De uma maneira instintiva, sempre soubera que não podia discutir "nosso segredo", sabia que era um ato vergonhoso, mas ainda era jovem demais para ver que a vergonha era dele e não minha. Eu sentia que, se contasse às pessoas o que estava acontecendo, elas nunca mais me veriam como uma criança normal e, por algum motivo, culpariam a mim.

Envolta numa falsa sensação de segurança, retomei as atividades escolares. Minha reputação de ser uma menina frágil fez de mim uma figura ainda mais esquisita, mas, pelo menos, as outras crianças me deixaram em paz. Suas provocações e zombarias pararam porque, após uma enfermidade tão longa, as professoras deixaram claro que não iriam tolerar maus-tratos contra mim.

O último dia das férias de minha mãe chegou, trazendo consigo o reaparecimento do pai jovial. Ele entrou na casa com um sorriso deslumbrado no rosto e um leve hálito de uísque. Tentei não recuar quando ele puxou meu queixo e deslizou a mão pelo meu rosto até parar em cima da minha cabeça.

— Olhe, Antoinette, tenho um presente para você. — Desabotoou a parte de cima do casaco, mostrando-me um bichinho cinza e peludo que se remexia. Ergueu com cuidado as pequenas garras presas ao suéter e estendeu o animal, e eu ergui os braços para pegá-lo. O corpinho quente acomodou-se em mim, e o primeiro ronrom de contentamento fez sua barriga vibrar. Acariciei o pelo sem acreditar: um gatinho para mim.

— É seu. Vi na loja de animais de estimação e tive a ideia de dar de presente para a minha menininha. — E eu, ainda querendo acreditar no pai amigável, deixei que me convencesse de que ele voltara a existir e sorri para ele com encanto. O pacotinho de pelo cinza foi chamado de Oscar por mim, recebeu de minha mãe uma caixa forrada com um cobertor velho e uma fungada de Judy. Na manhã seguinte, ele estava aconchegado com satisfação ao lado de Judy, aquecendo-se no corpo dela, enquanto ela agia com total indiferença.

Naquela semana, meu pai começou os plantões noturnos, e, quando eu voltava para casa, era ele, e não minha mãe, quem esperava por mim. Coloquei em prática minha coragem recém-descoberta: eu disse "não". Ele sorriu para mim, e então surgiu a piscadela.

— Mas você gosta, Antoinette, você mesma me disse, lembra? Você mentiu para o papai, então? Hein?

Senti a armadilha se fechar ao meu redor, pois uma mentira descoberta era punida com surra. Emudecida por medo e confusão, fiquei parada diante dele, o corpo tremendo.

Seu humor mudou de forma abrupta.

— Faça um chá para o seu velho — ordenou ele, e saí, grata por ter escapado. Minutos depois, ele dava goladas do chá quente com os olhos apertados e uma expressão que eu não conseguia decifrar, mas que sabia não ser um bom presságio para mim.

— Sabe, Antoinette, sua mãe e eu fazemos isso. Fazemos o tempo todo. — Olhei para ele, horrorizada, incapaz de desviar

Não conte para a mamãe

o olhar de sua expressão fixa de deboche. — Você já sabe como são feitos os bebês?

Eu não sabia, mas logo depois vim a saber, e pude notar que ele se deleitou em ver minha repugnância diante do que me contara. Pensei em todas as mulheres grávidas que já vira, mulheres que pareciam felizes, e senti a náusea tomar conta de mim ao pensar que elas eram parte de um ato tão terrível. Nossa, a tia que eu amava tanto passara por isso, pensei, pelo menos duas vezes, e minha mãe também. Como poderiam? Os pensamentos se agitaram, e um novo medo se formou. Toda a percepção que eu tinha dos adultos mudou naquela tarde, e os últimos fragmentos da segurança que ainda me restava desapareceram, deixando-me à deriva, tendo apenas a perplexidade como companhia.

Ele me disse que eu não poderia engravidar, como se esse fosse meu único medo, mas, ainda assim, eu disse "não". Ele riu de mim.

— Deixe-me dizer uma coisa, Antoinette. Sua mãe, ela gosta. — Em seguida, parecendo ter se cansado de me torturar, deu de ombros e virou as costas.

Será que eu ganhara o primeiro round?, perguntei-me. Tinha sido mesmo tão fácil assim?

Não, eu havia apenas vencido uma pequena discussão, nem sequer uma batalha, e a guerra estava prestes a começar. No dia seguinte, fui ao escritório de minha mãe. Eu faria uma surpresa, pensei, encontrando-a no trabalho e, assim, evitando as provocações de meu pai. Provocações que me tiravam o sono, à medida que imagens perturbadoras passavam pela minha cabeça. Quanto mais eu tentava eliminá-las, com mais insistência elas se fixavam, enquanto eu me revirava na cama.

— Que bela surpresa, querida — exclamou ela, mostrando-me uma cadeira em que eu poderia esperar por ela. Ao terminar o trabalho, ela me olhou com um sorriso afetuoso e me apresentou a seus colegas, fazendo o papel da mãe orgulhosa. Então, com o braço no ombro da filha que queria acreditar nela, acompanhou-me até a saída.

Meu pai esperava por nós do lado de fora. De algum jeito, quando viu que eu não voltara para casa, adivinhou onde eu estaria e pensou rapidamente num modo de passar a perna em mim. Disse à minha mãe que estava passando um filme no cinema do bairro que ele sabia ser do agrado dela e que fora até lá para levá-la. O cinema era um programa que eu adorava e, imaginando estar incluída, olhei para eles com esperança.

— Bem, Antoinette, você já fez a lição de casa? — perguntou ele, já sabendo a resposta.

— Não.

— Você volta para casa, então. Sua mãe e eu a veremos mais tarde. Se quisesse vir conosco, teria ido direto para casa.

Ele sorriu para mim enquanto falava, um sorriso que me dizia que eu estava começando a perder de novo.

— Não se preocupe, querida — acrescentou minha mãe —, vai haver muitas outras oportunidades. Faça alguma coisa para comer e não deixe de fazer toda a lição.

Segui na direção de casa, enquanto eles, envolvidos com a companhia um do outro, seguiram para outro lado.

Três dias depois, quando voltei da escola, vi Oscar completamente imóvel no cesto de Judy. Eu sabia que ele estava morto antes de pegá-lo. Sua cabeça estava num ângulo estranho, e o corpo pequeno já estava rígido quando o segurei e olhei com desespero para o rosto de meu pai.

Não conte para a mamãe

— Ele deve ter quebrado o pescoço enquanto estava brincando — foi sua explicação, mas não acreditei nele.

Anos depois, quando me lembrei desse dia, achei muito provável que ele fosse inocente, porque nunca o vi sendo cruel com um animal. Talvez esse tenha sido o único ato de que o acusei por engano. Acreditar que era culpado me enfraqueceu, e ele, ao notar isso, aproveitou a oportunidade para tirar vantagem de meu sofrimento. Pegou minha mão e me levou até o quarto.

As lágrimas corriam pelo meu rosto, e com um tom de gentileza na voz, um tom que contradizia suas intenções, ele me deu uma pequena garrafa e me disse para beber. Um líquido ardente desceu pela minha garganta, fazendo-me engasgar antes de sentir o calor se espalhar por mim. Não gostei do sexo que veio em seguida, mas gostei do uísque.

Assim, aos doze anos, descobri que o álcool podia amortecer a dor e o vi como um amigo. Somente anos depois, percebi que uma amizade com a bebida pode se transformar, da noite para o dia, em um relacionamento com o inimigo.

Acordei sabendo que alguma coisa boa ia acontecer. Minha cabeça, ainda dormente, buscava lembrar o que era e, então, a empolgação fluiu pelo meu corpo. Minha avó inglesa ia nos visitar. Ela ia ficar em casa por algumas semanas, dormiria no sofá-cama da sala e estaria lá para me receber todos os dias quando eu voltasse da escola. E a melhor parte era que, durante a sua visita, meu pai não ousaria chegar perto de mim. Durante toda a sua estada, o pai amigável estaria à mostra, e minha mãe poderia fazer seu jogo da família feliz.

Espreguicei-me com prazer, pensando na liberdade que os próximos dias trariam, depois me vesti com relutância para a escola. Eu queria estar em casa para recebê-la, mas, em vez disso, meu pai é que estaria. No entanto, como ele não via as visitas dela como um período de mais liberdade, muito pelo contrário, eu sabia que teria outro bônus. Ele trocaria o turno de trabalho para o dia, como fizera antes, de modo que eu teria de vê-lo muito menos.

Pela primeira vez, achei difícil me concentrar na escola, e as horas passaram devagar. Ansiosa para voltar para casa, aguardei com impaciência o sinal da hora da saída. Ao ouvi-lo, corri pelo portão e andei o mais rápido possível para casa.

Entrei chamando-a, e ela veio com um sorriso de amor e os braços abertos para me abraçar.

Com sua postura ereta e sapatos de salto de costume, ela sempre me parecera alta, mas, ao abraçá-la, percebi de repente como ela era pequena. Com meus sapatos de cadarços sem salto, vi que minha cabeça estava acima de seu ombro.

Sentada à mesa da cozinha minutos depois, enquanto ela servia o chá, observei seu rosto através da nuvem de fumaça que sempre a cercava, com um cigarro caído grudado de forma permanente nos lábios. Quando criança, eu olhava com fascínio, esperando que ele caísse, mas nunca caiu.

Vários meses haviam se passado desde sua última visita, e vi que novas linhas de expressão surgiam em seu rosto de porcelana, e que a nicotina deixara uma faixa amarelada na frente dos cabelos vermelho-dourados, agora desbotados.

Tranquilizei-a quanto à minha saúde, dizendo que estava completamente recuperada, embora ainda não pudesse praticar esportes. Disse que, embora não gostasse da minha escola, minhas notas eram sempre altas, e contei-lhe minha ambição secreta, meu desejo de entrar na universidade e me tornar professora de inglês.

Durante uma hora, sua xícara de porcelana de ossos era levada aos lábios de modo constante enquanto conversávamos. Éramos interrompidas apenas pela fervura de mais uma chaleira de água para voltar a encher nossas xícaras. Lembro-me, enquanto a via beber, de que ela me dizia repetidas vezes que uma xícara de chá só poderia ser feita de um tipo de porcelana, a porcelana fina de ossos, deixando minha mãe furiosa ao tirar sua própria xícara da bolsa e colocá-la sobre a mesa.

Eu ficava fascinada com a beleza do objeto e fiquei olhando com admiração a primeira vez que ela a segurou perto da luz, impressionada por poder ver o contorno de seus dedos através da porcelana. Intrigava-me como algo tão delicado poderia ser tão forte a ponto de não rachar quando ela o enchia tantas vezes com o chá quase preto, fervendo, que era o seu favorito.

Agora que minha avó estava em casa, meus pais agiam como se tivesse chegado uma babá permanente, e suas noites fora, em geral para o cinema, tornaram-se mais frequentes. Não contei a ela que meus pais teriam me deixado sozinha, caso ela não estivesse lá, ainda que não tantas vezes a ponto de chamar a atenção dos vizinhos. Se o mau humor de meu pai em relação a mim não era capaz de assustar minha mãe, a perspectiva de virar alvo de fofocas sempre a assustava.

Eles saíam, deixando instruções dirigidas a mim — terminar a lição, ser boazinha, ir para a cama quando minha avó mandasse — seguidas de um beijo rápido de minha mãe. Um alegre "Até amanhã de manhã, querida" saía de seus lábios cuidadosamente pintados de batom. Então, fechavam a porta, e eu e minha avó trocávamos olhares furtivos. Eu, perguntando-me o que ela pensava ao me ver sendo ignorada, e ela, perguntando-se se eu me importava.

Passávamos essas noites jogando cartas. Agora que eu deixara de lado os jogos infantis, estava animada para aprender os de adulto. Ela tirava da mala alguns jogos de tabuleiro, como cobras e escadas e Banco Imobiliário. As horas voavam, enquanto eu, determinada a vencer, concentrava-me em silêncio nas jogadas seguintes. Ela, com a mesma determinação aparente, apertava os olhos em meio à fumaça do cigarro pendurado nos lábios.

A hora de dormir chegava rápido demais, e uma última bebida quente era tomada antes que eu subisse ao quarto e caísse na cama. Ela sempre me dava trinta minutos antes de subir também. Depois vinha um abraço, e eu sentia o aroma do pó de arroz misturado à fragrância de lírio-do-vale, que, ao longo dos anos, ficara quase encoberto pelo odor familiar do cigarro.

Somente uma vez ela demonstrou desaprovação a meus pais na minha presença. Eles, já arrumados, com aquele ardor que fazia deles um casal, nunca uma família, mencionaram o título do filme daquela noite. Era o filme de Norman Wisdom, sobre o qual meus colegas haviam comentado e que eu queria ver. Minha expressão deve ter deixado clara a esperança que senti de ser incluída ao menos uma vez. Minha avó notou e tentou ajudar.

— Ora, Ruth — disse ela à minha mãe —, é um filme de censura livre. Não se incomode comigo. Amanhã é sábado, Antoinette pode ir também, se você quiser.

Minha mãe congelou por um momento, até recompor as ideias e responder, de modo superficial:

— Ah, desta vez, não. Ela tem lição para fazer. — Então, voltou-se para mim com uma promessa na qual eu não confiava

Não conte para a mamãe

mais. — Haverá outras oportunidades, meu bem — disse ela, num tom que pretendia me consolar, mas não consolava, mexeu nos meus cabelos e foi embora, deixando-me para trás, desolada.

— Isso não está certo — ouvi minha avó resmungar. — Mesmo assim, anime-se, Antoinette — e colocou a chaleira no fogo para fazer mais uma xícara de chá para mim.

Ela deve ter dito algo a meus pais, pois, na noite seguinte, eles ficaram em casa, e, quando chegou a hora de dormir, foi minha mãe quem me cobriu, não minha avó. Ela sentou na beira da cama, mantendo-se firme no papel de mãe zelosa, um papel no qual ela acreditava completamente.

— Sua avó me contou que você ficou triste ontem à noite porque não a levamos, mas você sabe que não podemos levá-la a todo lugar que vamos. Achei que seria bom você passar um tempo com ela. É você que ela vem visitar.

— Mas ela vem visitar todos nós — murmurei.

— Ah, não, querida, o favorito dela é meu irmão, sempre foi. E a esposa dele é tão parecida com ela. Não, querida, se não fosse por você, duvido que eu sequer a visse. Portanto, acho que seria egoísmo deixá-la sozinha. Não acha, querida?

— Sim — respondi, pois que outra resposta poderia dar?

Ela sorriu para mim, satisfeita com a minha compreensão.

— Então, não vamos ouvir mais essa bobagem sem sentido, não é mesmo, querida? — Ela me olhou à espera da confirmação já prevista.

— Não — sussurrei, por fim, e, com um beijo ligeiro que mal tocou meu rosto, deixou-me no escuro, para dormir pensando em como eu havia sido egoísta com a avó que amava.

Na próxima vez em que eles saíram, eu disse à minha avó que o filme da outra noite era o único que eu queria ver e que minha mãe me levaria para assistir a um filme de Norman

Wisdom nas férias escolares. Eu estava feliz que eles haviam saído porque adorava ficar com ela, tranquilizei-a. Essa parte era verdade, mas, ainda assim, eu não gostava de ser excluída. Eu sabia ser esse um sinal de que eu era pouco amada. Acho que minha avó sabia também, mas pareceu apenas acreditar em minhas palavras. Mais tarde, jogamos, felizes, uma partida de buraco. Eu ganhei o jogo, o que indicava que ela não estava tão concentrada quanto deveria.

Nessa noite, ela fez um chocolate quente para mim e me deu um biscoito a mais. No dia seguinte, aguardava-me diante do portão da escola. Informou que havia decidido me levar para tomar chá e dito à minha mãe que eu faria a lição de casa depois.

Segurei seu braço com orgulho. Ela estava com seu casaco de tweed azul mais elegante e um pequeno chapéu azul ajeitado de modo vistoso. Eu queria que as outras crianças vissem que eu tinha alguém na família que não apenas se importava comigo, mas que, além disso, era bonita.

Fui recompensada no dia seguinte, quando meus colegas comentaram que minha mãe era linda. Achei muito divertido ver seu espanto ao saberem que a bela mulher ruiva que tinham visto comigo era minha avó.

As semanas com ela passaram rápido e logo chegou a hora da despedida. Ao ver minha expressão de tristeza na manhã de sua partida, ela me prometeu que sua próxima visita não iria demorar. Ela havia decidido voltar antes ainda das minhas férias de verão. Pareceu distante demais para mim, uma vez que o feriado de Páscoa estava se aproximando, e nem o fato de não ir à escola que eu odiava poderia compensar as três semanas em que eu estaria de volta sob o domínio de meu pai. Como pressentia, ele voltaria ao turno da noite e eu não teria muito como fugir.

Capítulo Dezessete

No último dia de aula, eu estava cercada pelo falatório animado de meus colegas. Eles faziam planos para se encontrar e conversavam sobre a diversão que teriam nas semanas livres. Pela primeira vez, senti alívio por não ser incluída na conversa, pois o que poderia ter dito?

Antes de partir, minha avó colocara algumas notas na minha mão, orientando-me a comprar algo para mim. Em seguida, para ter certeza de que eu o faria, pediu que eu escrevesse contando o que havia escolhido. Eu já sabia: queria uma bicicleta e já tinha visto uma à venda. Na loja do bairro, um cartaz informava que uma senhora estava vendendo a bicicleta dela por 2 libras e 10 xelins. Agora que tinha o dinheiro, estava determinada a comprar. Eu me imaginava indo à escola de bicicleta depois das férias e estacionando ao lado das outras.

Uma breve ligação telefônica informou-me que ela ainda estava disponível; então, no meu primeiro dia de férias, fui a pé até o endereço fornecido. A transação levou alguns minutos, e logo eu estava pedalando, triunfante. A roda dianteira sacudia de modo perigoso com meu pedalar inexperiente, mas em uma hora eu dominara as três marchas e meu equilíbrio. Encantada com a deliciosa sensação de liberdade, pensei em seguir até a próxima cidade, Guilford, e explorar as ruas de paralelepípedo que eu vira quando eu e minha mãe pegamos o ônibus ali.

Eu ainda tinha dinheiro; portanto, poderia visitar os diversos sebos de livros, assim como a padaria favorita de minha mãe. Eu ficava com água na boca assim que sentia o aroma quente do pão saído do forno. Decidi comprar um dos pães crocantes que minha mãe adorava para o nosso chá.

Minhas férias estavam todas planejadas na minha cabeça. Eu faria longos passeios com Judy, visitaria a biblioteca, onde passaria horas folheando livros, e sairia para explorar o interior na minha bicicleta. Se eu conseguisse arrumar a casa enquanto meu pai dormia, poderia escapar antes que acordasse.

Toda noite, durante o jantar, eu contava a minha mãe meus planos para o dia seguinte e sentia a tensão vinda de meu pai. Mas, se eu prometesse voltar de Guilford com o pão que ela adorava, ele não poderia me proibir. Pelo menos, foi o que pensei.

Ao final da minha primeira semana de férias, eu estava mais aventureira, permanecendo em Guilford até o início da tarde. Retornei com alegria, pronta para levar Judy para passear e depois fazer chá para minha mãe. Minha felicidade evaporou rapidamente, assim que entrei em casa e ouvi os gritos furiosos de meu pai.

— Antoinette, suba já.

Tremendo de medo, fiz o que ele mandou.

— Onde você estava, minha menina? — gritou ele, o rosto vermelho e contorcido de raiva. — Estou acordado há uma hora, esperando meu chá. Cumpra suas obrigações nesta casa, está me ouvindo, Antoinette? Você não passa de uma folgada mesmo. Agora, desça e faça o meu chá!

Não conte para a mamãe

Desci a escada correndo, pus a chaleira no fogo com as mãos trêmulas e olhei para o relógio. Passava das quatro, minha mãe chegaria em pouco mais de uma hora. Era tarde demais para que ele me tocasse aquela noite, mas eu sabia que o momento estava apenas sendo adiado.

Assim que a água ferveu, fiz o chá às pressas, pus um biscoito no pires e levei para ele. Quando eu estava saindo do quarto, ouvi sua voz em tons ameaçadores.

— Aonde pensa que vai? Não acabei com você ainda.

Minhas pernas fraquejaram, e os pensamentos agitaram minha mente. Não era possível que ele quisesse o que eu estava pensando; minha mãe estaria de volta em tão pouco tempo.

— Me passe os cigarros, depois desça e prepare o chá para sua mãe. Não vá pensando que pode ficar na moleza a noite toda.

Ele me encarou fixamente, e senti pavor, sabendo que ele mal conseguia se controlar.

Nessa noite, ele pegou minha bicicleta. Disse-nos que era para chegar mais rápido ao trabalho, com um grande sorriso e uma piscadela, e saiu pedalando com meu bem precioso. Minha mãe não disse nada.

Na manhã seguinte, minha bicicleta estava no fundo do quintal com o pneu dianteiro furado, e tive minha primeira menstruação.

Confinada à casa, sem meio de transporte e com cólicas intensas, eu não tinha saída, e ele mostrou a fúria pelo prazer negado. Primeiro, me fez limpar a casa, depois, subir e descer a escada correndo com diversas xícaras de chá. Mal eu me deitava, ele me chamava de novo. Parecia que ele tinha muito pouco sono ou, caso tivesse, o desejo de me torturar era maior. Isso foi na minha segunda semana de férias.

Minha avó voltou para passar a última semana comigo, e, com seu retorno, minha vida mudou novamente, uma vez que ela voltou com um propósito.

Eu não estava feliz na escola, ela contara a meus pais. Disse não acreditar que eu pudesse ficar lá por mais seis anos, e que acabaria deixando os estudos antes de ir para a universidade. Ela sabia que meu pai não gostava da Inglaterra então, quis ajudá-los a se mudarem mais uma vez para a Irlanda. As mensalidades eram mais baratas lá, e ela pagaria meus estudos na escola anterior. Providenciaria, inclusive, o outro uniforme. Notara que eu não deixaria amigos e, na Irlanda, havia, ao menos, a família numerosa de meu pai.

Meu pai queria voltar. Sentia falta de estar com a família que o admirava e o via como um homem bem-sucedido, e não como os parentes de minha mãe, que só o consideravam um "Paddy" sem instrução.

Minha mãe concordou, esperando, como sempre, que as coisas seriam melhores ao fim da jornada. A pequena casa foi colocada à venda e rapidamente comprada, os baús entraram em cena mais uma vez, e, no início das férias de verão, fizemos nossa última viagem em família.

Eu também esperava que esse fosse um novo começo. Tinha saudade da Irlanda, e minha avó era uma visita muito pouco assídua para que seu amor pudesse compensar a vida que eu levava na Inglaterra. Assim, nós três, cada um com uma esperança diferente, deixamos a Inglaterra e fizemos a viagem de volta a Coleraine.

Não conte para a mamãe

Mais uma vez, meus parentes irlandeses nos receberam com entusiasmo. Minha avó irlandesa aguardava na rua e vertia lágrimas de alegria. Minha mãe, que não gostava de demonstrações públicas de emoção, abraçou-a com rigidez, enquanto permaneci ao seu lado de modo tímido. Eu agora sabia que as casas deles ficavam num local tido como "favela" e que seu modo de vida era completamente diferente do que minha mãe estava acostumada, mas, para mim, o afeto e a gentileza encontrados ali valiam muito mais que o dinheiro.

Visto com olhar de adulta, a sala de estar era claustrofóbica de tão pequena, e muito abafada. A pequena mesa coberta com jornal novo denunciava a pobreza. Quando fui ao banheiro externo, fiquei comovida ao ver um rolo de papel higiênico, pois sabia que havia sido colocado ali para mim e minha mãe. Folhas de jornal cortadas em quadrados estavam penduradas num prego para pessoas menos sensíveis.

Minha família irlandesa devia me ver como uma versão mais jovem de minha mãe. Eu falava como ela, sentava-me como ela, e os modos da classe média inglesa haviam sido incutidos em mim desde o nascimento. Agora que eu não era mais uma criancinha, eles devem ter buscado semelhanças entre mim e meu pai, mas não encontrariam nenhuma. Viam a filha de uma mulher que toleravam por causa dele, mas nunca considerada parte da família. Assim como ela, eu era visita, amada em respeito a meu pai, mas não por mim mesma. Imagino que isso tenha facilitado muito a decisão final deles a meu respeito, dois anos depois.

Essa era a Irlanda do Norte no final dos anos 1950. Essa era Ulster, em que as pequenas cidades tinham o meio-fio pintado de vermelho, branco e azul e bandeiras ostentadas com orgulho nas janelas.

Na cidade natal de meu pai, a população masculina usava terno e chapéu pretos para marchar no "Dia da ordem de Orange". Protestantes devotos, os habitantes de Coleraine defendiam o hino nacional, mas não gostavam dos ingleses — "seus afetados senhores do outro lado do mar". A Irlanda do Norte era impregnada de preconceitos e o povo, mal-informado sobre sua própria história. Ainda que sua antipatia pelos ingleses estivesse patente em contos de horror durante a Grande Fome do século XIX, os professores de história deveriam ter contado que muitos deles tinham ancestrais católicos que "tomaram a sopa"* para sobreviver. Foi essa recompensa pela mudança de religião que criou muitos deles. No entanto, sem exceções, eles têm muito mais aversão aos católicos que os ingleses. Os católicos, que perderam tanto sob o governo britânico e que ainda eram vistos como cidadãos de segunda classe, ainda conseguiam ter orgulho de sua história. Por outro lado, as famílias que, como a nossa, tinham suas origens nos chefes de tribos que um dia governaram a Irlanda e a defenderam contra invasões, não podiam ter tal orgulho por terem renegado seus ancestrais. Nos anos em que cresci ali, passando da infância à adolescência, aprendi que religião tem muito pouco a ver com o cristianismo.

---

* Durante a Grande Fome de meados de 1800 na Irlanda, anticatólicos costumavam levar sopa para oferecer aos famintos nas pequenas cidades. A condição era que eles renunciassem à fé católica. Aqueles que "tomaram a sopa" ficaram conhecidos como "soupers"— um rótulo pejorativo que marcou as famílias por gerações. (N.T.)

Não conte para a mamãe

Porém, tratava-se também de um país em que as pessoas cuidavam umas das outras em pequenas comunidades. Durante a infância de meu pai, quando os tempos eram difíceis, a comida era compartilhada com quem não tinha nada. O país que enfrentara anos de adversidade também era o país, como vim a saber, em que uma comunidade inteira era capaz de tomar um único posicionamento e a gentileza podia ser substituída por uma inabalável incapacidade de perdoar. Aos doze anos eu não via nada disso. Via apenas o lugar onde mais fui feliz.

Embora soubesse que minha família não me via mais da mesma maneira de quase três anos antes, eu ainda sentia amor por ela. Fiquei encantada ao saber que, até meus pais encontrarem uma casa, eu e Judy ficaríamos com meus avós, enquanto meus pais ficariam morando com minha tia no litoral de Portstewart. As casas deles eram pequenas demais para acomodarem a todos nós juntos; portanto, assim que fui mais uma vez matriculada em minha antiga escola, meus pais partiram, e tentei me adaptar às ruas miseráveis da área decadente de Coleraine.

As crianças eram amigáveis, parecendo sentir-se mais fascinadas do que hostis quanto às minhas diferenças. Talvez porque sonhassem em sair de casa um dia e buscar o pote de ouro ilusório na Inglaterra. Por mais jovens que fossem, eles a viam como uma terra de oportunidades e enchiam-me de perguntas. Os salários são tão altos como dizem? O trabalho é tão abundante? Assim que saíssem da escola, pegariam a balsa para Liverpool ou, caso fossem mais ousados, para Londres.

Entre as crianças que, com uma gentileza pouco refinada, aceitavam-me, e vários parentes que faziam o possível para me fazer sentir em casa, as semanas que passei ali foram tempos tranquilos. Eu tinha liberdade para brincar na rua de manhã até a hora de dormir, sair para passear com Judy no parque e jogar críquete, quando desenvolvi a habilidade de arremessar. Eu apertava os olhos, concentrava-me na bolinha branca e mirava as metas desenhadas nos muros das casas. Consegui me sair bem duas vezes, marcando pontos e tirando adversários do jogo e, o mais importante para os adultos, nunca errei o muro e acertei a janela. Eu comemorava com alegria a cada acerto, enquanto meus companheiros de time batiam em minhas costas, dizendo que eu jogava bem "para uma menina".

Sim, foi um verão feliz, em que Judy esqueceu ser uma cadela comportada e transformou-se numa cadela de rua, correndo e brincando com a multidão de vira-latas que viviam nas ruas vizinhas, e eu nunca levava bronca por aparecer suja para o jantar. Ao mesmo tempo, eu ansiava por voltar à escola. Será que se lembrariam de mim? As mesmas meninas estariam lá? A resposta foi afirmativa para as duas perguntas.

Eu me estabeleci de imediato, sentindo-me parte da escola. Posso não ter sido a garota mais popular da turma, mas era aceita.

Pouco antes de meu aniversário de treze anos, uma semana após o início do trimestre de outono, meus pais foram me buscar na casa de minha avó. Eles haviam alugado uma casa pré-fabricada em Portstewart para servir de lar temporário enquanto procuravam uma casa para comprar.

Capítulo Dezoito

Embora as professoras se aproximassem pouco de mim, sem saber por quê, mas sentindo algo diferente em comparação a meus colegas, o fato de que tirei as melhores notas em quase todas as matérias conquistou seu respeito. Minha ambição era entrar na universidade. Eu acreditava que os estudos trariam minha liberdade e, sem conhecer meus motivos, elas notaram minha ambição.

Desde minha internação no hospital, eu ainda era considerada frágil demais para as aulas de educação física; então, aproveitava os horários dessas aulas para estudar mais. Isso acontecia na já familiar biblioteca da escola, que tinha um acervo abrangente de livros de referência. Tirar notas altas era importante para mim. Era a única área da minha vida em que me sentia no controle da situação, a única parte da qual sentia orgulho.

A dra. Johnston, nossa diretora, costumava visitar nossa turma e tinha um papel inspirador. Gostava de abrir a mente dos alunos de diversas maneiras. Incentivava-nos a ler sobre política e história, ouvir música e escolher livros na biblioteca de autores recomendados por ela. Ajudava-nos a formarmos nossa própria opinião e a não hesitarmos em expressá-la.

No início do trimestre, que viria a ser, embora eu não soubesse, meu último ano de escola, ela anunciou um concurso.

Duas listas de conteúdos foram afixadas no mural do grande corredor de entrada. Uma delas era considerada de interesse para os menores de catorze anos, e a outra para os mais velhos. Fomos instruídos a ler as listas com atenção, escolher um assunto que nos interessasse e pesquisar durante o trimestre para escrever uma redação a respeito. O texto seria apresentado oralmente a uma comissão de professores e aos outros participantes. O prêmio era um vale-livro, algo que eu cobiçava muito.

No intervalo, fui até o mural de avisos e li a lista para os menos de catorze com desdém. Eu não lia livros infantis havia anos, e todos os assuntos sugeridos pareciam ridículos. Então, um dos assuntos da outra lista chamou minha atenção: "O apartheid na África do Sul", parte de um continente pelo qual eu já era fascinada por meio de artigos que lera em enciclopédias.

Fui até a diretora suplente, mais acessível, pedir permissão para escolher aquele tema em vez de outro da categoria mais jovem. Com paciência, ela me explicou que, se eu escolhesse aquele assunto, teria de competir com meninas até cinco anos mais velhas que eu. Ao ver que eu ainda estava determinada, ela informou que não seria feita concessão alguma pela minha idade. Permaneci decidida, por saber o que queria.

Ela chamou a dra. Johnston e consultou-a sobre meu pedido, com uma risada um tanto condescendente. Para a nossa surpresa, em vez de concordar com sua suplente, a diretora afirmou de modo categórico que, se eu estivesse preparada para pesquisar em horário livre um assunto ainda não visto na escola, tinha sua permissão.

Fiquei satisfeita com a vitória, contente por ter conseguido, pelo menos uma vez, fazer as coisas do jeito que queria. Sem que eu suspeitasse, no entanto, a diretora suplente havia se transformado numa inimiga, fato cujas consequências eu sofreria a partir do ano seguinte.

    Ao começar a pesquisa, minha paixão pelo assunto escolhido aumentou. Li sobre como era recrutada a mão de obra para as minas assim que jazidas de ouro e diamante eram identificadas, e baseei nisso o início do meu trabalho. Escrevi que quando o homem branco descobriu o ouro, também viu que toneladas de terra tinham de ser deslocadas para a obtenção de poucos gramas do valioso metal. Para que a mineração fosse bem-sucedida, a mão de obra barata e numerosa era necessária, o que significava trabalho negro. E eles se perguntaram o que estimularia os moradores das aldeias a trabalharem de modo extenuante no subterrâneo, sendo que eles próprios não atribuíam valor ao metal enterrado no solo. Aqueles africanos viviam num sistema de escambo, e a moeda não tinha valor algum para eles. O governo então aprovou uma nova lei, estabelecendo que as aldeias pagariam impostos. Agora que a terra não pertencia mais aos habitantes originais, o ouro também não era deles, e, portanto, não tinham meios de pagar os impostos. A única opção que lhes restou foi o envio de multidões de jovens para o trabalho nas minas. Esposas foram separadas dos maridos aos prantos e filhos, dos pais. Primeiro, eram transportados em caminhões, levados feito gado a trens, nos quais faziam viagens de centenas de quilômetros para encarar um futuro incerto.

    Como esses homens se sentiam? Não podiam mais experimentar a alegria de ver seus bebês crescerem, sentir o afeto no sorriso das mulheres e ouvir as histórias contadas pelos mais velhos; histórias transmitidas ao longo de anos, de geração em geração, mantendo a cultura viva por meio do conhecimento de seu passado.

Tampouco podiam, ao fim do dia, sentar-se com satisfação para apreciar o belo céu africano, esperando o sol desaparecer e deixar um tom rosa muito pálido, destacado por clarões vermelhos e alaranjados.

Nem podiam sentir o aroma da comida sendo preparada em panelas pretas sobre as fogueiras e vigiadas pelas mulheres. Não tinham mais a segurança e o acolhimento de sua aldeia. Haviam perdido a essência de sua vida. Passavam o dia trabalhando por muitas horas seguidas, de forma extenuante e muitas vezes arriscada, no escuro, ao som estranho de diferentes idiomas, até retornarem aos alojamentos sombrios e impessoais. Seu despertar agora era controlado pelos senhores e não pela movimentação da aldeia ganhando vida com o nascer do sol.

Logo percebiam que o homem branco anulava o orgulho que sentiram ao celebrar o dia de sua chegada à idade adulta. Tornavam-se "garotos" para sempre.

À medida que eu lia, ficava cada vez mais indignada com a injustiça do apartheid, um sistema criado unicamente para beneficiar os brancos. Primeiro, declararam que a terra era deles. Depois, passaram a exercer controle sobre os habitantes de origem, restringindo sua liberdade de todas as formas, da liberdade de movimento até a liberdade que a educação pode trazer. Tais pensamentos e opiniões tornaram-se a base do meu trabalho de escola aos treze anos de idade.

Por que eu ficara tão fascinada por um país do qual, até então, eu conhecia tão pouco? Ao refletir agora, vejo que me identifiquei com as vítimas, devido ao controle que os europeus exerciam sobre elas. Reconheci ali a arrogância de homens que acreditavam fazer parte, a partir de sua mera existência, de uma raça superior. Eu havia entendido que os adultos também se achavam superiores às crianças. Também as controlavam, restringiam suas liberdades e as submetiam à sua vontade.

Para os negros africanos, assim como para mim, a comida no prato e o teto sobre a cabeça eram providos por pessoas que, por estarem em posição de poder, abusavam dele. No meu caso e em muitos dos casos entre eles, a crueldade era usada para nos fazer sentir desamparados, e o nosso desamparo fazia com que se sentissem superiores.

Eu visualizava as pessoas, num país que um dia havia sido seu, tendo de pedir permissão para visitar a família, tendo sempre de fazer o papel de submissas diante dos senhores brancos. Senhores que, em muitos casos, elas desprezavam tanto quanto eu desprezava o meu. Eu era capaz de imaginar o desespero e a humilhação que devem ter sentido e identifiquei-me com tal situação. Sabia, porém, que um dia eu sairia de casa. Quando fosse adulta, haveria esperança para mim, mas, para eles, eu suspeitava que não.

No fim do período, chegou o dia em que meu trabalho seria apresentado. Entrei no salão, onde os jurados, vestidos de preto, estavam sentados à esquerda. Os alunos da quinta e da sexta séries estavam à minha frente, e os da sétima, com suas saias verdes e calças de náilon elegantes, à direita.

Constrangida por minhas meias e uniforme amarrotados, subi os dois degraus da plataforma, segurando firme o trabalho que levara o trimestre todo para realizar. Fui a última participante a se apresentar, por ser a mais jovem.

Abri as páginas com nervosismo e senti minha voz falhar ao iniciar a leitura. Quando a paixão pelo assunto começou a acalmar meus nervos, senti a atmosfera do salão passar de impaciência e divertimento indiferente para interesse. Com o canto dos olhos, vi os jurados inclinarem-se para me ouvir melhor. Ao terminar a última frase, senti os aplausos virem antes mesmo de ouvi-lo. Eu sabia que havia ganhado antes do anúncio da dra. Johnston.

Abri um sorriso enorme, triunfante. A expressão fria nos olhos negros da diretora suplente não foi capaz de estragar a alegria e o orgulho que senti naquele momento.

A diretora parabenizou-me de forma calorosa ao entregar o vale-livro, e vieram mais aplausos enquanto eu descia da plataforma. Nunca havia me sentido tão admirada.

Naquela tarde, depois de pegar o ônibus de volta, sentindo o acolhimento do calor que o êxito havia me dado, entrei na casa vazia, que estava sempre fria. Afaguei a cabeça da fiel Judy por alguns minutos, contando-lhe sobre meu dia, depois abri a porta para que ela brincasse no pequeno quintal.

Meu pai, que eu sabia não estar trabalhando nesse dia, estava fora. Ele buscava minha mãe, como sempre fazia em seus dias de folga, e os dois voltavam juntos. Passei à rotina de tirar o uniforme, pendurá-lo com cuidado e vestir uma saia velha e um suéter grosso. Tirava do fogão preto as cinzas da noite anterior e acendia o fogo com cautela. Em seguida, eu ia até a cozinha pequena e escura, onde lavava os pratos da noite anterior. Por fim, montava uma bandeja para que meus pais tivessem o chá esperando assim que entrassem pela porta.

Uma vez que essas tarefas eram concluídas, eu deixava Judy entrar para que se sentasse aos meus pés enquanto eu fazia a lição de casa. Naquela tarde, eu estava quase eufórica demais para conseguir me concentrar. Eu queria contar minha conquista à minha mãe, queria que ela me abraçasse com orgulho, como não fazia havia algum tempo.

Não conte para a mamãe

Ouvi o carro de meu pai e rapidamente coloquei nas xícaras com as folhas de chá a água que deixara em fogo brando. Quando entraram, comecei a contar a novidade.

— Mamãe, ganhei o prêmio. Meu trabalho tirou o primeiro lugar da escola toda.

— Que legal, querida — foi sua única resposta, enquanto sentava-se para tomar o chá.

— Que prêmio foi esse? — perguntou meu pai.

— Meu trabalho sobre o apartheid na África do Sul — quase gaguejei, sentindo meu brilho se apagar diante do olhar de desprezo.

— Qual foi o prêmio? — perguntou ele.

Antes de responder, eu sabia, com uma dor no coração, o que viria em seguida.

— Um vale-livro — respondi.

— Ora, dê para a sua mãe — ordenou ele. — Vai contribuir para pagar seus livros da escola. Uma menina grande como você deveria estar contribuindo.

Olhei para ele, tentando disfarçar o desprezo que sentia, pois não via apenas meu pai, mas o que ele representava: o abuso grosseiro da autoridade. Ao ver minha mãe concordar com ele por meio do silêncio, notei como ela era condescendente com a tirania dele. Olhei para o rosto arrogante e complacente dele e senti uma onda de ódio tão grande que era a única coisa que me mantinha de pé ali. E me peguei rezando para um Deus em que eu não mais acreditava, para que acabasse com a vida dele.

Na minha cabeça, por um rápido instante, vi a imagem dele morto, e eu e minha mãe felizes juntas, pois ainda acreditava que as ações dela eram totalmente controladas por ele. Ao observar a mãe que eu adorava, eu pensava que sua vida certamente seria melhor sem ele. Eu a vi com ele e percebi um sorriso amoroso e íntimo, o que ela reservava apenas para ele. Sorrisos assim nunca eram dirigidos a mim.

Esse foi o momento em que finalmente percebi que o motivo para minha mãe ficar com ele era o desejo dela. Entendi de repente que ela sacrificaria qualquer coisa para ficar com o homem com quem se casara, para agradá-lo e fazê-lo feliz.

Naquela noite, eu, que durante tantos anos sempre culpara meu pai e nunca via qualquer responsabilidade por parte de minha mãe, vi nela apenas uma pessoa fraca. Ela pareceu ser uma mulher que não apenas perdera a chance de uma vida normal e feliz, mas alguém que se perdera através do amor que sentia por ele. Percebi, então, que eu não era fraca como minha mãe. Minha conquista daquele dia provara-me isso. Somente enfrentando a diretora suplente fui capaz de ganhar. Fiz uma promessa a mim mesma, então, de que ninguém jamais controlaria minhas emoções. Eu dedicaria meu amor aos filhos que esperava ter e aos meus animais. Nunca permitiria que me tornassem uma pessoa fraca, nunca deixaria que ninguém chegasse tão perto a esse ponto. Foi uma decisão que complicaria minha vida por muitos anos.

Capítulo Dezenove

A rotina tediosa da clínica residencial parecia interminável, e os dez primeiros dias passaram sem que eu me desse conta.

O sono ia embora muito cedo, quando o desconforto da cadeira me fazia lembrar onde estava. A consciência vinha antes mesmo que eu abrisse os olhos com relutância, quando ouvia a respiração de minha mãe e me perguntava se, durante o sono, ela finalmente abandonara a linha tênue que a ligava à vida. Em parte movida pela esperança, em parte temendo a resposta, eu me forçava a olhar, e encontrava seu olhar fixo em mim, esperando com paciência que eu despertasse.

Meu auxílio era necessário para que ela fosse ao banheiro. Com um braço em volta do ombro dela e outro sob seu braço, caminhávamos com dificuldade a distância de dois metros. A volta do banheiro representava mais uma jornada lenta e penosa até a sua cadeira, onde se sentava, já se recostando com um suspiro, exausta antes de começar o dia.

Eu ouvia murmúrios ao meu redor, junto com os passos de sola de borracha, o rangido de porta abrindo-se e a música saída de um rádio, indicando o despertar da clínica.

Aguardávamos o som do carrinho, minha mãe na cadeira e eu na beira da cama. Era a chegada e a partida desses objetos inanimados, empurrados por enfermeiras ou voluntários gentis, que marcavam a passagem das horas.

Quatro pares de olhos abriam-se, voltados para a porta, e o ruído do primeiro carrinho era ouvido. Esse trazia a medicação, que neutralizava a dor que acompanhava a volta ao estado desperto.

O segundo era o muito bem recebido carrinho do chá. Com as mãos em volta da xícara quente, eu tomava a bebida fumegante enquanto esperava o terceiro, que trazia uma breve folga para mim e café da manhã para os pacientes.

Quando ele chegava, eu escapava. Primeiro para a ducha, onde parava sob o jato forte e sentia o alívio da tensão. Depois, para o saguão onde, armada com uma caneca de café forte, eu lia o jornal na solidão bem-vinda. Ali não havia placas de "proibido fumar", porque, para aqueles pacientes, o fumo não era mais o problema.

Não se fazia comentário algum quando um paciente de tom amarelado tirava a máscara de oxigênio para substituir o ar pela nicotina, levando um cigarro aos lábios pálidos com dedos trêmulos e tragando profundamente. Eu tirava o maço do bolso e tragava com gratidão e um alívio de prazer. A ideia de que eu poderia estar no lugar certo para curar o vício era abandonada assim que meu desejo era satisfeito de modo passageiro.

O barulho do carrinho retornando penetrava minha solidão. Eu sabia que estaria cheio de pilhas de pratos ainda cobertos de resíduos após bravas tentativas de comer quando não havia apetite algum.

Em seguida, vinham as aguardadas visitas dos médicos. Ao voltar à enfermaria, eu notava como quatro senhoras idosas com pouco tempo restante de vida animavam-se de forma visível com a presença de um homem belo e jovem. Elas haviam perdido todas as esperanças de voltar para casa: tanto ele quanto elas sabiam que qualquer chance de cura estava perdida no dia em que foram internadas. Só o que restava era a questão diária do controle da dor, junto com o eventual ajuste das doses de medicamentos. Nessa hora, com delicadeza e compaixão, a última jornada era suavizada.

Pequenas vitórias proporcionavam-me momentos fugidios de triunfo, como o brilho nos olhos de minha mãe depois que eu a convencia a ser levada de cadeira de rodas até o cabeleireiro que visitava a clínica, a receber uma massagem com óleos de aromaterapia ou fazer as unhas com uma esteticista voluntária. O prazer de ser mimada por uma hora ocultava de forma temporária a lembrança da dor e a antecipação do inevitável.

Meu pai fazia a visita diária à tarde. Não era o pai amigável nem o repugnante que vinha, mas um velho com um buquê comprado às pressas num posto de gasolina mais habilitado a abastecer carros do que fazer arranjos de flores. Um velho que olhava com ternura e impotência para a única pessoa que ele, dentro de suas limitações, conseguira amar, e que, em troca, sacrificara tanto para ficar com ele. Seus passos ficavam mais lentos e seu rosto entristecia ao ver a esposa morrer, pouco a pouco, dia após dia.

A pena que eu sentia dele misturava-se às minhas lembranças noturnas, e meu passado colidia com o presente.

No décimo primeiro dia, minha mãe estava debilitada demais para ser levada ao banheiro.

No décimo segundo, não conseguia mais se alimentar.

Assim como eu implorara em silêncio, durante todos aqueles anos, para que um adulto notasse em meu olhar a necessidade desesperada que eu tinha, implorei então, pedindo em silêncio, que ela me pedisse perdão. Somente isso, eu sabia, era a ajuda de que ela precisava para soltar o fio delgado que a ligava à vida.

Os passos lentos de meu pai aceleravam ao se aproximar da cama dela, e o sorriso que escondia seus sentimentos aparecia apenas para ela. O laço palpável entre eles era uma força com energia própria, que minava a minha. Eu via o saguão como um refúgio, um livro como companhia, e o café e os cigarros eram meus sedativos.

Finalmente, meu pai se aproximou.

— Antoinette — ouvi-o dizer com um tom de súplica que nunca imaginei ser capaz de vir dele —, ela não vai mais voltar para casa, não é?

Olhei para as janelas enevoadas de lágrimas de uma alma atormentada, em que o mal estava dormente e, em seu lugar, aparecia o sofrimento da perda iminente.

Exausta, sem buscar nem querer esse confronto, respondi:

— Não.

Ao ver a dor no olhar dele, a compaixão aumentou sem controle. Minha mente voou pelas décadas até a lembrança do pai sorridente, bonito e amigável que nos encontrara no porto tantos anos atrás. Lembrei com tristeza o quanto eu o amara naquele dia, quando ele me ergueu nos braços e beijou minha mãe. Como se aquele momento passageiro estivesse congelado no tempo, vi mais uma vez como minha mãe irradiara otimismo e como, ao longo dos anos, suas esperanças foram corroídas. Uma tristeza terrível ameaçou tomar conta de mim ao me perguntar como duas pessoas tão capazes de amar uma à outra haviam sentido tão pouco amor pela filha que geraram.

Não conte para a mamãe

— Eu sei — continuou ele — que fiz coisas horríveis, mas podemos ser amigos?

Tarde demais, pensei. Um dia, muitos anos atrás, eu quis amor. Desejei muito. Agora, jamais poderia dá-lo a você.

Uma lágrima escapou do olho dele e correu sem controle pelo rosto. Sua mão manchada pela velhice tocou a minha brevemente, e por um momento eu cedi e disse apenas:

— Eu sou sua filha.

Capítulo Vinte

A Páscoa chegara, trazendo um verão antecipado que lançou um brilho dourado na paisagem e um sentimento de otimismo em nossa casa. Durante algumas semanas, o temperamento de meu pai permaneceu sob controle, e o homem jovial que os amigos e a família sempre viam parecia uma presença constante. Minha mãe, feliz por causa do bom humor dele, estava mais gentil e amável comigo. Finalmente, eu devia estar fazendo algo certo, pois era sempre o meu comportamento que provocava os ataques dele, embora ela nunca tenha explicado exatamente o que eu fazia de errado.

Pouco antes do feriado, meus pais haviam se mudado para uma casa própria. Encontraram uma casinha dentro do orçamento, nas redondezas de Coleraine. Minha mãe tinha agora um emprego de que gostava, e meu pai conseguiu comprar seu carro dos sonhos — um jaguar usado, que ele lustrava com afeto antes de exibi-lo aos parentes. O agito que provocava na rua de meus avós produzia um rubor de satisfação no rosto dele, o mesmo que era causado pela admiração que sempre buscou.

O contentamento de minha mãe se refletia em seu cantarolar constante das melodias de Glenn Miller, famosas em sua juventude. Como o otimismo é algo contagiante, eu saíra à procura de um emprego temporário para me ocupar durante as três

Não conte para a mamãe

semanas de férias. Encontrei um na padaria do bairro. Eu queria independência e queria ter meu próprio dinheiro.

Senti muito orgulho de mim mesma quando meu primeiro pagamento semanal foi entregue num envelope marrom. No meu dia de folga, comprei enciclopédias usadas e uma calça jeans. Era o começo de uma era da moda adolescente, e eu queria trocar meu uniforme da escola pelo uniforme da cultura jovem. Em seguida, vieram sapatilhas e depois, uma blusa branca.

Quando o recesso de Páscoa terminou, aceitaram que eu continuasse na padaria para trabalhar aos sábados. Com essa promessa, eu sabia que guardaria dinheiro suficiente para comprar uma bicicleta. Desta vez, estava convencida de que meu pai não a pegaria emprestada. Agora que tinha um carro que amava tanto, achei que não tivesse muito com que me preocupar. Meus pais pareciam contentes com a minha atividade e, ainda que eu sentisse uma apreensão constante de que me pedissem meu dinheiro suado, durante aquele período de contentamento, isso nunca aconteceu. Minha mãe até admirou as roupas que comprei.

A casa estava mais feliz do que jamais estivera. Eu tinha amigos na escola e, como reflexo disso, meus pais devem ter visto que era importante que minha vida parecesse a de uma adolescente normal. Para quem visse de fora, realmente era, mas, por dentro, ainda estava longe de ser normal. Eu aprendera a gostar de uísque, uma bebida que amortecia a dor e me colocava para cima; porém, também causava falta de energia. A letargia era disfarçada por "humor adolescente" e "aqueles dias do mês", os eufemismos usados por minha mãe para se referir aos meus acessos de depressão cada vez mais frequentes. Ela invadia a felicidade que eu sentia por ter amigos e pela independência do trabalho, tornando os dias cinzentos e as noites, com os pesadelos recorrentes, assustadoras. Sonhos aterrorizantes de estar sendo perseguida, caindo, indefesa, despertavam-me de modo brusco, encharcada de suor, evitando dormir, com medo de que eles voltassem.

As exigências frequentes de meu pai haviam se tornado um padrão em minha vida, um ato repulsivo que eu tentava bloquear, engolindo a bebida que sempre vinha em seguida. Meu pai achava curioso que eu não quisesse nada do primeiro e sempre pedisse mais da segunda. O pedido costumava ser negado, uma vez que ele tinha o controle da garrafa e distribuía minhas doses algumas vezes por semana, permitindo que eu gostasse cada vez mais do sabor. Ainda era jovem demais para comprar meu próprio suprimento. Teria de esperar mais três anos.

Os domingos começavam como o "dia do passeio em família". Meu pai nos colocava no carro com Judy, agora uma cadela de meia-idade, no banco de trás comigo. Os vizinhos viam nossa família feliz deixando a rua de carro e seguindo para a cidade litorânea de Portstewart. Meu pedido para ser dispensada, pronunciado apenas uma vez à minha mãe, havia gerado uma ira tão intensa que nunca mais foi repetido.

— Seu pai trabalha tanto — exclamara ela —, e, no único dia de folga dele, quer fazer algo bom para nós. Você é tão ingrata. Nunca a entenderei, Antoinette.

E essa foi provavelmente uma das coisas mais verdadeiras que ela já me disse.

Assim que chegávamos a Portstewart, o farnel de chá, mantido quente na garrafa térmica, e sanduíches embrulhados em papel-manteiga eram consumidos. Após alguns minutos de digestão, vinha uma caminhada revigorante. Judy, achando que

Não conte para a mamãe

ainda era filhote, corria livre, latindo com euforia diante de cada gaivota que via, enquanto eu corria atrás dela, e meus pais seguiam devagar.

Ao fim de cada passeio, minha mãe sempre dava a mesma ordem:

— Já agradeceu ao papai, querida? — E eu murmurava meu agradecimento ao homem sorridente tão detestado e temido.

Naquele tempo, antes de haver televisões em todas as casas, as idas ao cinema eram um entretenimento muito comum para a família, certamente para a nossa. Eu adorava filmes. Sempre que meus pais decidiam ver o mais recente, ansiava ser convidada, o que era muito raro.

Aos catorze anos, eu ainda não tinha permissão para sair à noite, a não ser que fosse para cuidar de alguma criança da família. Às vezes, eu escapava para ir à matinê, sob o pretexto de ter de fazer uma pesquisa na biblioteca, e ficava fascinada, apreciando o tempo roubado para mim.

O recesso de Páscoa acabara mais uma vez, e minha mãe me surpreendeu com um convite.

— Antoinette, o papai quer nos levar para sair hoje, então vá correndo se trocar — foi seu comentário assim que chegou do trabalho, com ele ao lado.

Ele saíra da cama deles havia apenas uma hora, deixando-me no quarto para ir buscá-la no trabalho. Assim que ele fechara a porta, eu havia me lavado, esfregando muito os dentes e a língua para remover o cheiro de uísque, para depois arrumar a cama e preparar a bandeja de chá. Em seguida, vesti de novo o uniforme para esperar que voltassem. Eu guardava minhas roupas novas para ocasiões especiais e, como as outras eram poucas, ficava de uniforme em casa durante o período de aulas. Só me trocava quando saíamos.

Naquela tarde, ele não havia controlado muito a quantidade de bebida que despejara na minha garganta porque estava de bom humor. Ganhara uma aposta na corrida de cavalos e, como vim a saber depois, seu ataque de bom humor fez com que não tomasse cuidado também em outra área.

Sentindo-me mole e um pouco enjoada, tirei a bata do uniforme rapidamente e joguei-a sobre a cama, com vontade de me deitar e dormir. Até mesmo a ideia de ir ao cinema não me interessava.

O filme, um dos favoritos de meu pai, era de faroeste, mas eu mal consegui me concentrar nas cenas. Uma dor de cabeça que começou com uma pontada atrás dos olhos desceu até o pescoço, fazendo com que eu me contraísse a cada estouro das pistolas toda vez que começava uma briga. Eu queria tapar os ouvidos quando a música crescia para anunciar suspense. Cada novo som parecia uma faca sendo cravada no meu cérebro. Senti alívio quando as luzes acenderam e o hino foi tocado. Tudo o que eu queria era sair dali para dormir.

Ao voltar para casa, no entanto, meu descanso foi adiado, uma vez que me mandaram para a cozinha para fazer chá. Acima do apito da chaleira, ouvi um barulho que me paralisou de imediato, apavorada. Era um grito de raiva terrível vindo do meu quarto.

— Antoinette, venha aqui em cima, minha menina — foram as palavras, carregadas de ódio, que ouvi meu pai berrar escada abaixo. Sem saber o que eu havia feito de errado dessa vez, subi, com a cabeça ainda latejando e uma náusea na boca do estômago.

Não conte para a mamãe

Ele estava parado ao lado da minha cama, apontando para a causa da ofensa, minha bata do uniforme.

— Você acha que colhemos dinheiro em árvore para você jogar roupas boas desse jeito? — gritou, e vi o punho vindo na minha direção.

Quase tropeçando, desviei e saí correndo pela escada. Minha mãe, com certeza, me protegeria dessa vez, pensei, pois vi que não era um ataque normal. O ódio deixou os olhos dele esbugalhados. Percebi que estava totalmente descontrolado, queria me machucar, e muito. Ele veio mais rápido do que achei possível, escorregando no último degrau, o que aumentou sua fúria. Mais um passo, e ele esticou o braço e me pegou. Agarrou meus cabelos. Meu corpo se enrijeceu de dor, enquanto ele me jogava no ar, e senti fios sendo arrancados do couro cabeludo. Gritei e perdi a respiração quando ele me jogou de costas no chão. Ele não parava de gritar, com a saliva acumulando nos cantos da boca e respingando no meu rosto. Vi olhos vermelhos, agora vidrados de fúria, senti suas mãos na minha garganta e percebi que ele queria me estrangular.

O peso do seu joelho pressionava meu estômago; depois, ele tirou uma das mãos do meu pescoço, mantendo a pressão com a outra, e golpeou meu corpo diversas vezes. Os socos acertavam meus seios e minha barriga, enquanto as palavras "você tem que aprender a lição, minha menina" viravam um refrão que ele repetia sem parar.

Eu via estrelas quando ouvi minha mãe erguer a voz, num misto de medo e raiva.

— Paddy, saia de cima dela.

O olhar dele mudou, e a pressão no meu pescoço diminuiu. Atordoada e sem ar, entendi o que estava acontecendo. Vi minha mãe, pálida, com expressão de raiva, segurando a faca de pão com força. Ela apontava a faca para ele e repetiu a ordem até que o olhar dele focasse na lâmina. Por um momento, ele ficou completamente imóvel, o que me deu alguns segundos para me afastar, rastejando.

Senti uma esperança passageira. Com certeza, ela ia fazer o que eu a ouvira ameaçar em muitas das brigas deles — deixá-lo e me levar com ela. Ou, melhor ainda, mandá-lo embora. Então, a esperança se foi mais uma vez. Em vez de ouvir o que eu esperava, ouvi palavras que estava entorpecida demais para compreender.

— Saia, Antoinette! — gritou ela.

Permaneci agachada, acreditando que, se não me mexesse, ficaria invisível para eles. Ao ver que não saí do lugar, ela me agarrou pelo braço com toda a força que pôde, abriu a porta e, com um empurrão, me jogou na rua.

— Não volte esta noite — foram suas últimas palavras antes de fechar a porta na minha cara. Fiquei parada do lado de fora, com o corpo dolorido pela força dos golpes dele, tremendo de medo e de frio. O choque e a apreensão me paralisaram por alguns segundos, e senti um pânico de desamparo. Para onde iria? Eu sabia que não poderia pedir ajuda a alguém da família. Se o fizesse, receberia uma punição pior na volta. Ele era o filho, o irmão, o sobrinho, que não era capaz de fazer nada errado, e eu seria vista como a mentirosa, a problemática, que não seria ouvida. Eles simplesmente me levariam de volta. Isso eu sabia, parada durante aqueles segundos, até o medo impulsionar meus pés e eu sair para as ruas escuras.

Fui ao apartamento que Isabel, uma de nossas professoras, dividia com uma amiga. Contei a elas, aos prantos, que eu tivera uma briga terrível com meus pais por ter deixado o quarto desarrumado e que estava com medo de ir para casa. Elas foram solidárias. Eram professoras recém-formadas e sabiam que o autoritarismo entre pais irlandeses era algo comum. Seus esforços para me tranquilizar, dizendo que tudo acabaria bem e que, na verdade, meus pais deviam estar preocupados comigo, só provocou mais uma torrente de lágrimas. Elas telefonaram para minha mãe para dizer onde eu estava. Ela, disseram-me, não estava brava, apenas aliviada por eu estar segura, mas como estava tarde, deu permissão para que eu ficasse lá. Meu pai tinha ido trabalhar, ela contou, chateado tanto com o meu comportamento quanto com o meu sumiço. Ele achava que eu estava na casa dos meus avós e que, portanto, estaria bem. Disse que eu estava numa idade em que não demonstrava respeito algum. Eu deveria ir direto para casa quando amanhecesse, e ela resolveria a situação comigo, e, é claro, eu iria para a escola como de costume. Pediu desculpas pelo inconveniente, dizendo que eu só criava problemas em casa, causando preocupação constante e noites maldormidas.

Se elas ficaram surpresas que uma criança conhecida pelo bom comportamento na escola poderia ser tão perturbadora em casa, não fizeram nenhum comentário a respeito. Arrumaram a cama para mim num sofá, e logo caí num sono profundo. De manhã, elas me emprestaram dinheiro para o ônibus, e voltei para casa. Conscientes de que eram adultas responsáveis e eu, nada além de uma criança, disseram que eu deveria ter juízo e, tomada de pavor, deixei a segurança do apartamento e segui para o ponto de ônibus.

Meu pai voltara do turno da noite e já estava na cama quando cheguei e bati à porta. Minha mãe me deixou entrar em silêncio, com um olhar de reprovação, e serviu meu café. Disse que não dormira bem por minha causa. Depois me pediu para me esforçar mais para me dar bem com meu pai.

— Não aguento mais — disse ela. — Estou cansada de me preocupar com você, de você ficar fazendo coisas que o aborrecem.

Sob as aparências, achei que pude sentir seu medo. Meu pai fora longe demais naquela noite. Somente a intervenção dela fora capaz de evitar um escândalo ainda maior que o que estava para acontecer.

Embora ele, em todos os anos em que batera em mim, nunca tenha encostado um dedo em minha mãe, ela deve ter finalmente percebido do que ele era capaz. Aquela foi a única vez em que ela mencionou os acontecimentos daquela noite. À tarde, quando cheguei em casa, meu pai estava esperando por mim.

— Eu vou contar — disse a ele sem firmeza, tentando enfrentá-lo. — Se me bater de novo, vou contar.

Ele riu de mim. Um riso sem o menor sinal de medo. Em seguida, com muita calma, respondeu:

— Antoinette, ninguém vai acreditar em você. Se você contar, minha menina, é você que vai se arrepender. Todos culparão você. Já guardou segredo, não? Ficou calada todos esses anos.

Meu silêncio foi o suficiente para permitir que ele continuasse com um tom de triunfo.

— Então, você é tão culpada quanto eu. Sua família não vai te amar mais. Se você trouxer a desgraça para esta família, sua mãe não vai mais te querer. Vão te mandar para um abrigo, um lugar em que nunca mais verá sua mãe. Vai ficar com estranhos, estranhos que vão saber que é você é ruim. É isso que você quer? É?

Não conte para a mamãe

Vi a imagem de pessoas furiosas rindo de mim com desprezo e senti o desamparo de um mundo estranho sem a minha mãe.

— Não — sussurrei, assustada com o futuro que ele acabara de me mostrar. Eu ouvira histórias sobre como as pessoas eram tratadas em abrigos quando entregues pelos pais. Sabendo que vencera mais uma vez, ele deu um sorriso afetado.

— Portanto, se não quiser mais o que teve ontem à noite, comporte-se. Agora, saia da minha frente. Fique lá em cima até eu sair. Já encerrei com você.

Fiz o que ele mandou.

— E não vai deixar o quarto desarrumado, está me ouvindo, Antoinette? — Ele continuou a zombar de mim do andar de baixo, e eu fiquei sentada na cama até ouvir sua respiração e saber que ele estava dormindo.

Capítulo Vinte e Um

Tomada pela inércia, sem sentir minhas forças desde o espancamento, tentei evitar meus pais o máximo possível. Eu tinha o emprego aos sábados e as visitas a meus avós, que ele não poderia me negar. Porém, os pedidos para ver meus amigos em Portrush passaram a ser negados com frequência, e os passeios de bicicleta, que sempre me acalmaram no passado, eram agora monitorados de modo rigoroso. Uma atmosfera estranha pairava pela casa, e o temperamento imprevisível de meu pai, que terminara em ataques de fúria tantas vezes, parecia ter se transformado em algo ainda mais sombrio. Geralmente sentia seu olhar sobre mim, com uma expressão que eu conhecia, mas, por trás dela, havia outra à espreita, que me enchia de medo.

Um dia, quando eu estava havia uma semana de férias, minha mãe se preparava para ir trabalhar. Eu sabia que meu pai voltara mais cedo e estava na cama. Do meu quarto, em frente ao deles, ouvi primeiro ele entrar no banheiro, urinar sem fechar a porta e voltar para o quarto com passos pesados. Ao ouvir a porta da rua fechar, anunciando a saída de minha mãe, desci devagar. Com o máximo de cuidado para não fazer barulho, acendi o fogo para esquentar água para me lavar e para o chá, depois acendi a grelha para fazer uma torrada. Então, ele gritou lá de cima.

— Antoinette, suba aqui.

Não conte para a mamãe

Senti o pânico tomar conta de mim ao subir e fiquei parada em silêncio à porta.

— Faz um chá e traz para mim.

Virei-me para sair.

— Ainda não acabei, minha menina.

Senti um nó na garganta, ameaçando sufocar-me, impossibilitando qualquer palavra quando voltei a olhar para ele e vi seu olhar de zombaria. Vi um sorriso seco.

— Pode me trazer umas torradas também.

De modo mecânico, preparei o chá e as torradas. Coloquei numa bandeja e levei. Empurrei o cinzeiro cheio e o maço de cigarros na mesinha e rezei para que ele não quisesse mais nada, sabendo que não teria tanta sorte.

Com o canto dos olhos, vi com repulsa o peito pálido e sardento, os pelos agora grisalhos aparecendo sobre o suéter encardido, e senti o odor azedo de seu corpo, misturado ao cheiro rançoso do cigarro que pairava no quarto. Então, notei sua excitação.

— Tire as roupas, Antoinette. Tenho um presente para você. Tire tudo, e devagar.

Virei-me e olhei para ele. Nunca pedira isso antes. Seu olhar me desonrava e me ridicularizava.

— Antoinette, estou falando com você, tire a roupa aqui — repetiu ele, entre goles ruidosos de chá.

De repente, ele estava de pé, vestindo apenas o suéter encardido, com a ereção saindo de baixo da barriga flácida. Ao ver que eu estava relutante em fazer o que mandava, ele sorriu, aproximou-se e deu um tapa dolorido nas minhas nádegas.

— Ande logo — sussurrou.

Sem deixar de me encarar, enquanto eu ficava imóvel feito um animal assustado diante de uma luz repentina, com minhas roupas amontoadas no chão, sentindo uma vontade terrível de sair correndo, mas sem forças nem um lugar para onde correr, ele pegou o paletó e tirou um pequeno pacote do bolso, igual a todos os outros que eu já vira. Abriu, tirou o objeto que parecia uma bexiga e colocou no membro inchado. Por alguns segundos, agarrou minha mão enquanto empurrava a camisinha, depois forçou meus dedos inflexíveis a se moverem para cima e para baixo até que ela estivesse firme no lugar.

Ele me soltou de súbito, agarrou meus ombros e me jogou na cama com tanta violência que fez o colchão ranger e pular sobre as molas. Pegou minhas pernas, afastando-as e, puxando-me para cima, entrou em mim com uma força que me feriu, causando uma dor aguda. Os músculos internos das minhas coxas eram estendidos quando, repetidas vezes, ele se jogava em mim. Suas mãos ásperas agarraram meus seios, que estavam com uma dor incômoda havia dias, torcendo meus mamilos com uma raiva que alimentava sua excitação, enquanto salivava sobre meu rosto e pescoço. Senti os pelos da barba por fazer arranharem minha pele. Mordi o lábio para não lhe dar a satisfação que ele queria de me ouvir gritar. Meu corpo todo tremia com o movimento, e eu cerrei os punhos ao lado do corpo, apertando os olhos com força para que as lágrimas não saíssem. O corpo dele estremeceu ao atingir o orgasmo e, com um grunhido, saiu de cima de mim.

Eu me sentei às pressas. Ao me curvar para pegar minhas roupas, vi seu pênis murcho, com a pequena bolha de borracha branca acinzentada pendendo da ponta. O nó da minha garganta subiu e, enquanto corri para o banheiro, transformou-se numa bile quente, queimando minha garganta ao jorrar com força no vaso sanitário. Quando senti que não havia mais nada

Não conte para a mamãe

a sair do meu corpo, e sem querer esperar a água ferver, enchi a pia com água fria.

Olhei no espelho e vi um rosto pálido, com olhos cheios de lágrimas e manchas vermelhas no queixo e pescoço, encarando-me em desespero. Lavei-me diversas vezes, mas o cheiro dele permaneceu em mim até eu acreditar que se transformara numa marca permanente do meu corpo.

O som de seu ronco satisfeito ecoava do quarto enquanto eu descia, pensando que, pelo menos, ele dormiria por algumas horas, permitindo que eu saísse da casa.

Abri a porta, senti o ar puro e deixei Judy ir para fora. Sentada na grama, pus o braço em volta do pescoço dela e encostei o rosto em sua cabeça, deixando as lágrimas correrem. Judy, percebendo meu desespero, lambeu meu rosto com afeto para demonstrar seu amor. Era algo tão diferente da saliva de meu pai.

— Quando isso vai acabar? — perguntei a mim mesma.

Sem poder suportar ficar perto dele, peguei minha bicicleta, que havia tão pouco tempo me proporcionara uma sensação de conquista ao comprá-la com meu próprio dinheiro, e saí pedalando com apatia.

Segui sem destino até que ruas e casas fossem substituídas por campos. Tive de descer da bicicleta duas vezes, parando na beira da estrada ao sentir a bile subir a garganta de novo. Tive ânsias de vômito repetidas até as lágrimas correrem por meu rosto e mesmo depois que o fluxo amarelo secara.

Fiquei sentada no campo por algum tempo nesse dia, com uma vazio no lugar da mente, até voltar para casa com enorme cansaço para realizar as tarefas da casa antes que minha mãe retornasse do trabalho.

Capítulo Vinte e Dois

Eu tinha certeza de que estava doente. A náusea parecia tomar conta de mim todas as manhãs. Ao me levantar, corria para o vaso sanitário e vomitava até não sobrar nada dentro de mim. Durante a noite meus cabelos ficavam escorridos, encharcados de suor até o pescoço. Gotas de transpiração cobriam minha testa e lábio superior, enquanto o corpo todo gelava. Havia um medo dentro de mim, uma sensação de fim iminente, à medida que meu corpo ficava cada vez mais fraco e pesado. Os seios estavam doloridos, o estômago rejeitava a comida, mas parecia crescer com o vazio. A cintura da calça nova me apertava, deixando vergões vermelhos na pele clara.

A ira de minha mãe tornou-se uma presença constante sempre que eu estivesse por perto, enquanto o olhar de meu pai parecia seguir todos os meus movimentos. À noite, quando ele estava no trabalho, o silêncio foi ficando cada vez mais desconfortável, até que minha mãe finalmente admitiu saber que eu estava mal.

— Antoinette — disse ela, enquanto eu tentava ler um livro —, vá ao médico amanhã.

Olhei para ela, com a esperança de ver alguma preocupação, mas vi apenas uma expressão distante e, no olhar, uma emoção meio oculta que eu não sabia identificar.

Não conte para a mamãe

No final dos anos 1950, uma ligação para o consultório de um médico significava uma consulta imediata. Após o meu telefonema naquela manhã, encontrei-me, apreensiva, na sala de espera do consultório, às 11 horas. A enfermeira que me acompanhou à sala deu um sorriso simpático que, quando saí menos de meia hora depois, foi substituído por um olhar de desprezo indiferente.

O médico de plantão nesse dia não era o senhor que eu encontrara em ocasiões anteriores, mas um jovem bonito e descontraído de cabelos louros e olhos azuis chamativos. Apresentou-se como substituto temporário do médico de família e indicou a cadeira à sua frente. Uma mesa escura de madeira nos separava, sem nada a não ser meu pequeno arquivo clínico, que ele abriu e olhou por alto.

— O que a traz aqui hoje, Antoinette? — perguntou ele, com um sorriso profissional e distante. O sorriso foi desaparecendo à medida que lhe contei meus sintomas. Ele me perguntou sobre a menstruação, quando havia sido a mais recente, e tentei lembrar quando pedira absorventes à minha mãe pela última vez. Eu vinha me sentindo indisposta demais para perceber que três meses já haviam se passado e sequer via importância nisso.

— Você acha que poderia estar grávida? — foi sua próxima pergunta.

— Não — respondi sem hesitar.

O tempo me ensinara a avaliar as reações dos adultos, e, debaixo de sua atitude profissional, notei algo negativo, quando passei de paciente adolescente a alguém que ele via como um problema em potencial.

Ele me disse para ir ao biombo, me despir da cintura para baixo e me cobrir com o lençol. Fiz o que pediu e o ouvi chamar a enfermeira.

Deitei-me, olhando para o teto com os joelhos erguidos e separados, enquanto ele mexia dentro de mim com a mão na luva de látex. Minutos depois, disse para eu me vestir. Tirou a luva, e ouvi jogando-a no lixo. Notei o olhar trocado entre ele e a enfermeira, quando a dispensou em silêncio.

Pela segunda vez, fez um gesto para que eu me sentasse, mas, dessa vez, tinha uma expressão severa.

— Você sabe de onde vêm os bebês? — perguntou com voz gélida.

Desolada, sabendo o que ele diria em seguida, mas ainda sem aceitar, respondi:

— Sim.

— Está grávida de três meses — foi tudo o que ouvi através da nuvem de desespero.

— Não pode ser, nunca dormi com um garoto — falei num ímpeto, negando e sabendo que era a verdade.

— Tem que ter dormido com um — contestou ele, impaciente com o que entendia ser uma mentira óbvia.

Encarei-o, com a esperança de ver algum sinal de ajuda, mas encontrando apenas o julgamento que fazia de mim refletido em seu olhar.

— Só com meu pai — respondi finalmente.

O consultório foi dominado por um silêncio estático, enquanto meu segredo pairava no ar, pronunciado em voz alta pela primeira vez.

— Ele a violentou? — perguntou ele, com um tom de piedade repentino.

Ouvir o mínimo indício de compaixão fez com que meus olhos ficassem marejados. Murmurei, sentindo as lágrimas virem:

— Sim.

Não conte para a mamãe

— Sua mãe sabe?

As lágrimas começaram a descer, mas consegui balançar a cabeça e sussurrar:

— Não.

— Você tem que pedir para ela me telefonar — disse ele, passando lenços de papel. — Terei que falar com ela.

Eu tremia ao me levantar, sem firmeza nas pernas, e saí do consultório. Do lado de fora, fiquei paralisada de medo. Aonde eu poderia ir? Não para casa, pensei. Como poderia ir para casa? Ele estava lá. Em meio ao pavor, um rosto surgiu em minha mente, o de Isabel, minha professora que me dera abrigo após o espancamento. Ela saíra da escola no início das férias de verão para se casar, mas eu sabia que já estava de volta da lua de mel. Ela me ajudara uma vez, será que me ajudaria de novo?

De bicicleta, fui às pressas até a cabine telefônica mais próxima, onde encontrei o nome do marido no catálogo, e o endereço deles. Sem parar para telefonar, apenas rezando para que ela estivesse em casa, segui para o endereço.

Depois de entrar num dos novos conjuntos habitacionais, que fora construído anos antes, logo encontrei o lugar onde moravam. Era uma casa imponente de estilo neoclássico. Desci da bicicleta e deixei-a encostada na parede.

"Ela vai me ajudar", disse a mim mesma. "Vai me deixar ficar aqui. Não vai me mandar de volta." As palavras giravam na minha cabeça como um mantra quando passei pela trilha recém-construída, cercada de terra preta com pontos verdes de grama nova.

Isabel abriu a porta com um olhar de surpresa, mas não hostil, e senti as lágrimas que qualquer demonstração de gentileza fazia descerem sem controle pelo meu rosto. Ela me acompanhou para dentro rapidamente e sentou-me num sofá laranja na sala de estar recém-pintada de marrom e creme.

— Antoinette, o que foi? — perguntou ela, num tom suave, passando-me um lenço branco e limpo.

Eu confiava nela; então, contei o que o médico dissera. Expliquei por que estava tão aterrorizada e que estava me sentindo muito mal. O mesmo silêncio que pairou no consultório pairava agora na sala dela e, em seu rosto, vi que o olhar de preocupação dera lugar ao de medo.

— Antoinette, fique aqui. Meu marido veio para casa almoçar... Está na cozinha. Me dê alguns minutos, está bem?

Assim, ela saiu da sala, e só o tique-taque do relógio sobre a lareira de pedra quebrava o silêncio enquanto eu aguardava seu retorno.

Mas ela não voltou. Em vez disso, seu marido entrou na sala. Percebi por sua expressão séria e dura que não haveria refúgio para mim na casa deles.

— É verdade o que acabou de contar à minha esposa? — foram suas primeiras palavras.

Perdi toda a confiança e consegui apenas confirmar com a cabeça e murmurar com tristeza:

— Sim.

Sem levar em consideração meu desconforto, ele prosseguiu:

— Bem, ela ficou muito perturbada. Está grávida, e não posso permitir que se estresse. Não sei o que estava pensando quando decidiu vir aqui, mas tem que ir para casa falar com sua mãe.

Ele caminhou em direção à porta e fez um gesto para que eu o seguisse. Sem dizer nada, obedeci e olhei para ele mais uma vez, com a esperança de algum consolo. Não houve nenhum.

Não conte para a mamãe

— Minha esposa não quer vê-la aqui de novo — foram suas últimas palavras ao fechar a porta de um modo definitivo que, ao longo das semanas seguintes, eu passaria a esperar de todas as pessoas, ainda que eu não pudesse entender o porquê.

O aviso de meu pai ecoou em meus ouvidos. *Todos culparão você. Se contar, sua mãe não a amará mais.*

Peguei a bicicleta e fui para casa. Meu pai estava na cama quando cheguei, mas não dormindo.

— Antoinette — gritou assim que entrei —, venha aqui.

Sentindo o peso do pressentimento, subi a escada e encarei-o.

— O que o médico disse? — perguntou ele, e eu sabia, por seu olhar, que ele já sabia a resposta.

— Estou grávida — respondi de modo categórico.

Pela primeira vez, sua expressão entregou um pouco os sentimentos. Ele apenas puxou as cobertas para cima e me convidou a entrar.

— Vou resolver isso para você, Antoinette. Venha aqui agora — mas, desta vez, fiquei parada e balancei a cabeça. Meu pavor de costume diminuiu e uma nova fúria cresceu quando respondi:

— Não se livrou disso quando colocou aquela coisa dentro de mim, não é? Estou grávida de três meses. Quantas vezes me forçou a fazer isso durante esse tempo?

A satisfação passou assim que vi o medo que perdi momentaneamente instalar-se nele.

— Você contou ao médico que fui eu?

— Não — menti, voltando a sentir medo.

— Bom, lembre-se do que lhe disse, minha menina, culparão você se contar. Será levada daqui e presa. Sua mãe não irá impedir. Todos culparão você.

Eu já vira no rosto de três pessoas que a previsão dele era verdadeira.

— Vou contar à sua mãe que você me disse que foi a Portrush, conheceu garotos ingleses e fez sexo com eles. Está me ouvindo, Antoinette? Então, o que vai dizer a ela?

Perdi as forças e respondi o que ele queria.

— Vou dizer que tive relação com um garoto inglês e ele foi embora.

Ele me mandou ir para o meu quarto e esperar lá até que acabasse de falar com minha mãe. Com submissão, fiz o que mandou.

Depois do que pareceu serem horas, a som da porta abrindo anunciou a chegada dela. Do quarto, pude ouvir o murmúrio de vozes, embora não desse para entender as palavras; depois, ouvi o som da saída de meu pai. Continuei esperando, com a mão na barriga protuberante, querendo que um adulto resolvesse meu problema, mas sem uma ideia clara de como esperava que isso fosse feito.

Eu sabia que não deveria sair do quarto sem ser chamada. Meu estômago doía de fome. Senti fraqueza e náusea, mas esperei até que minha mãe estivesse pronta para falar comigo.

Ouvi o apito da chaleira. Ela me chamou para descer. Obedeci com medo. O chá para nós duas estava servido. Peguei minha xícara quente com gratidão, dei um gole, tendo algo para segurar com as mãos trêmulas, e o líquido doce acalmou-me. Senti o olhar dela arder em mim, mas me recusei a encará-la. Fiquei olhando para a xícara e esperei que ela falasse.

— Quem é o pai? — perguntou ela, com uma voz fria e distante. Olhei para ela e vi que minhas mentiras não serviriam de nada, mas tentei, ainda assim. Ela sequer me permitiu terminar.

Não conte para a mamãe

— Antoinette — ordenou — me conte a verdade. Conte, e não ficarei brava.

Olhei-a nos olhos, que tinham uma expressão incompreensível para mim.

— Papai — foi só o que consegui dizer.

Ao que ela respondeu:

— Eu sei.

Ela continuou a me encarar com aqueles olhos verdes e grandes, e eu sabia que sua determinação, muito maior que a minha, arrancaria toda a verdade de mim. Perguntou quando havia começado, e eu disse que fora na casa de sapê. Contei sobre os "passeios de carro", mas ainda via pouca mudança em sua expressão.

— Todos esses anos — foi seu único comentário.

Ela não perguntou por que eu guardara segredo nem por que concordara com meu pai em mentir para ela. Meses depois, eu me lembraria disso e formaria minha própria opinião sobre o motivo.

— O médico sabe? — perguntou ela.

— Sim — respondi e acrescentei que ele queria falar com ela.

Mal sabia eu que a mentira com que respondera sua última pergunta quase custaria a minha vida. Ela perguntou se eu contara a alguma outra pessoa, e eu suprimi a lembrança dolorosa de ter contado a Isabel e disse:

— Não.

Vi uma expressão de alívio em seu rosto quando se levantou da cadeira para telefonar. Depois de falar brevemente, voltou-se para mim.

— Marquei uma consulta para falar com o médico depois de uma cirurgia. Fique aqui. — Despedindo-se com essas palavras, ela vestiu o casaco e saiu.

Fiquei sentada, como que em transe, durante o que pareceu uma eternidade, movendo-me apenas para jogar mais carvão no fogo ou passar a mão na cabeça de Judy. Ela, sentindo meu desespero absoluto, não saiu de perto de mim enquanto eu esperava minha mãe voltar com uma resposta sobre qual seria meu destino.

Um clique na porta alertou-me do retorno de minha mãe, e vi não uma pessoa entrando, mas duas. Ela voltara com o médico. Na próxima hora, eles foram meu júri e juiz, e minha sentença foi o silêncio. Meu pai seria internado por um período curto para se recuperar de um "esgotamento nervoso", um aborto legal seria providenciado para mim, depois eu seria colocada, por recomendação do médico, numa instituição para adolescentes difíceis. Eu permaneceria lá até o fim da idade escolar, quando seria encontrado um trabalho adequado para mim. A convivência entre mim e meu pai sob o mesmo teto seria impossível. Enquanto isso, até que o aborto fosse providenciado, a vida seguiria normalmente. Tudo isso me foi dito por minha mãe, com o apoio silencioso do médico, que, segundo ela, dissera que não havia outra opção. Exausta e sem compreender, fiquei escutando seus planos para eliminar a única vida que conhecera.

Em seguida, o médico falou comigo diretamente.

— Só estou ajudando você por causa de sua mãe. Ela é a vítima inocente em tudo isso. Você mentiu para mim hoje de manhã. Levou-me a acreditar que só acontecera uma vez. — Ele fez uma pausa e me olhou com desprezo. — Você encorajou isso, ficando em silêncio por todos esses anos; então, não me diga que é inocente.

Depois ele se foi, deixando-me diante de minha mãe. Esperei alguma palavra de compreensão, mas não ouvi nenhuma, e,

Não conte para a mamãe

não suportando mais o silêncio frio, ainda sem ter comido, fui para a cama.

Os dias seguintes passaram de modo nebuloso. Foram marcadas entrevistas em dois abrigos, durante as quais fiquei em silêncio, agora rotulada de adolescente difícil, com catorze anos e grávida de alguém cujo nome não podia admitir saber.

Em seguida, veio minha breve audiência no tribunal, onde homens da área médica, com expressão severa, entrevistaram-me para determinar o destino do meu filho e o meu. Com a justificativa de instabilidade mental, o aborto seria realizado num hospital da cidade vizinha, como uma concessão para que o sigilo fosse mantido. Na Irlanda do Norte, naquela época, o aborto era ilegal. Enfermeiras e médicos dedicados a salvar vidas não viam com bons olhos a ordem, vinda de um tribunal, para eliminarem uma vida, como logo vim a saber.

Meus pais, unidos pelo laço de cumplicidade, ignoraram-me naquela semana, enquanto eu aguardava o dia da minha "operação", como minha mãe se referia a ela agora. No dia em que a prova da culpa de meu pai seria retirada do meu corpo, minha mãe foi trabalhar e eu, levando uma pequena mala para passar a noite, peguei o ônibus para o hospital.

Uma enfermeira de cara fechada levou-me a uma enfermaria pequena, onde havia uma cama e um armário. Eu sabia, sem ter de perguntar, por que haviam me colocado ali. Eu estava na enfermaria da maternidade, e o hospital queria privacidade para a cirurgia que seria realizada em mim. Às oito horas da manhã seguinte, a enfermeira veio à minha cama.

— Tenho que prepará-la — disse ela, colocando uma bacia de água e uma navalha ao lado da cama. — Dispa-se da cintura para baixo.

Para minha humilhação, ela raspou rapidamente a pele delicada entre as minhas pernas, passando a navalha de modo rude, deixando pequenos arranhões. Durante todo o tempo em que permaneceu lá, essas foram as únicas palavras que dirigiu a mim. Ao terminar, pegou a bacia e a navalha, e saiu em silêncio.

Sua próxima visita à minha cama foi para injetar um fluido, no meu traseiro com brutalidade, para depois me deixar pensando até adormecer. Eu queria minha mãe. Queria que alguém me dissesse que eu ia ficar bem. Queria que alguém me explicasse o que seria feito comigo, porque até então ninguém me havia dito nada. Acima de tudo, queria que alguém segurasse a minha mão. Eu estava tão assustada. E, felizmente, adormeci.

Num estado de estupor, senti que me seguravam e ouvi uma voz dizendo: "Vamos, Antoinette, passe para o carrinho", e senti alguém me rolar com cuidado. Um cobertor foi acomodado sobre mim, e senti o movimento quando o carrinho foi empurrado devagar. Em seguida, paramos, e uma luz forte penetrou minhas pálpebras. Algo cobriu meu nariz, e uma voz me disse para fazer uma contagem regressiva, mas eu sei que, à medida que ia perdendo a consciência, chamei por minha mãe...

Meu sono foi interrompido pela náusea mais forte que já havia sentido. Abri os olhos e notei que um prato de metal fora deixado em meu armário. Peguei-o para vomitar, enquanto lágrimas desciam sem controle pelo meu rosto. Por alguns segundos, não sabia onde estava. Então me lembrei, pus a mão entre as pernas e descobri que haviam colocado um absorvente. Por mais mal-informada que eu fosse a respeito da origem dos bebês, eu sabia que o meu não estava mais lá.

O sono voltou, até que a enfermeira entrou com uma bandeja de chá e sanduíches. Quando colocou a bandeja no meu

Não conte para a mamãe

armário, vi que havia uma bacia limpa no lugar da outra e me perguntei por quanto tempo eu dormira.

— Seu chá, Antoinette — informou ela, sem que houvesse necessidade, antes de sair do quarto. Olhou para mim com aversão. — Ah, deve estar querendo saber: o bebê, era um menino.

Depois ela saiu, e o bebê se tornou real para mim. Fiquei deitada, sem apetite, sofrendo a perda do meu bebê até entrar num estado de sono inquieto, em que mais uma vez sonhei que estava caindo.

Com os primeiros raios de sol, uma atendente do hospital apareceu com uma bandeja de chá, torradas e um ovo cozido. Desta vez, faminta, comi tudo, sem deixar uma migalha no prato. Logo após o café da manhã, a enfermeira apareceu. Ao ver meu prato vazio, ela torceu o nariz com desaprovação.

— Estou vendo que o apetite está normal — disse ela; depois me informou, de má vontade, que eu estaria livre para ir embora após a visita do médico. — Alguém vem buscá-la? — foi sua única pergunta, e a única reação diante da minha resposta negativa foi um pequeno sorriso mal-humorado.

Por me sentir suja e grudenta, perguntei onde poderia tomar um banho e lavar os cabelos.

— Outra enfermeira vai trazer a água para você se lavar. Você pode tomar banho quando voltar para casa. Os cabelos podem esperar. Com certeza, é só vaidade. — Ela parou para me olhar com a mesma expressão fria de desgosto. — Se não fosse a vaidade, talvez você não estivesse aqui agora. — Dito isso, ela foi embora.

Meu estômago doía, mas eu não ia pedir mais nada. Lavei-me da melhor forma que pude com a pequena bacia de água que me deram, me vesti e esperei o médico que fizera a operação chegar.

Quando ele chegou, acompanhado pela enfermeira, mal olhou para mim e não perguntou como eu estava me sentindo. Apenas me informou que eu estava liberada. Com isso, peguei minha bolsa, deixei o hospital e fui para o ponto de ônibus.

Capítulo Vinte e Três

Algo me despertara, mas pela pequena janela do meu quarto havia apenas escuridão. Do lado de dentro, somente silêncio e, por alguns segundos, tentei descobrir o que havia perturbado meu sono. Minha mente se esforçava para despertar, dizendo ao meu corpo que era necessário. Então, eu senti. Havia algo pegajoso e quente entre as minhas pernas. Pus a mão na calça do pijama, e ela ficou quente e molhada. O pânico tomou conta de mim quando coloquei as pernas para fora da cama de metal, sobre o piso de linóleo, e cambaleei até o interruptor de luz. O clarão amarelo da lâmpada fraca e sem lustre iluminou minha cama. Havia uma poça de sangue vermelho escuro manchando o lençol. Sem entender, olhei para o pijama e vi que estava encharcado de sangue. Vi o sangue nos meus dedos e o senti escorrendo pelas pernas; então, gritei, chamando minha mãe.

Ela veio em segundos; só de olhar, entendeu o que estava acontecendo comigo e me disse para voltar para a cama. Então, meu pai apareceu, sonolento e com o pijama amassado.

— O que foi? Por que esse barulho? — murmurou ele.

Com um olhar de repulsa, minha mãe apontou para mim.

— Vai ter que chamar uma ambulância — disse ele, e percebi um tom de medo em sua voz.

— Vou ligar para o médico — disse ela. — Ele vai saber o que fazer.

Como se estivesse muito distante, ouvi o som cada vez mais fraco dos passos de minha mãe na escada e sua voz ao telefone. Minutos depois, ouvi a voz do médico, como se atravessasse uma névoa. Abri os olhos e vi a silhueta embaçada.

Como se estivesse sonhando, os sussurros da conversa penetravam meus ouvidos e minha mente.

— É grave — ouvi-o dizer. — Ela tem que ir para o hospital. Depende de você, Ruth, para qual deles. O hospital aqui da cidade ou aquele em que ela foi operada.

Apesar de atordoada, senti claramente o silêncio, depois ouvi minha mãe dizer:

— O hospital em que ela foi operada.

Em seguida, as vozes se foram, e eu me senti flutuar num limbo, nem desperta nem dormindo, mas consciente da movimentação à minha volta. Ouvi minha mãe dizer a meu pai para ficar no quarto deles, ouvi a voz do médico falando com ela fora do meu quarto e soube, sem me importar, que eu estava morrendo.

Um barulho alto, que reconheci como sendo a sirene de uma ambulância, penetrou a névoa em que eu me encontrava e, pela janela, vi a luz azul piscando. Mãos me ergueram com cuidado. Senti o impacto de cada degrau quando a maca foi carregada pela escada, senti a maca sendo colocada na ambulância, depois ouvi a sirene novamente ao partir.

A imagem de minha mãe, ao lado do médico, vendo a porta da ambulância se fechar, permaneceu gravada em minha retina para sempre.

Não conte para a mamãe

O hospital que minha mãe escolhera para mim ficava a vinte quilômetros. As ruas até lá eram estreitas e sinuosas, uma vez que não havia autoestradas em Coleraine nos anos 1950.

Eu sentia frio demais, embora suasse muito, e o sangue descia por entre as pernas. Pontos pretos dançavam diante dos meus olhos e um sino começava a soar em meus ouvidos, quase encobrindo o som da sirene.

Alguém passou a mão na minha cabeça, depois segurou minha mão, enquanto um espasmo fazia meu corpo tremer e a bile escorria pela boca.

— Ela está indo embora! Vá mais rápido, homem — ouvi uma voz gritar. A ambulância balançava com os esforços do motorista, e eu ouvi estalos do walkie-talkie, enquanto alguém gritava instruções.

— Aguente firme, Antoinette, não durma agora — a mesma voz implorava acima do tinido em meus ouvidos; depois, ouvi o ruído da freada e o impacto quando a ambulância parou. Senti a maca sendo erguida, ouvi passos dos corpos que corriam para me levar, depois luzes fortes ofuscaram minha visão. Tive uma sensação de algo picando meu braço, e meus olhos pararam de tentar focar os corpos de jaleco branco ao meu redor.

Um vulto de azul estava ao lado da minha cama quando despertei. Meu olhar encontrou os olhos castanhos da enfermeira. Sua hostilidade havia desaparecido, e, em seu lugar, havia compaixão. Agora eu era uma paciente que necessitava de seus cuidados. Ela afagou minha cabeça com delicadeza, segurou a bacia enquanto vomitei e depois passou um pano frio e úmido no meu rosto.

Ao lado da cama, vi um saco plástico transparente suspenso num poste de metal. Dentro dele havia um fluido vermelho, que eu sabia ser sangue. Um tubo seguia do saco até o meu braço, em que havia uma agulha presa com esparadrapo.

— Por que a enviaram para cá, Antoinette? — perguntou ela, sem poder acreditar. — Por que não ao hospital mais próximo? — Senti que ela sabia o motivo, assim como eu.

Sem responder, fechei os olhos, mas em minha mente ainda permanecia a imagem de minha mãe observando, enquanto eu era colocada na ambulância e partindo para o que ela deve ter acreditado ser minha última viagem. Sem querer aceitar o que sabia ser verdade, tranquei a lembrança numa caixa e nunca mais abri.

— Pare — gritei em silêncio na clínica, tentando calar o sussurro daquela criança. — Pare. Quero que a tampa dessa caixa fique fechada!

— Não, Toni, você tem que se lembrar de tudo — murmurou a voz suave, com firmeza, enquanto eu sentia estar sendo puxada entre dois mundos: o mundo em que Antoinette vivia e aquele que eu criara. Contra a minha vontade, o jogo de "pertencer a uma família feliz", que eu herdara, estava sendo forçado a acabar.

A caixa ficou aberta, e eu vi mais uma vez a imagem de minha mãe parada ao lado do médico, diante da ambulância, enquanto minha maca era colocada lá dentro.

Quando acordei novamente, a enfermeira estava sentada ao meu lado.

— Eu vou morrer? — perguntei.

Não conte para a mamãe

Ela se inclinou, segurou minha mão e apertou-a com delicadeza. Vi um brilho molhado cobrir seus olhos.

— Não, Antoinette, você nos deu um susto, mas vai ficar bem. — Ela, então, ajeitou as cobertas, e eu caí num sono profundo.

Dois dias se passaram no hospital. Médicos entravam, diziam palavras de conforto e saíam. Durante as horas em que estava desperta, eu ficava olhando para a porta, aguardando a mãe que eu ainda amava aparecer, até me dar conta, com grande desgosto, que ela nunca apareceria.

Comidas tentadoras eram servidas em vão. Sentindo-me deprimida e rejeitada, apenas mexia nelas e não comia quase nada. No terceiro dia, a enfermeira sentou-se mais uma vez ao meu lado, segurou minha mão e fez um carinho suave.

— Antoinette, você pode voltar para casa hoje. — Ela fez uma pausa, e percebi que havia mais alguma coisa. — Você nunca deveria ter feito aquela cirurgia. A gravidez já estava muito avançada. — Notei em sua voz uma raiva que, pela primeira vez, não estava dirigida a mim. — Antoinette, você quase morreu. Os médicos tiveram que se esforçar muito para salvá-la, mas ainda preciso lhe dizer algo. — Esperei enquanto ela tentava encontrar as palavras certas para me contar algo que, ela sabia, me deixaria arrasada. — Ah, minha filha, o que quer que você tenha feito, não merece isto. Antoinette, você nunca poderá ter filhos.

Fiquei olhando para ela, sem entender de início, depois compreendi. Ao perder as esperanças de um dia ter alguém que me amasse e ter minha própria família para cuidar, virei o rosto para esconder o sentimento de vazio absoluto em que me afundei.

Mais tarde, nessa mesma manhã, ela voltou.

— Vamos, Antoinette, venha tomar um banho antes que você vá para casa — disse ela, com uma animação artificial. De algum modo, eu pressentia que ainda havia algo a ser dito, mas minha apatia era maior que a curiosidade, e a segui sem dizer nada.

No banho, lavei os cabelos e tentei remover as lembranças que me empesteavam; depois, saí, relutante, sequei-me e vesti minhas roupas, que agora pendiam soltas num corpo mais magro.

Recebi uma sacola que devia ter sido enviada por minha mãe, com minha calça, camisa, artigos de higiene e uma pequena quantia em dinheiro. O médico trouxera a sacola, foi o que me responderam quando perguntei.

Sentindo que tinha sido completamente abandonada, juntei meus poucos pertences e, com as pernas ainda fracas, saí do hospital e fui ao ponto de ônibus, onde peguei o primeiro dos dois ônibus que precisava para chegar em casa. Do lado de fora, estava o Jaguar de meu pai, o que significava que ele estava lá. Ao lado dele havia um carro que não reconheci.

Abri a porta com apreensão. Meus pais esperavam por mim com o médico, que foi o primeiro a falar.

— Sua amiga, a professora, procurou o Serviço Social. Eles informaram a polícia, que está chegando nos próximos minutos.

Após essas palavras, ele saiu, e o silêncio se instalou. Eu me sentia doente e fraca, meu estômago doía e minha cabeça começou a latejar com o aumento da pressão. Ouvimos o carro parar lá fora, minha mãe se levantou da cadeira e, com uma expressão rígida, abriu a porta para a polícia.

— Da próxima vez — disse ela, enquanto entravam —, se precisarem falar com meu marido ou minha filha, terão a decência de vir com um carro comum? Eu não fiz nada de errado e não aceito o constrangimento.

O policial que se apresentou como o sargento responsável pelo caso olhou para ela com uma expressão incompreensível, simplesmente leu os direitos de meu pai e pediu que nós dois o acompanhássemos com a policial à delegacia. Perguntou à minha mãe, uma vez que eu era menor de idade, se ela queria estar presente quando eu fosse entrevistada. Ela recusou. Então, foi informada de que uma assistente social estaria presente em seu lugar.

Meu pai e eu fomos levados ao carro e partimos. Eu sabia que, embora um pesadelo tivesse acabado, outro começara. Não era possível saber, no entanto, quão terrível seria.

Capítulo Vinte e Quatro

Treze dias haviam se passado desde que eu chegara à clínica. O barulho do carrinho com o café da manhã não mais anunciava minha liberação, porque agora eu tinha uma nova tarefa minuciosa. Tinha de alimentar minha mãe às colheradas. Primeiro, eu colocava um guardanapo em seu pescoço, depois segurava uma xícara perto de seus lábios para que ela pudesse tomar o chá da manhã. Ela se sentava com os dedos entrelaçados. O olhar, agora vago, voltava-se para o meu, completando nosso círculo de inversão de papéis. Pequenas porções de ovos mexidos ou iogurtes de fruta leves precisavam então ser levados à sua boca com a colher. Após cada colherada, eu passava com cuidado um pano úmido em seus lábios, e o resíduo escorria pelo queixo.

A visita dos médicos vinha após a saída dos carrinhos. "Por quanto tempo", eu perguntava em silêncio, mas os rostos não revelavam nada.

Agora era a visita de meu pai que eu aguardava. Ao som de seus passos, eu me levantava e seguia para o saguão, onde café e cigarro me aguardavam. Nesse dia, não encontrei a solidão, uma vez que havia outra mulher sentada na área de fumantes com um livro aberto no colo.

Não conte para a mamãe

Ela deu um sorriso hesitante e se apresentou como Jane. Em uma hora, ficamos sabendo que ambas estávamos dormindo na clínica. Para ela, aqueles eram os últimos dias de um casamento feliz e o último presente dado com amor ao marido. O tumor ósseo dele, ela me informou, havia se espalhado pelo cérebro, e ele mal a reconhecia. A perda que estava por vir formara linhas finas no rosto dela e deixara olheiras escuras.

Aplaudi sua coragem em silêncio. Ela estava diante do fim de uma vida, enquanto eu tinha a minha a retomar.

A conversa tomou o rumo das perguntas que levam ao início de uma amizade, embora soubéssemos que era temporário. Ela perguntou meu sobrenome e de onde eu era da Irlanda. Sem pensar, contei.

— Nossa, eu sou de Coleraine — exclamou ela, ao sentir um prazer momentâneo pela ligação descoberta entre nós. — Você não me é estranha... Você tem uma prima chamada Maddy?

Lembranças de minha família irlandesa e de inúmeros parentes, que não via havia muitos anos, surgiram em minha mente enquanto, por alguns segundos, retornava a Coleraine. Enquanto eu buscava um jeito de explicar, vi expressões passageiras de reconhecimento e embaraço no rosto dela. Sabendo que em clínicas de pacientes terminais as amizades são como navios passando na noite, e que são feitas para dar apoio nos dias e noites difíceis e dolorosos, não me senti constrangida. Em vez disso, simplesmente lhe respondi.

— Ela é prima do meu pai.

Seu olhar focou num ponto acima do meu ombro, e, sem vê-lo ou ouvi-lo, senti a presença de meu pai. Sem alternativa, apresentei-os rapidamente.

Diante do "olá" e da expressão questionadora dele, ela preencheu o silêncio com uma animação forçada que, eu tinha certeza, não era o que ela sentia.

— Sua filha e eu estávamos justamente falando sobre Coleraine... Nós somos de lá também.

O silêncio que seguiu o comentário inocente pairou com peso no ar, e meu pai conseguiu dar uma resposta educada.

— Prazer em conhecê-la. Com licença, mas preciso falar com minha filha agora.

Senti seus dedos segurando meu cotovelo. Ele me levou ao canto mais afastado de Jane, depois me soltou de modo abrupto. Olhei para o seu rosto, para os olhos vermelhos, e vi que todos os traços do velho triste de dias atrás haviam desaparecido. No lugar dele estava o pai "repugnante" da minha infância. Não vi o homem que estava chegando aos oitenta anos, mas o homem de quarenta que fora preso. Os anos se foram, levando com eles minha identidade adulta, deixando em seu lugar a criança pequena e assustada que um dia eu havia sido.

Em meio a meu medo inato, ouvi sua voz ameaçadora:

— Não vá andar falando da gente por aí, minha menina. Não tem necessidade de ficar dizendo que você morou em Coleraine. Não vá falar em que escola estudou. Está me ouvindo, Antoinette?

A menina de seis anos que existia dentro de mim acenou com a cabeça e sussurrou:

— Sim.

Meu eu adulto sabia que o tempo de disfarces havia passado. O medo que meus pais tinham de serem reconhecidos, caso tivessem de deixar seu isolamento, tornara-se realidade. Que ironia, pensei, que isso tivesse ocorrido justamente pelo medo de morrer de minha mãe.

Lutei para controlar o medo e o ódio que vinham de minha infância, forçando a volta da máscara de Toni, a mulher de negócios bem-sucedida. Dei um olhar de desprezo a ele e me afastei.

Ao voltar para a enfermaria de minha mãe, vi um vaso de flores viçosas exposto com orgulho ao lado da cama. Sorrindo, com a animação que as visitas de meu pai sempre lhe causavam, ela apontou para as flores.

— Olhe, querida, o que o papai trouxe.

Aí vem o jogo das famílias felizes, pensei com cansaço, mas a sensação dos dedos dele em meu braço permaneceu marcada em minha mente quando reassumi o papel de filha zelosa.

A rotina da tarde não incluía mais o trajeto lento e sofrido até o banheiro. Tubos e um saco plástico eliminavam essa necessidade. Em vez disso, eu a ajudava a se deitar, cuidava de sua higiene e arrumava os travesseiros. Exausta, ela fechava os olhos e adormecia. Então, eu abria um livro e tentava me perder nas páginas enquanto aguardava os carrinhos com chá, ceia e analgésicos. Depois que o último era administrado, eu finalmente podia escapar para o saguão.

Entre a chegada dos carrinhos, famílias numerosas sentavam-se ao redor da cama dos entes queridos, mas, após a visita de meu pai, apenas eu mantinha a vigília ao lado da cama dela. Uma musicista vinha tocar melodias que acalmavam e entretinham os pacientes, e minha mãe sempre pedia sua canção favorita. "Peça para ela tocar 'Londonderry Air'", dizia ela, todas as noites. Então, as cordas da lira eram tocadas com doçura, deixando as notas persistentes flutuarem no ar para uma plateia de quatro senhoras idosas e para mim.

Sentada no saguão na décima terceira noite, senti as lágrimas correrem por meu rosto e as enxuguei com raiva. Perdi o controle das lembranças quando a caixa de memórias do ano de 1959 foi destrancada e os conteúdos se derramaram.

Meus dois lados lutavam pelo controle essa noite: a criança assustada que vivia dentro de mim e a mulher bem-sucedida em que eu trabalhara duro para me transformar. Minha visão ficou embaçada, tive a sensação familiar de estar caindo, só que dessa vez estava acordada, com um aperto no peito e o pânico, que fazia da respiração um ruído doloroso. A luz estava se apagando, e senti alguém tocar meu ombro e perguntar:

— Toni, você está bem?

Ergui a cabeça e vi a expressão afetuosa de Jane, olhando para mim com preocupação. Não, pensei, quero chorar, quero ser abraçada, consolada, quero que as lembranças desapareçam.

— Estou bem — respondi, limpando as lágrimas. Em seguida, fui tomada pela curiosidade. — Você sabe quem eu sou, não?

Ela me olhou nos olhos com delicadeza e fez que sim com a cabeça. Apertou meu ombro de modo suave e afastou-se para voltar ao leito do marido.

Feito ondas revoltas de uma tempestade furiosa, as lembranças bateram em mim e tive medo de me afogar. A máscara com que eu escondera a criança havia se soltado; eu não era mais a pessoa que lutara tanto para ser. Durante as duas semanas em que estivera na clínica, Toni, a mulher de negócios confiante, havia se afastado aos poucos. Antoinette, a criança assustada, o fantoche obediente dos pais, havia começado a retomar seu lugar.

Eu emagrecera muito e, ao me olhar no espelho, os olhos de Antoinette, marcados por olheiras, encararam-me cheios de medo e desespero, sentimentos que agora ameaçavam me soterrar.

Sem ser capaz de fugir das lembranças, senti o passado me puxar de volta e me senti oscilar no limite da sanidade, limite no qual eu já vacilara duas vezes. Senti mais uma vez a tentação de atravessá-lo, pois o outro lado era seguro. Trata-se de uma segurança em que toda responsabilidade por nossa vida é abandonada, e nós, feito crianças, deixamos que os outros se responsabilizem. Assim, como um feto, podemos permanecer imóveis, deixando os dias passarem até que a mente fique vazia e livre dos pesadelos para sempre.

Meu sono, algumas vezes ao lado da cama de minha mãe, outras, numa cama montada no consultório médico, era interrompido por pesadelos de forma constante. Neles, eu me via indefesa por estar perdendo o controle. Sinais de alerta soavam em minha cabeça à medida que sentia meu lado adulto regredir. Eu precisava de ajuda e rápido. Isso não ia acontecer comigo, não dessa vez. Eu não poderia e não iria permitir.

Fui procurar o padre. Talvez, pensando estar diante de uma breve pausa no auxílio aos agonizantes, no trabalho de segurar mãos esqueléticas e de passar lenços de papel a familiares recém-enlutados, acompanhou-me à sua sala com um sorriso. Ele não sabia o que estava prestes a encarar.

— Preciso falar — consegui dizer, sentando-me, e ele viu que todos os indícios da mulher controlada e impassível que ele conhecia tinham desaparecido. Seu olhar de preocupação demonstrava que sabia estar prestes a lidar com algo além de uma mulher sofrendo pela perda da mãe. Pois minha mãe, aos oitenta anos, tivera o que seria considerado, na opinião da maioria das pessoas, uma vida longa, e eu tivera mais de um ano para me preparar para o resultado final do câncer dela. Isso, ele logo percebeu, não seria o motivo da minha necessidade de conversar.

Ele, um homem compassivo e espirituoso, era o padre que minha mãe chamara diversas vezes no meio da noite, antes de sentir que lhe faltava a coragem decisiva para confessar a ele seus medos. Afinal, como ela poderia se arrepender do que ainda se recusava a admitir? Minha mãe, agora eu me dava conta, ia morrer com firmeza em sua convicção. A convicção de que ela era a vítima permaneceria em sua consciência, e, qualquer dúvida que viesse a ter, seria reprimida com determinação.

Ele me olhava com expectativa, enquanto eu acendia o amparo de nicotina com mãos trêmulas. Hesitante, contei minha história, contei que estava revivendo as emoções que sentira quando criança, mas que, misturadas a elas, havia um sentimento semelhante à vergonha — vergonha de ter permitido que essas emoções continuassem me dominando por tantos anos. Se minha mãe conduzira o jogo das famílias felizes na minha infância, eu, quando adulta, alimentara o mesmo mito.

Por que, perguntei-me, eu fizera isso? Por que inventara um passado no qual havia pais amorosos? Por que fingira para mim mesma e nunca encontrara a coragem para me libertar?

— Por que acha que não foi capaz? — perguntou ele, e deixou o silêncio crescer, dando tempo para que eu pensasse e aguardando a resposta com paciência.

— Eu queria ser como as outras pessoas, quando falavam sobre a infância delas — respondi. — Queria ser vista como alguém que ia à Irlanda do Norte para visitar os parentes e fazer parte da família.

— E foi assim? Você chegou a se sentir parte da família novamente?

Não conte para a mamãe

Pensei, na verdade, nas coisas que precisara tolerar, nas coisas que aceitara e que nunca enfrentara.

— Não, sempre tentei visitá-los quando meu pai ia. Depois do dia em que fui banida das casas deles, nunca mais os vi. Meus avós, tias, tios e primos continuaram sendo a família *dele*, mas deixaram de ser a minha.

Parei por um momento e admiti o que não reconhecera sequer para mim mesma até então.

— Sabe, quando eu era adolescente, no fundo, eu sentia tanta falta deles, mas nunca me deixei pensar nisso, nunca admiti o quanto eu era solitária. Nunca me permiti sentir mágoa, mas, quando minha avó disse que eu não era mais bem-vinda na casa deles, fiquei paralisada pelo desespero.

Fiz outra pausa, lembrando-me do sentimento de ter sido tão rejeitada.

— O que senti foi mais profundo que solidão. Era um sentimento de ser estranha a todas as pessoas do mundo. Anos depois, quando ele foi a um casamento da família, dos quais havia muitos e eu nunca era convidada, não questionei. Aceitei o fato de que não me queriam. Nunca comentei nada sobre a injustiça que havia nisso. Eu sabia que eles haviam tomado uma decisão coletiva. Não tinha volta, pois expulsaram a mim do coração deles, e não a ele. Fui excluída até mesmo do funeral de minha avó. Um dia ela me amou, e eu a ela. Tudo isso foi tirado de mim pelos atos dele, não os meus. E minha mãe nunca falou disso. Ela simplesmente aceitou.

— E os seus parentes da Inglaterra? Você era próxima de alguns deles.

— Nos anos em que meu pai estava preso, os anos que passei num hospital psiquiátrico deixaram lacunas demais para que eu pudesse ter uma conversa fácil com eles. Nunca me senti à vontade, uma vez que eles, os poucos que encontrei quando voltei da Irlanda do Norte pela primeira vez, não entendiam por que eu morava longe e fazia os trabalhos que arrumava para sobreviver. Acho que me viam mais como a filha do meu pai, um homem que sempre consideraram socialmente inferior a eles, e é claro que eu tinha tanto a esconder que devo ter passado a impressão de ser uma pessoa fechada. Eu era alguém que não se entrosava. Poderia ter ido visitá-los, acho, mas escolhi não fazer isso.

Até minha avó, de quem eu fora tão próxima quando estava na Inglaterra, foi separada de mim pelos segredos da família. Não permitiram que ela soubesse por que eu saíra da escola e desistira dos planos de ir para a faculdade que um dia contara a ela com tanto entusiasmo. Só a vi mais algumas vezes antes de sua morte.

O padre me olhou com compaixão.

— Então, na adolescência, você não tinha ninguém, irmãos, parentes, tios e tias a quem recorrer, apenas seus pais. — E lançou uma pergunta inesperada. — Você os amava?

— Eu amava minha mãe. Isso nunca mudou. Nunca amei meu pai. Quando criança, ele passava tanto tempo longe que só parecia um visitante que trazia presentes. Ah, ele era extremamente encantador quando queria, mas sempre tive medo dele. Mesmo agora, meus sentimentos estão misturados. Por isso é tudo tão confuso. Num instante, vejo um homem velho que ainda ama a esposa, como sempre amou. Sei que cuidou muito bem dela quando adoeceu. Depois me lembro do monstro da minha infância. Ele ainda consegue me intimidar — finalmente reconheci.

Não conte para a mamãe

— O amor é um hábito difícil de romper — disse ele num tom suave. — Pergunte a qualquer mulher que tenha permanecido com alguém muito depois de ter deixado de ser um bom relacionamento. Mulheres que tenham tido que buscar refúgio e, muitas vezes, acabam voltando para parceiros violentos. Por quê? Porque não estão apaixonadas pelo homem que as maltratou, mas pelo homem com quem pensaram ter se casado. Elas continuam buscando aquela pessoa. Os seus laços de amor foram formados quando você era bebê: a ligação entre mãe e filha foi o que os criou. Se o seu pai tivesse sido cruel com ela, talvez você pudesse ter aprendido a odiá-lo, mas não foi, e sua mãe fez em você uma lavagem cerebral, assim como nela mesma, para que acreditassem que ela era uma vítima do seu comportamento. Suas emoções estão em guerra com a sua lógica. Em termos emocionais, você carrega a culpa da infância; em termos lógicos, sabe que seus pais não a merecem e, com certeza, você não os merecia. Nenhuma filha mereceria. Sou um homem de Deus, prego o perdão, mas Toni, você tem que ter claro o papel que seus pais desempenharam, tem de aceitar a participação que sua mãe teve, para que você possa se libertar, pois essa é a única coisa que nunca foi capaz de admitir.

As palavras dele pareceram remover as barreiras com as quais eu cercara a verdade. As palavras, uma vez liberadas, desaguaram de mim com ímpeto. Contei a ele que ela sempre me dizia que eu tinha de "me dar bem com meu pai", que ela já "sofrera o suficiente", que ela estava "tomando uma dose de remédio após a outra" para os nervos. Que eu sempre lhe "causava preocupações".

— Eu tinha pavor de ligar para casa, mas o fazia quase toda semana e sabia que ela ia repetir no meu ouvido: "Só um minuto, querida, seu pai quer falar com você", e durante todos esses anos eu fazia a vontade dela, com medo de que ela deixasse de me amar caso a fizesse encarar a realidade.

E, finalmente, disse a ele o que eu jamais explicara a ninguém, o que eu sentia por Antoinette, a criança que um dia fui.

— Ela teria sido tão diferente se tivessem deixado que crescesse normalmente, fosse para a faculdade, tivesse amigos. Ela nunca teve uma chance, e, sempre que algo dá errado em minha vida, culpo aquela criança. Quando eu era muito mais jovem, ela assumiu o controle, e revivi todas as suas emoções. Foi nessas horas que me envolvi em relacionamentos agressivos, dizendo "Olá, cheguei, me sinto à vontade assim". Ou que meu velho amigo de infância, o álcool, reaparecia. Lutei contra esses demônios a vida toda e, na maioria das vezes, venci, mas não estou vencendo agora.

O cinzeiro foi ficando cheio enquanto eu falava, e minha mente clareando à medida que eu ia aceitando a realidade final.

— Ela nunca me amou. Ela precisa de mim agora para poder morrer em paz, com seu sonho intacto. O sonho de um marido bonito que a adora, um casamento feliz e uma filha. Sou apenas uma peça em seu último ato. Esse é o meu papel aqui.

— E você vai destruir esse sonho?

Pensei no corpo frágil de minha mãe, tão dependente de mim agora.

— Não — suspirei. — Como poderia?

Capítulo Vinte e Cinco

Eu havia sido levada a uma sala pequena e abafada na delegacia, contendo apenas uma mesa marrom de fórmica e algumas cadeiras de madeira. Sob meus pés, notei linóleo marrom rachado, e a única janela era pequena e alta demais na parede manchada de nicotina, impedindo a visão do lado de fora. Eu sabia que meu pai estava por perto. Sabia que meu pesadelo tinha que ter chegado ao fim, mas, em vez de alívio, senti apreensão. O que o futuro me reservava?

A porta se abriu, e vi a policial de antes, só que dessa vez acompanhada por outra moça, sem uniforme. Perguntaram se eu havia comido. Balancei a cabeça, e a policial saiu e voltou minutos depois com uma bandeja de chá, sanduíches e biscoitos de chocolate, que colocou na minha frente com um sorriso amigável. Elas estavam com cadernos, o que me dizia que, por mais que tentassem criar uma atmosfera descontraída, tratava-se de uma situação oficial. A mulher sem uniforme apresentou-se como a assistente social, Jean, e me perguntaram se eu sabia por que estava ali. Depois perguntaram se eu tinha total consciência de que o que meu pai e eu fizéramos era crime. Às duas perguntas, respondi com um sussurro: "Sim".

Com delicadeza, a policial explicou que meu pai também estava sendo interrogado em outra sala e que eu só precisava dizer a verdade. Também foi explicado que, como eu era menor de idade, o crime era dele e que, sem dúvida, seria preso por isso.

— Antoinette, você não fez nada de errado, mas temos que fazer algumas perguntas. Está disposta a responder? — perguntou a policial.

Fiquei olhando para ela. Como eu poderia encontrar voz para falar sobre um segredo que guardara por tantos anos? Um segredo que meu pai sempre me dissera que seria considerado culpa minha. Eu já havia descoberto que, uma vez revelado, ele gerava a raiva e a culpa que meu pai previra.

Então, a assistente social falou pela primeira vez.

— Antoinette, quero ajudá-la, mas só posso fazer isso se souber o seu lado da história. Sei que é doloroso para você, mas estamos do seu lado.

Ela estendeu a mão e segurou a minha de modo gentil.

— Por favor, responda a estas perguntas.

A primeira, que seria tomada como evidência, foi feita pela policial.

— Quantos anos você tinha quando seu pai a tocou pela primeira vez?

Senti o toque afetuoso da mão de Jean.

— Seis — sussurrei finalmente, e as lágrimas vieram. Uma torrente silenciosa derramou de meus olhos e desceu pelo rosto. Os lenços de papel me foram passados sem uma palavra. Nenhuma das duas mulheres falou até que eu me recompusesse.

— Por que não disse nada durante todos esses anos? Não contou ao menos à sua mãe? — foram as primeiras perguntas feitas por Jean.

Não veio nenhuma lembrança, a caixa de memórias permaneceu fechada. A vez em que tentei contar à minha mãe

Não conte para a mamãe

permaneceu trancada ali dentro, e balancei a cabeça. Minha vida teria sido diferente se eu tivesse lembrado naquele instante e contado a elas? Com certeza, teria sido levada para longe dela, e os eventos que me causaram danos mais tarde não teriam acontecido. Ou esse amor por ela teria sempre me influenciado e afetado minha vida? Até hoje não encontrei a resposta.

Com cuidado, elas conseguiram que eu falasse dos passeios com ele nos finais de semana, que ele dizia que eu seria levada embora caso contasse, que as pessoas me culpariam e minha mãe deixaria de me amar. Ao ouvirem isso, elas trocaram um olhar que entendi. Elas sabiam que essas ameaças eram a verdade. Sabiam que tudo o que ele dissera e coisas piores aconteceriam a mim, como fiquei sabendo depois, e que qualquer vestígio de infância finalmente se acabara.

Aos poucos, minha história foi extraída de mim com perguntas empáticas, às quais respondi com sinceridade. Foi impossível, no entanto, acrescentar informações de modo voluntário. Só muitos anos mais tarde, eu conseguiria falar livremente de minha infância, sem vergonha ou culpa. Elas perguntaram se eu não tivera medo de engravidar. Respondi que pensava ser impossível engravidar de meu pai.

O tique-taque do relógio marcava o tempo que voava. O cansaço e a falta de esperança me invadiam em iguais proporções à medida que eu me perguntava, repetidas vezes, o que aconteceria comigo.

— Quais são os seus planos para o futuro? — perguntou a assistente social. — Vai conseguir permanecer na escola?

Em princípio, olhei para ela sem entender, depois me dei conta do que ela queria dizer. Eu era uma aluna pagante, meu pai ia para a prisão e, embora minha mãe trabalhasse, o salário dele era o maior. De repente, percebi a enormidade do que eu causara, o dano que provocara. A casa de meus pais fora comprada por meio de empréstimo bancário, minha mãe não sabia administrar as despesas e minhas mensalidades não poderiam ser pagas. Toda a ideia de que meus pais queriam me esconder naquela casa abandonou minha mente, sendo substituída por um desespero de culpa. Eu havia, percebi então, arruinado a vida de minha mãe.

Ao ver que minha expressão vazia mudara para um olhar de compreensão, quando parte do que teria de encarar penetrou minha mente, ela tentou me tranquilizar.

— Antoinette, a culpa não é sua. Tem certeza de que sua mãe não teria percebido nada ao longo de todos esses anos?

Acreditar nisso teria sido insuportável. Como eu poderia lidar com a ideia de tal traição da única pessoa que eu amava de modo incondicional? Neguei a elas desesperadamente, assim como negava a mim mesma, e mais uma vez vi o olhar trocado por elas, um olhar que combinava pena e perplexidade.

— Antoinette — disse a policial, com um misto de compaixão e determinação em realizar seu trabalho —, você terá que ser testemunha no julgamento de seu pai. Entende o que isso significa?

Antes que eu pudesse digerir o que isso significaria, ela fez com que meu medo aumentasse, informando que ele seria solto sob fiança e que nós dois voltaríamos juntos para casa. Em seguida, ela saiu da sala, deixando-me com a assistente social. Fiquei em silêncio enquanto compreendia os fatos, então meu medo cresceu de forma descontrolada.

— Não posso ir para casa — gaguejei —, por favor.

Não conte para a mamãe

Notei a pena que Jean sentia ao me responder.

— A menos que a polícia declare que você está sob risco, não há nada que eu possa fazer.

Longos minutos se passaram até que a porta foi aberta pela policial, acompanhada pelo sargento. Com expressões sérias, ambos sentaram-se de frente para mim.

— Seu pai admitiu a culpa — informou o sargento, sem rodeios. — Isso torna o julgamento mais fácil para você. O caso será julgado a portas fechadas porque você é menor de idade. Sabe o que isso significa?

Balancei a cabeça, tentando sussurrar que não.

— Significa que ninguém da imprensa ou membros públicos não relacionados ao caso poderão estar presentes. A data do julgamento ainda não foi definida, mas será daqui a poucas semanas. Agora vamos levar você e seu pai para casa.

Rompi em lágrimas. Ainda me sentindo fraca da perda de sangue e da cirurgia de emergência, perdi todo o poder de resistência. Estava paralisada de medo.

— Por favor, não me mande de volta — consegui dizer entre soluços, lembrando-me da surra que recebera por não ter guardado o uniforme da escola. Se ele fizera aquilo por uma falta tão pequena, que punição me aguardava por isso? Aterrorizada, agarrei os cantos da mesa, como se o gesto adiasse minha ida para casa.

A policial foi a primeira a falar.

— Não temos onde colocar uma pessoa da sua idade, Antoinette, mas seus pais não a machucarão de novo. O sargento, Jean e eu vamos com você para conversar com sua mãe.

O sargento tentou me tranquilizar mais.

— Já falamos com seu pai. Ele sabe as consequências, caso ponha as mãos em você de novo.

As palavras deles eram um pequeno consolo para mim porque eu me lembrava da ira de minha mãe, do desdém do médico e dos muitos atos de crueldade de meu pai. Eu sabia estar retornando a uma casa em que não me queriam, a uma mãe que não me amava mais e a um homem que me culparia por tudo que agora aconteceria com a família.

Fomos levados de volta em dois carros sem o símbolo da polícia, conforme o pedido de minha mãe. Paramos diante da casa, que ainda tinha luzes acesas. Minha mãe, sem sorrir, abriu a porta para nós, depois deixou de modo misericordioso que eu desaparecesse, subindo ao meu quarto, onde o murmúrio das vozes podia ser ouvido, mas não compreendido. A fome me corroía o estômago, e me dei conta de que não comera nada além dos sanduíches que a policial me dera desde o café da manhã no hospital. Perguntei-me se minha mãe pensaria nisso, mas quando finalmente ouvi a porta se fechar na saída da polícia, não houve som de passos aproximando-se do meu quarto. Acabei caindo num sono agitado no qual os sonhos espalhavam medo. Acordei numa casa silenciosa.

Capítulo Vinte e Seis

O dia que eu aguardava com pavor chegara. O dia em que meu pai seria julgado e sentenciado pelo crime que cometera contra mim, o crime de múltiplos estupros.

Minha mãe, que ainda protestava, dizendo ser a vítima nesse triângulo, recusara-se a me acompanhar ao tribunal. Em vez disso, foi ao trabalho como de costume. O sargento, sentindo que eu precisava de apoio feminino, avisara que levaria a esposa para cuidar de mim. De pé diante da janela de casa, apreensiva demais para me sentar, aguardei a chegada deles.

Meu pai já havia saído para o tribunal, deixando o carro, o que me dizia que, o que quer que seu advogado tivesse dito, ele sabia que não voltaria para casa ao fim do dia. Pelo menos, fui poupada de sua presença naquela manhã.

Incapaz de relaxar, eu estava pronta desde que acordara, várias horas antes. Vesti uma saia cinza e uma blusa, com o casaco do uniforme. Perguntei-me se ainda tinha o direito de usá-lo, mas, como não tinha outro, não havia alternativa.

Judy fizera o passeio matinal. Eu terminara o café da manhã, do qual pouco comera, muito antes de ouvir o motor do carro do sargento, anunciando sua chegada. Usando seu uniforme diário de paletó de tweed e calça cinza, ele abriu a porta do carro para mim e apresentou a esposa, uma mulher pequena e rechonchuda que reagiu à minha presença com um sorriso contido. Dali, percorremos o curto trajeto até o tribunal. A conversa no carro foi forçada. Eu só via o olhar frio de minha mãe, toda vez que tinha de olhar para mim. Agora meu desejo de uma casa em que apenas eu e minha mãe moraríamos finalmente seria realizado. Havia muito tempo eu concluíra que nenhuma felicidade resultaria disso.

Os austeros prédios cinza do tribunal surgiram. De repente, minhas pernas pareciam feitas de chumbo, e cruzei as portas que davam ao interior intimidador. Advogados, procuradores e supostos criminosos estavam reunidos em assentos projetados sem levar em consideração estética ou conforto. Sentei-me entre o sargento e a sua esposa, perguntando-me onde estaria meu pai, mas felizmente não o vi. Esperei o momento em que seria chamada para prestar depoimento contra ele.

Nessa manhã, o espelho mostrara um rosto pálido e tenso, aparentando mais idade que meus quinze anos, emoldurado por cabelos na altura dos ombros, arrumados num corte estilo pajem. Nenhuma maquiagem era capaz de reduzir minha palidez ou disfarçar as olheiras que não indicavam o otimismo típico da juventude ou as expectativas animadoras de uma adolescente com a vida toda pela frente. Era o rosto de uma garota cuja esperança e confiança estavam, se não mortas, abandonadas nesse dia.

Serviram-me chá enquanto eu aguardava; então, a porta interna do tribunal se abriu, e um funcionário de terno preto que eu conhecia de vista surgiu. Ele se aproximou rapidamente e me informou que meu pai já havia prestado depoimento e confessado sua culpa, de modo que eu não precisaria ser interrogada. Ele disse que o juiz tinha algumas perguntas a me fazer e me levou para dentro.

Não conte para a mamãe

Entregaram-me uma Bíblia para que eu jurasse "dizer a verdade e somente a verdade". Indicaram-me onde ficar, e virei-me para encarar o juiz de peruca que, com um sorriso gentil, perguntou se eu queria me sentar, o que fiz com gratidão. Minha boca estava seca, e o juiz pediu que me dessem água. Dei pequenos goles, deixando que molhassem minha garganta, que secara de repente.

— Antoinette — começou ele —, só quero que responda a algumas perguntas, depois estará liberada. Apenas responda com o máximo de sua habilidade. E lembre-se de que não está sendo julgada. Você pode fazer isso?

Intimidada pela peruca branca e toga vermelha, sussurrei:
— Sim.
— Você alguma vez contou à sua mãe?
Respondi negativamente.

A pergunta seguinte me pegou de surpresa e senti uma atenção no recinto que não estivera lá antes.

— Você sabe como a vida é gerada? Sabe como as mulheres engravidam?

Mais uma vez, sussurrei:
— Sim.
— Então, com certeza, deve ter sentido medo de engravidar?

Olhei no rosto dele e entendi, sem saber o porquê, que a resposta era importante.

— Ele sempre usava uma coisa — respondi por fim e ouvi o suspiro do advogado de meu pai.

— O que ele usava? — foi a última pergunta.

— Parecia uma bola de aniversário — foi a minha resposta. Devido à minha falta de interesse em garotos, eu não precisava saber a palavra camisinha.

Naquele instante, eu não fazia ideia de que a minha resposta acabara de confirmar premeditação. Aquelas poucas palavras asseguraram que meu pai recebesse uma sentença de prisão e não fosse para o hospital psiquiátrico, como seu advogado estava esperando. O juiz me liberou, e eu, evitando o olhar fixo de meu pai, deixei a sala do tribunal e voltei ao assento da sala de espera, onde deveria permanecer até que o juiz proferisse a sentença e eu fosse informada do resultado.

Depois de ficar olhando para a porta da sala do tribunal pelo que pareceram horas, mas não deve ter sido mais de 15 minutos, vi quando ela abriu e o advogado de meu pai saiu. Ele se aproximou de mim.

— Seu pai foi condenado a quatro anos de prisão — disse ele. — Caso tenha bom comportamento, estará livre em dois anos e meio. — Não havia emoção em sua voz ao falar do destino do cliente. — Ele quer falar com você. Está nas celas provisórias... Você decide se quer ir ou não. Não é obrigada.

Treinada a obedecer sempre, concordei em ir. Ele me levou aonde meu pai estava. Perdi todo o medo ao olhar para o homem que me atormentara por tantos anos e aguardava o que tinha a dizer.

— Você vai cuidar de sua mãe agora, Antoinette, está entendendo?

— Sim, papai — respondi pela última vez por muitos meses. Depois me virei e fui embora, à procura do sargento e sua esposa.

— O juiz quer falar com você por alguns minutos — informou-me o sargento quando o funcionário do tribunal veio me pedir que o acompanhasse.

Momentos depois, pela segunda vez no dia, eu encarava o juiz. Dessa vez, foi na sala dele, e ele já estava sem a peruca e a

Não conte para a mamãe

toga. Fez um gesto para que eu me sentasse. Olhando-me com uma expressão severa, contou o motivo por querer falar comigo em particular.

— Antoinette, você vai ver, como sei que já percebeu, que a vida não é justa. As pessoas a culparão, como já o fizeram. Mas quero que me ouça com muita atenção. Vi os relatórios da polícia. Vi suas fichas médicas. Sei exatamente o que aconteceu a você, e estou lhe dizendo que nada disso foi culpa sua. Você não fez nada para se envergonhar.

Essas palavras eu guardei num lugar seguro, pronta para retirá-las quando fosse necessário. Um caso que é julgado a portas fechadas pode limitar o número de pessoas com permissão para entrar no tribunal, mas não pode jamais silenciar as que estão do lado de fora. Os motoristas das ambulâncias, as enfermeiras e a própria polícia, sem mencionar as assistentes sociais e duas professoras, estavam todos na lista de suspeitos de minha mãe quando ela se deu conta de que a cidade toda estava comentando o caso.

Não apenas comentavam, mas tomavam partido. Coleraine, a cidade natal de meu pai, protestante e fiel, culpava a filha.

Eu estava bem-desenvolvida, minha timidez me fazia parecer arredia, e eu falava com o sotaque da classe média inglesa, um sotaque que estava longe de agradar as pessoas em Ulster, na época. Meu pai, por outro lado, era da cidade, tinha lutado na guerra, voltado para casa com medalhas e era visto como um herói pela família. Não havendo recrutamento militar na Irlanda do Norte, todo homem que lutara na Segunda Guerra Mundial era um voluntário corajoso. Os parentes acharam que o erro dele estava na escolha da esposa, uma mulher que não apenas era cinco anos mais velha que ele, mas que desprezava os amigos e familiares dele. Ele era o bom camarada nos bares, campeão de golfe amador e jogador de sinuca brilhante, querido e respeitado por homens e mulheres.

"Pedófilo" não era uma palavra muito usada na época, nem seria a palavra associada a meu pai, em todo caso. As pessoas diziam que eu havia sido cúmplice e que, para me salvar ao ver que estava grávida, alegara estupro aos quatro ventos. Eu levara meu próprio pai a julgamento, testemunhara contra ele e lavara um volume muito grande de roupa suja da família em público. Com o caso julgado a portas fechadas, apenas alguns dos fatos haviam se tornado públicos, mas ainda que todos eles tivessem sido divulgados nos jornais, duvido que a cidade tivesse acreditado. Descobri muito cedo que as pessoas acreditam, principalmente, no que querem, inclusive na pessoa que conta as mentiras.

Percebi pela primeira vez as reações da cidade quando fui visitar a prima de meu pai, Nora, que tinha uma filha de cinco anos que eu adorava. Eu cuidara de sua filha como baby-sitter uma vez e brincara com ela em diversas ocasiões. A porta de Nora se abriu, e ela ficou parada com as mãos na cintura e um olhar penetrante, enquanto a filha se escondia atrás dela, espiando de trás das saias da mãe.

— Você tem a cara de pau de vir aqui. Acha que vamos deixar nossa filha brincar com alguém da sua laia? Sabemos o que fez... Sabemos tudo de você e seu pai. — A raiva, combinada com aversão, quase fez com que ela se engasgasse ao soltar as últimas palavras. — Saia da minha porta e não volte mais.

Recuei como se tivesse levado um soco, e a última visão da menina com quem eu brincava foi de seus olhos azuis, perplexos, voltados para mim antes que a porta batesse na minha cara.

Não conte para a mamãe

Chocada, voltei para casa, para a frieza de minha mãe. Ela pedira demissão do emprego, informou-me, e nunca mais sairia de casa. Não podia suportar a desgraça — a notícia estava nos jornais. Estava mesmo. Meu nome não foi mencionado e, com ingenuidade, ainda achei que isso me protegeria de alguma forma, mas todos sabiam e agora estava oficialmente confirmado.

Minha mãe disse que estava colocando a casa à venda e que nos mudaríamos, não para a Inglaterra, como eu esperava, mas para Belfast. Partiríamos assim que a casa fosse vendida. Enquanto isso, eu podia fazer todas as compras, ela não iria encarar a cidade e a fofoca — eu poderia enfrentar isso. Eu poderia continuar na escola até a mudança, uma vez que isso me manteria fora de casa. Ela estava enganada quanto a isso: no dia seguinte fui expulsa.

Houve um silêncio quando entrei no prédio da escola: as meninas evitavam meu olhar. Meninas que eu considerava minhas amigas viraram as costas, exceto uma. Lorna, minha amiga de Portstewart, cuja casa eu visitara muitas vezes, olhou-me nos olhos e sorriu. Pensando que ainda era minha amiga, aproximei-me dela. Ela me olhou com constrangimento, pois tinha sido eleita a porta-voz do grupo. Embora não parecesse nada feliz com a tarefa, notei sua determinação ao soltar com ímpeto o que já estava preparada a dizer.

— Minha mãe disse que não devo me aproximar de você. — Depois fez uma pausa. — Sinto muito, mas todas nós recebemos a mesma instrução.

Fiquei parada no pátio da escola, segurando minha bolsa junto ao corpo, anestesiada demais para sentir qualquer emoção, e vi a diretora suplente se aproximar.

— Antoinette, não esperávamos que viesse hoje. Escrevemos para a sua mãe. Ela não recebeu a carta?

Contei a ela que as correspondências sempre chegavam depois que eu saía para a escola, e sua única resposta foi franzir os lábios, enquanto seus olhos pequenos e escuros passavam do meu rosto a um ponto acima do meu ombro. Fiquei em silêncio, na esperança vã de poder adiar o que sabia estar por vir. Finalmente, ela voltou a falar.

— Você não pode frequentar esta escola. Sua mãe receberá a carta hoje. — Ela deve ter notado minha expressão aflita ao me olhar com desgosto, mas sua única resposta ao meu apelo silencioso foi outra pergunta.

— O que você esperava depois de todo o escândalo que causou? Estamos sabendo de você e seu pai. Recebemos ligações de pais, a administração da escola foi consultada e tivemos uma reunião sobre você. A decisão é unânime: você foi expulsa. Sua mesa e armário foram esvaziados. Venha à minha sala agora para recolher seus pertences.

Sentindo o peso da desgraça, demonstrei minha revolta.

— A culpa não foi minha — protestei. — Ele me obrigou.

— O quê, todas as vezes? Não torne as coisas ainda piores.

Depois, cumprido seu desagradável dever, ela me levou ao portão.

— Não tente entrar em contato com nenhuma das meninas. Os pais delas não querem que se aproximem de você — foram suas palavras de despedida, e me afastei do prédio em que, durante oito anos, passara a maior parte de minha vida escolar. Foi ali que eu havia tentado fazer as primeiras amizades, do tipo que, uma vez formadas, duram para a vida toda. Mordi

Não conte para a mamãe

a bochecha por dentro para não chorar, enquanto pensava no que poderia fazer para adiar a volta para casa.

Eu sabia que minha mãe já teria recebido a carta. Perguntei-me com tristeza qual seria sua reação, temendo retornar a ela e à barreira de gelo que ela erguera entre nós. Um muro que nunca aceitei fora construído de modo constante, tijolo por tijolo, ao longo de oito anos, desde que eu tinha seis. Agora era impossível de transpor. Quando lhe contei da gravidez, o último tijolo foi colocado, e a frieza indicava que, com ele, os últimos fios do amor que ela poderia ter sentido algum dia estavam agora acabados. Fui andando, segurando minha bolsa cheia, agora com os livros que ficavam no meu armário. Com certeza, pensei com angústia, minha avó me receberia, pois me ama, e com essa esperança, meus passos me levaram à sua casa.

Ela me deixou entrar e foi para a cozinha fazer chá. Não fez nenhuma pergunta sobre por que eu estava ali numa manhã de aula, e isso me preparou para o que os minutos seguintes trariam. Ela me deu uma xícara de chá à mesa e sentou-se na minha frente. Parecia preocupada e abatida pela culpa do filho e pela decisão que considerava necessário tomar. Do modo mais delicado possível, ela me informou a conclusão da família quanto à melhor maneira de lidar com a situação.

— Eu sabia que você viria hoje. Sei o que Nora planeja dizer a você. — Ela deve ter notado pela minha expressão que eu já havia passado na casa da prima de meu pai. Ela deu um suspiro e estendeu a mão sobre a mesa para colocá-la sobre a minha.

— Antoinette, ouça. Seu pai é meu filho mais velho, e o que ele fez é errado... sei disso, mas não podemos aceitar que você venha aqui.

Fiquei olhando para ela, deprimida. Ela estava pronunciando as palavras que, no fundo, eu vinha temendo ouvir. Coloquei a xícara sobre a mesa e fiz uma pergunta cuja resposta eu já sabia.

— Vocês todos sentem o mesmo?

— Sim, volte para a sua mãe. Seria melhor se ela a levasse para a Inglaterra. É a terra de vocês duas.

E esse foi o seu adeus a mim, porque nunca mais a vi.

Ergui os ombros e, pela primeira vez, não me despedi dela com um beijo. Em vez disso, saí da casa e segui pela rua, onde ninguém me cumprimentou. Pensei no acolhimento da casa de meus avós, no amor que eu recebera lá. Lembrei-me dos sorrisos de boas-vindas quando chegamos da Inglaterra e vi seus ombros caídos diante da compreensão do que o filho havia feito. Eu já sentia a perda de minha família, pois sabia que nunca mais os teria de volta. Percebi que, com o passar dos anos, ele seria perdoado, mas eu, um dia amada, mas não tanto quanto ele, não seria. Não tendo mais aonde ir, tentei não pensar mais nessa perda final e fui para casa enfrentar minha mãe.

As semanas que antecederam a venda da casa e do carro de meu pai transcorreram com frieza, a ponto de ser preferível passar pela abominação dos olhares e sussurros da cidade para fazer compras a ficar em casa. Eu havia esperado, pelo menos, alguma compreensão, até mesmo compaixão, do mundo dos adultos, mas, no fim, pequenas gentilezas vieram dos lugares mais inesperados. Nossos vizinhos da casa ao lado, que devem ter ouvido algum barulho dos ataques de meu pai no passado, convidaram-nos para jantar. O marido ofereceu ajuda para quaisquer serviços pela casa que pudéssemos precisar para conseguir o melhor preço na venda, e a esposa ofereceu ajuda na mudança. Em seguida, foi o dono da mercearia, a única pessoa que se dirigia a mim.

— Você é sempre bem-vinda aqui — disse-me ele. — Ouvi as histórias e quero que saiba que meu ponto de vista é diferente da maioria que tem encontrado. Se alguém for rude com você aqui, vai ter que sair da minha loja. E já estão sabendo disso também.

Ninguém foi rude — apenas me tratavam como se eu fosse invisível, enquanto eu, de cabeça erguida, sem olhar para os lados, fazia as compras para nós duas.

Minha mãe manteve a palavra e, fora uma ou outra visita aos vizinhos, a quem até então ela sempre se sentira superior, nunca saía de casa para se aventurar pelas ruas de Coleraine. Somente quando a casa foi vendida e estávamos prontas para mudar para Belfast, ela me contou quais eram seus planos. Ela arranjara uma casa para alugar no mal-afamado bairro de Shankhill, pois era só o que podíamos pagar. Ela não poderia voltar à Inglaterra: não tinha nenhuma intenção de deixar que a família soubesse onde seu marido estava, e, pela mesma razão, eu não poderia ir para lá. Eu teria de encontrar emprego em Belfast, uma realidade com a qual já havia me conformado. Eu decidira procurar um emprego em que pudesse morar, o que traria dois benefícios — teria independência e estaria longe de minha mãe. Concluí que Judy não poderia ir comigo e sabia o quanto sentiria sua falta, mas minha mãe também a amava e eu sabia que ela iria cuidar da cachorrinha se eu não estivesse presente. Minha necessidade de escapar da culpa constante superava qualquer outra emoção. Meu sonho há muito desejado de morar sozinha com minha mãe, sem meu pai, tornara-se um pesadelo. Eu ainda a amava, ansiava por um sinal de compreensão e afeto de sua parte, mas ela, mergulhada na própria depressão, não tinha nada a me dar. Dois meses após o julgamento, fizemos a mudança e chegamos a Belfast.

Achei as ruas de casas pequeninas de tijolos vermelhos, com portas que davam direto para a calçada, semelhantes às do bairro de meus avós, mas maiores e mais interessantes. Ali havia diversas lojas, um bar em cada esquina e um fluxo constante de pessoas. Como era previsível, minha mãe odiou o lugar, em princípio. Ela sentia que aquele era o fim do seu sonho de vida na Irlanda. Era o fundo do poço, e ela estava lá sem ter nenhuma culpa. Agora, uma fúria contida, alimentada por seu ressentimento para com a vida, parecia arder dentro dela. Um rancor não apenas pela posição em que se encontrava, mas também em relação a mim. Deixei passarem dois dias e disse a ela que, agora que estávamos instaladas, começaria a procurar emprego no dia seguinte.

Capítulo Vinte e Sete

Pela manhã, procurei com ansiedade vagas nos classificados de empregos, circulando todos os anúncios que incluíam a oferta de moradia. Eu queria sair de casa o mais rápido possível. Em seguida, armada com um saco de moedas, caminhei até a cabine telefônica.

A primeira ligação que fiz foi atendida por uma moça simpática que me disse estar precisando de ajuda com dois filhos pequenos. Como ela e o marido tinham uma vida social agitada, haveria uma média de quatro noites por mês para cuidar das crianças, motivo pelo qual a moradia estava inclusa. Ela me perguntou se isso seria um problema. Assegurei-lhe de que não tinha nenhum desejo de sair à noite, exceto para visitar minha mãe. Marcamos uma entrevista no mesmo dia.

Com uma sensação de ter conseguido realizar algo importante, não apenas por ter marcado a entrevista, mas pela possibilidade de logo ter um lugar para morar, fui para casa escolher uma roupa apropriada. Decidi por uma saia azul-marinho, cardigã e suéter combinando, verifiquei se estavam bem-passados e deixei sobre a cama. Lustrei meus sapatos pretos de salto gatinho até conseguir ver meu reflexo neles. Em seguida, separei roupas de baixo limpas e verifiquei a meia-calça.

Quando fiquei satisfeita com o conjunto, desci à cozinha, onde fervi panelas de água para lavar meus cabelos bem cortados e tomar um banho completo. Passei com cuidado a maquiagem diante do espelho manchado, apoiado na parede ao lado da pia da cozinha. Um pouco de base bem espalhada e um toque de rímel, seguido de batom rosa claro.

Sabendo que minha antiga escola provavelmente não me daria referências, depois de me vestir, coloquei na bolsa meu último boletim escolar, que elogiava tanto minhas habilidades escolásticas quanto meu comportamento exemplar. Eu esperava que isso fosse o suficiente para minha potencial empregadora e que ela não achasse necessário pedir confirmações por escrito. Ensaiei diversas vezes e com cuidado a história sobre como uma aluna com tantos As estava procurando emprego de babá, até considerar crível.

Dei uma última olhada no espelho para verificar se minha aparência estava satisfatória, peguei a bolsa e, armada com o sotaque de escola particular, meu boletim escolar e minhas mentiras bem-ensaiadas, saí de casa.

O primeiro ônibus me levou ao centro de Belfast e, depois de uma caminhada breve até o outro ponto, fui levada à área mais sofisticada de Malone Road. Ali perto eu sabia que ficava a universidade para a qual eu já admitira que nunca poderia entrar.

Quando cheguei ao destino, andei uma distância curta até a casa. Antes que eu batesse à porta, ela foi aberta por uma mulher bonita e sorridente de vinte e poucos anos. Ela segurava uma criança pequena e gorducha nos braços, de sexo indeterminado, apenas com um macacão azul para me dar a dica.

Não conte para a mamãe

A segunda criança, uma menina pequena, chupando o dedão, agarrou a saia da mãe e me observou com curiosidade.

— Não dá para apertar as mãos — disse a jovem, rindo, e recuou para que eu entrasse. — Você deve ser Toni. Meu nome é Rosa. Pode entrar.

Acompanhei-a até uma bela sala em tons pastel, em que um chiqueirinho ocupava boa parte do espaço. Ela se curvou e colocou a criança dentro do cercado com cuidado, indicou uma cadeira para mim e sentou-se, examinando com atenção.

Era óbvio que Rosa, por mais simpática que fosse, tinha uma lista de perguntas para qualquer um a quem fosse confiar parte do cuidado de seus filhos. Eu tinha esperança de passar no teste. A primeira pergunta, que escola eu frequentara, eu esperava, e respondi de modo natural. Para a segunda pergunta, por que eu saíra tão cedo da escola, eu tinha minha resposta ensaiada pronta. Omiti as várias escolas que frequentara e dei a impressão de que só estudara em uma. Expliquei que não tinha bolsa, o que me preparou para a mentira maior. Meu pai havia morrido de forma trágica meses antes, deixando muito pouco dinheiro. Enfeitei mais a ficção, dizendo que o único motivo pelo qual minha mãe e eu nos mudáramos de Coleraine para Belfast fora a busca por trabalho. Vendo a solidariedade crescer no olhar dela, lancei minha última fala com confiança.

Minha mãe não apenas havia perdido o marido, mas tinha sido forçada, pela falta de dinheiro, a se mudar de uma casa agradável para Shankhill Road, lugar menos salubre. Meu desejo, expliquei, era ajudá-la no aluguel, o que eu pensava só ser possível se morasse no emprego, livrando-a assim de toda a responsabilidade de me sustentar.

Deu muito mais certo do que eu esperava. Antes de colocar a cereja no bolo, que seria meu boletim escolar, eu sabia que o emprego era meu, e meu medo de que ela pedisse referências por escrito era infundado. Depois de mais uma hora de conversa e de começar a conhecer seus dois filhos, o bebê David e Rachael, combinamos que eu me mudaria com meus pertences no dia seguinte. Rosa passaria um tempo comigo, mostrando minhas tarefas.

À noite, ela e o marido, que era um médico muito ocupado, como ela me explicara com orgulho, costumavam jantar fora. Na ausência deles, meu trabalho seria pôr as crianças para dormir, e depois eu teria permissão para ver TV na sala de estar.

Ao voltar para casa naquela tarde, tive uma sensação de liberdade. Eu sabia que Rosa e os filhos tinham gostado de mim. Pela primeira vez em muitos meses, pensei ter conhecido pessoas que me julgaram pela pessoa que eu era e não pelo que sabiam sobre mim. O que eu não entendia era que, enquanto as crianças gostavam de mim por quem eu era, Rosa gostava da pessoa que eu inventara para ela: Toni, a adolescente bem-criada que, como lhe contei, não tivera sequer um namorado. Gostava da garota cujos interesses eram livros e animais, cuja única ambição era se tornar uma babá e cujo desejo era ajudar a mãe viúva. Eu descrevera minha família irlandesa, com quem eu aprendera as habilidades para cuidar de crianças, mas não mencionei que agora estava proibida de frequentar suas casas.

A sensação de confiança durou as duas jornadas de ônibus, e não vacilei ao entrar em nossa pequena casa. Minha mãe já estava em casa, e eu sabia, com desânimo, que seu ar deprimido significava que não tivera sucesso na entrevista de emprego.

Não conte para a mamãe

— Mamãe — disse num impulso —, consegui um emprego. É para morar lá e começo amanhã. O salário é de três libras por semana, além da alimentação; então posso ajudar você com o dinheiro.

Ela olhou para mim sem entender.

— E o que vai fazer? — indagou após alguns minutos.

— Cuidar das crianças e ajudar no serviço da casa — respondi, sabendo o que viria em seguida.

— Ah, Toni, eu esperava algo tão melhor para você — exclamou ela, fazendo com que me sentisse culpada por decepcioná-la mais uma vez.

Foi essa culpa que me deixou ainda mais determinada a sair de casa. Assim, ignorei seu comentário e falei com entusiasmo, que estava começando a perder, sobre Rosa, as crianças e a bela casa em que iria morar.

— Vou comer com a família quando eles estiverem em casa — continuei.

— Se eles soubessem sobre você, não comeria — informou-me de modo inexpressivo. — Mas, sem dúvida, você vai gostar de ver TV. Eu também ia gostar, se pudesse.

Na superfície, eu me negava a deixar que a depressão de minha mãe me atingisse, mas, no fundo, eu ainda sentia falta de afeto, carinho. Mas não recebi nenhum. Passei da adolescente responsável aos olhos de Rosa para a filha egoísta aos de minha mãe.

Ficamos em silêncio na pequena sala de estar, ouvindo rádio e lendo. Depois de um jantar leve, subi para fazer a mala com meus poucos pertences.

Rosa me dera algumas moedas para os gastos com meu transporte; então, pelo menos, não tive que pedir nenhum dinheiro à minha mãe na manhã seguinte. Parada à porta, olhei para ela, lutando contra sentimentos que ainda não sabia reprimir, mas achava impossível demonstrar.

— Nos vemos na semana que vem, no meu dia de folga — disse por fim, ao pegar a mala. Abri a porta e saí. Ela, como de costume, não disse nada.

Ao chegar a meu novo lar, Rosa me levou ao meu quarto, onde desfiz a mala rapidamente, ávida para ir à cozinha e encontrar as crianças. Tive minha primeira lição sobre como alimentar crianças menores de quatro anos, o que me trouxe lembranças de minha priminha quando tinha essa idade.

Logo notei que minha rotina seria simples. Na minha primeira noite, antes de dar banho nas crianças, fui apresentada ao marido de Rosa, David pai, que apertou minha mão com seriedade e disse que esperava que eu fosse feliz com eles.

Dar banho nas crianças resultou em sons de risadas gostosas, enquanto eu transformava brinquedos flutuantes em submarinos e os fazia mergulhar debaixo das crianças cobertas de espuma. Ao ouvirem o barulho, David e Rosa, vestidos para sair, foram se despedir. Evitando o sabão, deram beijos de boa-noite nos filhos e me deixaram no comando.

Naquela primeira noite, assim como nas seguintes, tirei os corpinhos gorduchos e irrequietos da banheira, envolvi-os em toalhas felpudas e sequei, esfregando com vigor. Fiquei pensando se, com a promessa de uma última leitura, eles iriam para o quarto sem reclamar. Primeiro, o bebê David foi colocado no berço, depois cobri Rachael na cama e li para os dois a história escolhida por ela. Quando começaram a fechar os olhos, dei um beijo na cabeça de cada um e desci para ver televisão.

Não conte para a mamãe

Durante as semanas seguintes, desenvolvi um afeto profundo pelas crianças. Quando eu brincava com elas, David segurava o meu dedo com a mãozinha gorducha, dando um sorriso enorme e sem dentes para mim. Rachael sentava-se no meu colo com uma expressão grave, ao se concentrar na história que eu lia para ela. Quando eu levava David para o parque no carrinho, ela me ajudava a empurrar, mas nunca deixava de segurar minha mão.

Eu fazia o almoço deles seis dias por semana, e comia junto. Quando as crianças tiravam o cochilo da tarde, eu e Rosa costumávamos conversar. Às vezes ficávamos em seu quarto, onde ela provava roupas novas e pedia minha opinião.

Aconchegada no ambiente de ternura da família, comecei a fantasiar que era parte dela. Acabei esquecendo que Rosa, embora amigável, não era uma amiga minha, e que eu trabalhava para ela e o marido. Tentei conquistar o afeto de Rosa, oferecendo-me para fazer tarefas extras, como preparar o seu chá ou ajudar a passar roupas. Ela, por outro lado, parecia até se divertir com minhas atenções e obviamente não fazia nada para desencorajá-las.

O clima na casa sempre parecia feliz. Ficava claro que David e Rosa não apenas eram pais amorosos, mas também cuidavam muito um do outro. Eles me faziam lembrar a família de tia Catherine e, a cada dia, me sentia com sorte de estar ali. Eu sempre tomava o cuidado de estar no andar de cima ou na cozinha com as crianças no horário em que David voltava para casa, por notar que ele e a esposa valorizavam o tempo que passavam juntos quando ele chegava. Observei que, ao ouvir o barulho do carro na entrada da casa, ela corria para abrir a porta para ele.

Por saber disso, fiquei surpresa quando, uma noite em que não tinham planos para sair, os dois entraram no banheiro. Eu estava ajoelhada, dando banho nas crianças. Senti a presença deles antes de ouvir a voz de David.

— Antoinette — ouvi vagamente. — Esse é o seu nome, não é?

Olhei para ele, e ele viu a verdade no meu olhar.

— Minha esposa vai terminar o banho das crianças. Vou falar com você lá embaixo.

Tudo parecia estar em câmera lenta. Levantei-me com as pernas trêmulas e tentei olhar Rosa nos olhos, buscando alguma ajuda, mas ela desviou o rosto ruborizado. Ao sentirem a tensão dos adultos, as crianças olhavam, confusas, e voltaram o rosto para mim, perguntando-se por que eu havia parado de brincar com elas de repente.

Baixei lentamente a esponja ensaboada que pingava no chão e o segui, calada, até a sala de estar. Sem que ele me indicasse um assento, permaneci de pé, vendo a expressão rígida que vira tantas vezes no rosto de outras pessoas.

— Seu pai não está morto, está? — perguntou ele, de modo desnecessário, num tom que me dizia já saber a resposta. — Está preso, e você tem sorte de não estar num abrigo. Pois bem, você certamente não vai ficar nesta casa por mais uma noite. Vá direto para o quarto e faça as malas, depois permaneça lá até que eu chame. Eu a levarei de carro à casa de sua mãe.

Tentei me defender.

— A culpa não foi minha, o juiz disse isso. — Aleguei, sem pensar, desesperada para que ele acreditasse em mim e me deixasse ficar.

Um olhar de tamanha aversão e desprezo surgiu em seu rosto, fazendo-me murchar por dentro.

Não conte para a mamãe

— Ora, não é dos filhos dele que você está cuidando, é? Você se manteve em silêncio por sete anos. Foi somente a necessidade de abortar que fez com que falasse. Você mentiu até mesmo para o médico, com quem falei hoje à tarde. Foi expulsa da escola porque outros pais, com toda razão, a julgaram uma presença inadequada para os filhos. — Senti a raiva dele aumentar. — Quero que saia daqui ainda hoje! — Falou de modo tão decisivo que entendi que a minha vida feliz naquela casa havia acabado.

Ao sair da sala, ainda ouvi sua voz, seguindo-me.

— Rosa concorda comigo, caso você pense que não. Ela não quer ver você; portanto, vá direto para o quarto.

Fui, determinada a não chorar. Isso viria mais tarde, em particular, disse a mim mesma.

A porta do quarto de Rosa estava fechada, mas pude ouvir o murmúrio de sua voz, entremeado pelos tons mais agudos de Rachael. Eu sabia que ela fechara as crianças lá para me evitar.

Passei a meia hora seguinte num estado de torpor, guardando meus poucos pertences e aguardando, sentada na cama, que David batesse à porta.

— Pegou tudo? — foram as únicas palavras que ele dirigiu a mim depois de ir me buscar no quarto, colocar-me com firmeza no banco de trás do carro, junto com a mala, e seguir da área residencial e arborizada de Malone Road até as ruas estreitas e mal-iluminadas de Shankhill. Ao chegarmos à casa de minha mãe, ele bateu à porta, segurando meu braço com firmeza, e esperou que ela abrisse para então me soltar. À luz da única lâmpada na frente da casa, minha mãe fez um olhar de resignação.

— Estou devolvendo sua filha, sra. Maguire — foi só o que ele disse antes de voltar para o carro e ir embora.

As horas de escuridão vieram, e fui engolida por ondas de sofrimento. Ouvi a voz de meu pai em meus ouvidos: "Sua mãe não vai mais te amar, se você contar. Todos vão culpar você." Eu agora sabia, com certeza absoluta, que o que ele previra era verdade. Invoquei um único rosto gentil, o do juiz, e ouvi sua voz me dizendo: "A culpa não é sua, lembre-se disso, porque as pessoas vão culpá-la."

Exausta, saí da cama, joguei água fria no rosto, e me vesti às pressas. Pela segunda vez em alguns meses, fui comprar o jornal. Segui para um café, onde circulei as vagas de emprego que não exigiam qualificações e ofereciam acomodação, temendo ligar para alguém que conhecesse David e Rosa.

Um anúncio chamou a minha atenção: "Grande casa de campo precisa de babá para auxiliar no cuidado de duas crianças pré-escolares. Acomodação e bom salário para a candidata certa."

Depois de ligar para marcar a entrevista na tarde daquele mesmo dia, vesti as mesmas roupas que usara muitas semanas antes. Dessa vez, não senti nenhum entusiasmo, nenhuma sensação de estar começando uma vida nova, apenas o cansaço de me conformar com o que o futuro me reservava. Mais uma vez, peguei o ônibus para o centro de Belfast, depois o que me levaria ao destino final. Ao chegar, não vi os arbustos irregulares e as árvores altas de minhas lembranças de Cooldaragh, mas cercas podadas com esmero que levavam a uma casa de estilo georgiano, com janelas altas e estreitas diante da grama bem-aparada. Não havia rododendros grandes o suficiente para as crianças brincarem, nem riachos gotejantes onde pudessem encontrar rãs. Em vez disso, círculos de terra com roseiras davam a única coloração para quebrar o verde uniforme.

Não conte para a mamãe

Nem havia Rosa, sorridente e com olhos brilhantes, para abrir a porta para mim. Uma mulher loura, de aparência fria, tão arrumada quanto seus jardins, abriu a porta. Ao ser levada pelo corredor até a sala de estar de cores combinadas, com arranjos de rosas nos vasos de cristal sobre pequenas mesas de mogno, fiquei me perguntando onde estariam as crianças. A pergunta não feita foi respondida quando ela me disse que estavam no quarto com a ajudante temporária.

Mais uma vez, minha história ensaiada realizou o efeito desejado. Mais uma vez, ficou acertado que eu moraria no emprego e receberia três libras por semana. Dessa vez, eu teria uma televisão no quarto e não faria parte da família, mas ficou combinado que jantaria com eles. Depois de cumpridas tais formalidades, fui levada para conhecer as duas crianças, de novo um menino e uma menina, ambos com a mesma beleza loura da mãe. Pensei, então, que, numa casa tão organizada, o menino ter vindo primeiro era exatamente o que teriam escolhido.

Enquanto aguardávamos seu marido, uma empregada trouxe pratos de sanduíches sem casca. O chá, num bule grande de prata, foi servido em xícaras finas de porcelana, e o açúcar, adicionado com pequenas pinças de prata, enquanto eu me inclinava da ponta da poltrona de veludo. Ela me contou que o marido era banqueiro, que a última babá tinha ido para a Inglaterra e que queria alguém que ficasse até as crianças atingirem a idade escolar, um e dois anos, respectivamente.

Concordei com isso — afinal, que escolha eu tinha? Ficava claro que eu e ela jamais seríamos amigas. Eu era apenas uma empregada. Então me perguntei se talvez não fosse melhor assim. Pelo menos, eu não teria nenhuma ilusão de fazer parte de uma família que não era minha.

De modo breve, antes de minha saída, fui apresentada ao marido, um homem alto e magro de trinta e poucos anos que sorriu com educação, mas não com o olhar.

Mais uma vez, peguei os dois ônibus até a casa de minha mãe, fiz a mala e contei-lhe sobre o novo emprego. Pela primeira vez, ela parecia feliz: ela finalmente conseguira um emprego, como gerente de um café. Contou que gostara muito do dono, um jovem entusiasmado de vinte e oito anos, que acabara de abrir o próprio negócio.

Na elegante casa georgiana, a solidão fria do meu isolamento parecia penetrar meus poros. A cada dia que passava, eu me sentia mais entorpecida. Eu jantava com a família quase todas as noites, depois ia ao meu quarto para ler ou ver televisão. Não sentia nenhum vínculo com aquela família. Ainda sentia a falta de Rosa e seus filhos, e do afeto que vivenciara em sua casa.

No meu quarto dia de folga, sabendo que minha mãe estava trabalhando, fui visitá-la no Café. Ela estava transformada: novo corte de cabelo curto, maquiagem bem-feita, batom vermelho combinando com o esmalte, tudo lhe conferia uma aparência jovem e moderna. Ela me deu um sorriso animado, mas o amor que eu buscava não estava em seu olhar.

— O que está fazendo aqui? — perguntou ela.

— Podemos tomar um café juntas? — falei, mas estava pensando: "Estou aqui porque sinto saudades de você."

— Ah, querida — respondeu ela —, é claro que podemos tomar um cafezinho rápido, mas logo é hora do almoço, e temos muito trabalho.

Ficamos no salão e fomos servidas por uma garçonete jovem, de uniforme rosa vivo e creme, diferente do uniforme da maioria das garçonetes de Belfast, que ainda usavam preto e branco.

Não conte para a mamãe

Minha mãe perguntou se eu estava gostando do meu trabalho e da família. Descrevi tudo em detalhes, a casa, os jardins, as crianças, mas não mencionei o fato de que, embora tudo fosse mais luxuoso que na casa de Rosa e David, faltavam o afeto e a diversão.

Eu sabia, no entanto, que para minha mãe eu estava descrevendo a casa dos seus sonhos, mas para mim era uma casa, não um lar. Menos de uma hora depois, após um abraço rápido e mais um sorriso radiante de minha mãe, eu estava de volta na calçada, com o restante do meu dia livre pela frente.

Um caleidoscópio de rostos com expressões variadas que iam do desprezo à raiva flutuava diante de mim, e suas vozes ressoavam em meus ouvidos. Primeiro, veio a de meu pai. Seu sorriso zombeteiro surgiu, enquanto me dizia repetidas vezes: "Sua mãe não vai mais te amar, se você contar. Todos a culparão." Em seguida, o olhar fixo e enraivecido de minha mãe na noite em que eu sangrava até a morte, e suas palavras sussurradas ao médico, dizendo a ele para me mandar ao hospital mais distante. A expressão inflexível de minha avó, sem mais nenhum sinal de amor. A aversão no rosto de minha prima Nora quando abriu a porta, protegendo a filha de mim. As vozes de todos eles ecoavam juntas na minha cabeça.

"Antoinette, você não é bem-vinda. Sabemos de você e seu pai. Vá embora, não volte mais. Não volte nunca mais."

Senti a dor de cada rejeição mais uma vez. As lágrimas embaçaram minha visão, e revivi a última, de quando David me expulsou de sua casa. O desespero que lutei para reprimir enquanto guardava meus poucos pertences, enfiados às pressas em minha única e pequena mala, voltou e se alojou em mim. O orgulho, única arma que me restara, desapareceu e, em seu lugar, surgiram a mágoa e a autopiedade. Eu não conseguia mais ver a vaga luz no fim do túnel escuro da minha vida. Ela simplesmente se apagara.

Concluí que ninguém jamais poderia me amar. Ninguém jamais me amara, não quem eu era de verdade. Sim, amaram a menina bonita de vestidos bordados, a criança inteligente que tirava boas notas, a adolescente prestativa, sempre pronta a ajudar com seus filhos. E quem amara a adolescente grávida, a criança que conhecia o sexo, a menina amedrontada? Nem sequer minha mãe.

Por toda parte, eu via grupos de amigos, ou casais felizes. Pessoas que tinham família, que eram amadas. Eu permanecia isolada, estranha a todos, invisível num mundo hostil, no qual eu só havia sido feliz nos seis primeiros anos de meus quinze. Felicidades momentâneas passavam por mim, mas nunca ficavam. A rejeição, a emoção mais difícil de lidar, trancara-me numa jaula mental. Eu não via nenhuma porta que desse para o mundo das pessoas. A única porta que eu tinha era a da saída.

Eu poderia ficar naquela jaula em que nenhum amor, companhia ou mesmo aceitação jamais estavam presentes? A única resposta era "não", a única opção era partir.

Sabendo que o uísque amortecia a dor, fui até o bar mais próximo. Em meu estado invisível, pedi uma dose dupla naquele refúgio dominado por homens e virei tudo com avidez. O barman viu que eu poderia me embebedar e me recusou o segundo.

— O que há, amor? Problemas com o namorado? Vai encontrar outro, uma menina bonita assim.

As palavras deles pareciam vir de longe. A paranoia juntou-se ao desespero e, em vez de ouvir gentileza em sua voz, ouvi tons de zombaria e deboche.

Não conte para a mamãe

Deixei o calor do bar e, presa a uma fria determinação, fui até uma farmácia. Comprei um frasco grande de aspirinas e um pacote de lâminas de barbear. Ainda invisível, fui até uma loja de bebidas alcoólicas e fiz minha última aquisição, uma garrafa de uísque Bush Mill's. Armada com meu kit de saída de emergência, fui a um banheiro público.

Um rosto pálido aparecia no espelho enquanto eu me embriagava, engolindo o uísque e as aspirinas. A mistura subiu à garganta, e meus olhos lacrimejavam cada vez que eu engasgava. Mais uísque e mais pílulas desceram, até que a garrafa e o frasco ficaram vazios. Joguei-os no lixo e entrei numa cabine. Baixei a tampa do assento para me sentar e abri a embalagem de lâminas. Peguei uma e me cortei de modo sistemático, começando no pulso e subindo cinco centímetros. Quinze cortes, um para cada ano da minha vida que eu não queria mais. O sangue escorreu aos poucos sobre minhas mãos, entre os dedos, gotejando no chão. Observei a jornada, em transe, perguntando-me quanto tempo meu corpo levaria para esvaziar. Minhas pálpebras ficaram pesadas e começaram a se fechar, o mundo escurecia, e um zumbido se instalou em meus ouvidos. Senti que escorregava para o lado, senti o frio da parede onde minha cabeça estava apoiada. Depois não senti mais nada.

Capítulo Vinte e Oito

Palavras indistintas de duas vozes penetraram minha consciência. A primeira era grave e masculina, a segunda tinha os tons mais agudos de uma mulher.

— Sabemos que está acordada. Vamos, abra os olhos — disse a voz masculina.

Uma mão macia e fria pegou a minha, e ouvi a voz feminina.

— Vamos, querida, queremos ajudá-la. Abra os olhos agora.

Com relutância, fiz o que pediram.

Eu estava deitada na cama de um quarto pequeno e branco. Meus lábios lutavam para formar palavras, e havia uma sensação peculiar na boca. Um objeto impedia que qualquer som saísse. Minha língua tocou algo sólido e duro. Então, percebi que essa coisa dura vinha lá de dentro de mim, até a garganta, saindo pelos lábios.

Duas pessoas entraram em foco, e vi que uma era enfermeira, e a outra, vestindo paletó de tweed, com um colarinho eclesiástico, era um padre. Aos poucos, percebi que estava num hospital e engasguei quando um fluxo de vômito, quente e ardente, subiu à garganta. Mãos me estenderam uma bacia, e completando a tarefa do objeto em forma de tubo, que depois soube ser uma sonda de lavagem gástrica, meu corpo se ergueu no esforço de jogar todas as toxinas para fora.

Não conte para a mamãe

Quando o ataque terminou, fiquei deitada, ouvindo um zunido constante. Um desejo de voltar a dormir me levou a fechar os olhos, mas as vozes não queriam me deixar ir embora tão facilmente.

Elas me perguntavam quem eu era e onde morava, mas eu mesma mal sabia as respostas. Alguém segurou minha mão e, gostando da sensação de conforto, apertei a outra mão com força.

— Vamos, abra os olhos de novo — disse o padre. — Nós a deixaremos dormir depois que responder a algumas perguntas.

Forcei minhas pálpebras a ficarem abertas mais uma vez e encontrei olhos azuis e amáveis olhando para mim, expressando apenas preocupação. Foi a bondade que vi ali que me fez chorar, engasgando com os soluços que fizeram meu corpo chacoalhar tanto quanto o vômito. A mão da enfermeira ainda segurava a minha, e a dele limpava meu rosto.

Ouvi sons reconfortantes, como os que as mães costumam fazer para os bebês. Aos poucos, fui me sentindo mais calma, o choro parou, e quando ele me perguntou meu nome de novo, respondi que era Antoinette, embora tivesse passado a odiá-lo. Antoinette era o nome pelo qual "ele" me chamava, o nome pelo qual a mãe dele se referia a mim e o nome que a escola usara ao me expulsar. Eu não conseguia entender Toni, a pessoa que eu queria ser.

A pergunta seguinte foi feita: quantos anos eu tinha.

— Quinze — respondi e me preparei para a pergunta que eu sabia ser a próxima.

— Antoinette, por que você fez isso?

Meu olhar desceu para minhas mãos, e vi os pulsos enfaixados. A compaixão na voz dele me fez chorar mais uma vez, agora em silêncio. As lágrimas desceram sem controle, até que consegui contar, com dificuldade, parte de minha história. Contei-lhes que meu pai estava preso porque me engravidara, que eu não tinha um lar e ninguém me queria. Eu não queria viver porque não tinha nada pelo que viver.

Eu não podia me forçar a abrir todas as feridas, a contar a eles todas as rejeições que eu sofrera, e como elas me fizeram sentir que eu não tinha valor algum e não era amada por ninguém. Ou a culpa que eu sentia porque a vida de minha mãe estava em ruínas e eu sabia que ela me responsabilizava por isso. Tampouco falei do sonho que havia alimentado, de que, quando meu pai fosse descoberto, os adultos viriam me cercar de amor e cuidados. Não contei que sonhara com minha mãe me livrando dele e me levando a um lugar seguro. A realidade do que ocorreu após a descoberta do "nosso segredo" fora além do que eu pudera suportar. Não expliquei que sentia um formigamento da nuca, nem descrevi as sensações de queda e náusea que invadiam meu estômago toda vez que entrava numa loja e sentia o silêncio pesar. Eu sempre sabia que o burburinho das conversas que aumentavam no momento em que saía era sobre mim.

Aos poucos, passei a me ver pelo olhar dos outros, alguém a ser ignorada a ponto de acabar desaparecendo. Eu era uma pessoa tão contaminada que os outros temiam que o simples fato de reconhecer minha existência também os difamaria.

Eu não apenas não tinha nada, como não *era* nada. E, no entanto, ainda havia uma pequena faísca de orgulho que me impedia de falar sobre tais sentimentos. Nunca falei. Era quase como se eu esperasse que, ao não verbalizá-los, poderia fazer com que deixassem de existir.

Ouvi a enfermeira respirar fundo antes de fazer a próxima pergunta.

Não conte para a mamãe

— O que aconteceu com o bebê? — Talvez ela imaginasse que dera à luz e o deixara à porta de alguém. Fiquei furiosa que ela pudesse pensar algo assim de mim.

— Eles me obrigaram a abortar — respondi com ousadia. Não era esperado que uma pessoa de quinze anos falasse dessa maneira.

— Antoinette, se você fosse liberada, tentaria de novo? — perguntou a enfermeira, mas nenhum dos dois se deu ao trabalho de esperar a resposta, pois já estava claro qual seria.

O padre pegou o endereço de onde eu trabalhava e prometeu buscar minhas roupas, enquanto a enfermeira me deu uma bebida gelada, e caí no sono mais uma vez, ainda com o ruído constante nos ouvidos — resultado dos venenos que eu colocara no corpo.

Quando voltei a despertar, outro homem estava sentado ao lado da cama.

— Antoinette, quer beber algo? — perguntou de modo gentil ao ver meus olhos tremularem.

— Chá — respondi com a voz rouca. Minha língua parecia não caber na boca, e a garganta doía.

O zumbido estava mais fraco, mas a cabeça latejava de dor.

— Podem me dar um analgésico? — perguntei com fraqueza.

— Isso vai ter que melhorar de forma natural — respondeu ele. Em seguida, como se decidisse que eu merecia uma explicação, continuou: — Levamos um tempo para tirar aspirinas de você. — Fez uma pausa antes de prosseguir. — Antoinette, sou médico, mas da mente, psiquiatra. Sabe o que isso significa?

Confirmei com a cabeça. Não me interessava nem um pouco quem ele era. Eu só queria beber o chá e voltar a dormir. Ele, no entanto, não terminara de dizer o que queria.

— Acertei uma transferência para você, ao hospital psiquiátrico da cidade. Eles saberão como tratá-la. Está sofrendo de uma doença; chama-se depressão profunda.

Essa era uma afirmação com a qual pude concordar. Ele me deu um tapinha no ombro, garantiu que logo me sentiria melhor e saiu. Era uma garantia na qual eu não confiava. Minutos depois, ainda vestindo as roupas do hospital, segurando minha mala, que o padre buscara para mim, fui colocada numa ambulância e percorri a curta distância até o hospital psiquiátrico Purdysburn.

A ambulância passou pelo enorme prédio de tijolos vermelhos, que na era Vitoriana fora um abrigo para pobres, mas que agora recebia pacientes de longa internação, e seguiu para um prédio térreo. Essa era a unidade mais nova, a seção de psiquiatria, onde eu seria internada. Durante vários anos, fui a paciente mais jovem ali.

Na primeira noite, mal notei o ambiente em que me encontrava. Ainda sonolenta devido à overdose, dormi até me acordarem na manhã seguinte. As cortinas em torno da cama foram puxadas e uma voz animada me disse para me levantar, me lavar e ir tomar o café da manhã. Olhei para ver de quem era a voz e vi uma jovem enfermeira com um sorriso tão grande e gentil que me peguei sorrindo também. Ao lado dela estava uma garota alta e magra de cabelos louros, um pouco mais velha que eu, que foi apresentada pela enfermeira.

— Esta é Gus. Ela vai lhe mostrar como as coisas funcionam.

Ao dizer isso, saiu e nos deixou a sós. Gus falava bastante, o que me agradava e contagiava. Eu me refugiava no silêncio, porque ela só parava para tomar fôlego ou soltar uma risada aguda e nervosa. Isso, logo vim a saber, era o outro lado da depressão.

Não conte para a mamãe

Ela me mostrou onde ficavam os banheiros, esperou que eu me lavasse, depois me levou à pequena sala de jantar. À medida que fiquei menos desorientada, fui percebendo o ambiente. Tanto a enfermaria como a sala de jantar eram pintadas de cores claras, com janelas grandes que permitiam a entrada de luz, criando um espaço tranquilo e bem-ventilado. Todos os outros pacientes já estavam sentados, e Gus me apresentou rapidamente às vinte e poucas pessoas que estavam ali. Eu tinha ouvido histórias horríveis sobre hospitais psiquiátricos. Histórias sobre pessoas que, uma vez internadas, desapareciam no sistema para nunca mais voltar. No entanto, nunca tinham me falado sobre a unidade psiquiátrica, uma iniciativa razoavelmente nova.

Todos pareciam tão normais. Os pacientes eram de ambos os sexos, com idades por volta dos dezoito até cinquenta e poucos anos e, logo vim a saber, provinham de estilos de vida os mais variados. A depressão e o uso excessivo de álcool, os dois principais motivos de internação, não distinguiam idade ou classe social.

Ao longo das semanas em que fiquei ali, conheci a maioria das histórias. Havia a esposa de um rico corretor imobiliário que passara a se sentir inferiorizada pelos flertes constantes do marido e começara a beber escondido. Como eu, ela tomara uma overdose. Diferente da minha, no entanto, a dela fora acidental. Com a mente entorpecida pelo gim, ela esquecera quantos tranquilizantes havia tomado e repetiu a dose sem parar. Havia o jovem casal que se conhecera na unidade um ano antes. Os dois estavam sob tratamento de abuso de álcool quando se conheceram, apaixonaram-se e tiveram alta. Porém, em vez de saírem andando de mãos dadas na direção do pôr do sol, foram direto ao bar mais próximo.

Alguns pacientes ficavam quietos, com o cérebro amortecido pelos tranquilizantes enquanto os médicos esperavam a depressão diminuir e estabilizar para passarem da medicação à pessoa. Uma mulher em especial chamou minha atenção. De cabelos ruivos e volumosos, pele clara e olhos verdes, ela era a pessoa mais bonita do grupo e a mais silenciosa.

Meu olhar era atraído para ela de modo constante durante a refeição. Ela, porém, nunca me encarava, e permanecia comendo sem erguer os olhos. Parecia completamente alheia ao ambiente e aos outros pacientes, e sua indiferença inexpressiva provocou meu interesse.

Ao fim da refeição, uma enfermeira foi até a sua mesa, pegou-a pelo braço com delicadeza e levou-a de volta à enfermaria. Lá, ela foi colocada numa cadeira, com os joelhos sob um cobertor, onde ficou olhando para o espaço durante horas.

Fiquei curiosa e, na primeira oportunidade, perguntei a Gus quem ela era.

— É esposa de um médico — disse Gus. — Se não fosse, não estaria mais nesta enfermaria.

— Qual o problema dela? — perguntei.

— Não sei, mas algumas mulheres ficam muito deprimidas quando têm bebê, e ela está aqui há mais de um ano. Quando chegou, ainda falava, mas nem isso faz mais.

— Ela vai melhorar? — assim que fiz a pergunta, concluí que a resposta era negativa.

Por algum motivo, aquilo me interessou. Aquela mulher, que eu nunca vira antes, despertara minha curiosidade e minha compaixão. Eu conhecia aquele espaço a que vamos quando o mundo não nos envolve mais e a realidade se afasta de nós, mas

Não conte para a mamãe

de modo instintivo eu sabia que ela estava num estado muito mais profundo do que eu jamais estivera.

— Bom, se não melhorar, será transferida. É o que acontece quando não respondemos ao tratamento. — Gus parecia indiferente ao destino da mulher e, por não querer saber aonde ela seria levada, parei de fazer perguntas.

Depois do café da manhã, uma enfermeira me fez perguntas sobre meu histórico médico e me disse para não sair da enfermaria, porque o médico queria me ver para avaliar meu tratamento e, caso necessário, prescrever medicamentos. Uma hora depois, tive o primeiro de muitos encontros com um psiquiatra. Ele fez muitas anotações enquanto eu falava, mas quando eu estava começando a me sentir à vontade, fez uma pergunta que impossibilitaria qualquer entendimento futuro entre nós.

— Antoinette, você alguma vez sentiu prazer com o assédio de seu pai?

Mesmo depois que respondi "Nunca", ele insistiu.

— Com certeza — disse ele —, sendo adolescente, deve ter tido desejos.

Nesse momento, eu me desliguei, deixei que sua voz flutuasse no ar, esvaziando minha mente para que suas palavras não me afetassem. Não falei sobre a cidade que me rejeitou, de como eu me sentia inútil e humilhada, que ainda queria o amor de minha mãe ou que não via esperança alguma em minha vida. Tampouco confessei que gritei de dor por dentro a cada rejeição e diante das numerosas demonstrações de desprezo que recebi. Que, por um momento, eu havia esquecido as palavras do juiz e me vi pelo olhar dos acusadores como uma pessoa desprezível. Em vez disso, encontrei uma nova máscara, que não era mais a da estudante bem-comportada e membro da família feliz, mas a de alguém que desconfiava da autoridade e era indiferente à ajuda dos outros.

Aplicaram testes para medir meu Q.I. e perguntaram se eu ouvia vozes, vozes que me ordenavam a fazer várias coisas. A última pergunta foi se eu sentia que as pessoas estavam falando de mim.

— Eu não acho — contestei —, eu sei.

Isso, porém, gerou apenas um sorriso arrogante e um gesto agitado, enquanto ele não parava de escrever. Mais tarde, fiquei sabendo que o relatório dizia que eu era rabugenta, não cooperativa e paranoica.

Devido à minha idade, decidiram não me tratar com medicamentos e, o que era ainda mais importante, sem eletrochoque. Em vez disso, prescreveram sessões diárias de terapia.

A cada sessão de uma hora, os três psiquiatras designados para o meu caso faziam perguntas sobre meus sentimentos e pensamentos, às quais eu respondia do modo mais breve possível. Escondi minha depressão sob uma capa protetora de indiferença. A única pergunta à qual eu nunca dei a resposta que queriam foi: "Você sentiu prazer com o sexo alguma vez?"

Eles continuavam perguntando a mesma coisa. Acho que pensavam que senti e que, somente ao confessar, iria melhorar. Não estavam tentando ser indelicados, eu sabia disso. Simplesmente tinham suas ideias preconcebidas e se recusavam a aceitar a verdade. Poderiam, de fato, imaginar que eu considerasse prazeroso baterem em mim, derramarem uísque na minha garganta e sofrer tortura mental?

Há quanto tempo eu estava deprimida era outra pergunta frequente. Há quanto tempo eles achavam que estava, eu queria gritar para eles. Desde que minha vida mudou, aos seis

Não conte para a mamãe

anos, teria sido a resposta correta, mas eu sabia que não era a que queriam escutar. Há algumas semanas, era o que eu dizia. Fiquei sabendo exatamente o que podia acontecer a um paciente que eles considerassem um perigo para si mesmo ou incurável: transferência a uma enfermaria onde ficaria enclausurado e desapareceria da vida para sempre.

Perto de nossa enfermaria isolada ficava o prédio de tijolos vermelhos do antigo abrigo para pobres com suas grades nas janelas pequenas e cruéis, e corredores longos e escuros, cheirando a desinfetante e a bolor. Em torno desse monte de tijolos havia construções térreas onde, dependendo da gravidade da doença mental, viviam pacientes de longa internação, que usavam uniformes do hospital. Costumávamos ouvir quando eram levados em bandos para exercícios diários por enfermeiras armadas de cassetetes.

Naquela época, os hospitais psiquiátricos eram comunidades isoladas do mundo, onde se considerava que todas as necessidades dos internos eram atendidas. O nosso tinha uma loja e um refeitório que tínhamos permissão para visitar. Mas sempre que íamos, eu voltava desanimada. Parecia uma vila de almas perdidas: pessoas que ninguém queria e que há muito tinham sido esquecidas.

O imenso hospital ficava próximo da rua principal, e seu tamanho contrastava com o de todas as construções mais recentes em torno do extenso terreno. Às vezes, quando as portas eram abertas para a saída de um comboio de internos de olhares vazios, para o início de uma caminhada ou para irem aos refeitórios, eu espiava o interior de uma das enfermarias. Havia camas dobráveis e cadeiras de madeira. Sentados em algumas delas ficavam os pacientes sem condições de sequer caminharem no pátio. Balançavam para frente e para trás, gemendo baixinho.

Foi depois que tive a primeira visão da vida dos pacientes não considerados aptos a permanecerem na unidade psiquiátrica que percebi a sorte que tínhamos de estar ali. Não só a decoração era recente e moderna, como tínhamos televisão, sala de jogos e uma cozinha aberta 24 horas por dia, para que fizéssemos bebidas quentes sempre que quiséssemos e levássemos para uma das cadeiras confortáveis por perto. Podíamos ficar olhando pela janela sem grades, ler livros ou caminhar sempre que tivéssemos vontade. As únicas restrições eram que andássemos em grupo por segurança e estivéssemos na unidade para a terapia. Éramos proibidos de sair do terreno a não ser com autorização, que só era concedida quando estávamos na companhia de uma visita. Nunca pensávamos em desobedecer essa regra e visitar o mundo lá fora porque não desejávamos deixar a segurança e as companhias do hospital.

Os horários de visita em nossa enfermaria também eram flexíveis. Desde que os visitantes saíssem antes que as últimas bebidas da noite fossem servidas, não havia horário restrito para chegadas ou saídas. Procurei minha mãe durante os seis primeiros dias. Eu teria sido esquecida pela única pessoa que eu deixara, perguntava-me em desespero a cada noite em que ela não aparecia. Quando eu percebia que era tarde demais para que ela chegasse naquele dia, retirava-me para minha cama, de onde, com as cortinas parcialmente abertas, observava meus companheiros com suas visitas em volta de suas camas. Eu fazia uma expressão de indiferença e segurava um livro para me reconfortar.

Não conte para a mamãe

Toda noite eu via o marido da mulher ruiva e seus dois filhos, um ainda de fralda. Os meninos tinham os cabelos e os olhos dela. Em todas as visitas, ele segurava a mão dela e conversava, enquanto as crianças se distraíam com livros de colorir e brinquedos, e eu sentia o desespero dele e a perplexidade que pairava sobre os três. Ela ficava sentada, imóvel, com um pequeno sorriso inexpressivo. Nunca dizia nada. Ela não tinha mais nenhuma escolha quanto a permanecer naquele local em que a realidade não tinha significado algum, mas comecei a me dar conta de que eu ainda tinha. Ao vê-los, senti uma pequena fagulha de otimismo arder em mim, e embora soubesse como seria fácil desistir e desaparecer dentro de mim mesma até ficar como a mulher ruiva, eu não queria mais seguir esse caminho. A força característica da juventude estava retornando de algum lugar.

Minha mãe chegou no domingo, trazendo frutas, livros de bolso, revistas e flores. Senti uma onda tão forte de amor por ela que chegava a doer. Mais tarde, fiquei sabendo que o hospital telefonara para ela, perguntando por que não me visitara. Eu ainda era menor de idade e teria de morar com ela quando saísse. Ela confirmara sua preocupação de forma amável, dizendo que a única coisa que impedira sua visita fora o trabalho. Como gerente, tinha de supervisionar os funcionários à noite, mas, com certeza, planejava fazer a visita no domingo, seu único dia livre. Com uma única fonte de renda, não poderia se dar ao luxo de tirar mais tempo de folga e tinha certeza de que eu entenderia.

A enfermeira, que tentou parecer tão compreensiva quanto minha mãe esperava que eu fosse, informou-me a situação, e eu, em minha lealdade cega à minha mãe, concordei que sua situação era difícil.

Ao vê-la entrar, corri para encontrá-la e recebi um abraço, o primeiro em muito tempo. Ela me disse que estava muito preocupada comigo e que eu não podia estar em melhor lugar. Depois me disse que estava gostando muito do trabalho. Fizera planos para nós duas, eu não moraria mais na casa de outras famílias. Ela tinha certeza de que fora o modo como eles me trataram que causara meu colapso. Então, disse o que eu mais queria ouvir: eu poderia trabalhar no café como garçonete quando estivesse melhor e morar com ela até ficar mais velha. Prosseguiu, dizendo que vira uma bela casinha no terreno de uma casa maior que, com meu salário somado ao dela, seríamos capazes de comprar. Onde ela trabalhava, as garçonetes conseguiam ganhar mais que ela como gerente, porque o café atendia homens de negócios, generosos com gorjetas, especialmente com garotas bonitas e bem-criadas como eu, acrescentou ela, com o sorriso radiante e afetuoso que eu não via há muito tempo.

Essa foi a primeira vez desde que eu era uma criança pequena que minha mãe me fez um elogio, e fiquei radiante de prazer. Conversei com ela como não fizera há muito tempo e contei sobre alguns dos pacientes que haviam ficado mais próximos de mim. Quando o horário de visita terminou, acenei para ela com alegria, desejando não ter que esperar uma semana inteira para a sua volta.

As semanas em que fiquei no hospital passaram rápido, porque, embora nossos dias não fossem estruturados de modo específico, sempre pareciam cheios. Lá, fiz uma amizade que duraria vários anos. O nome dele era Clifford. Ele ficara sabendo de meu passado e, com meus pulsos enfaixados, ele, como todas as outras pessoas, sabia o que eu tentara fazer. Era um relacionamento platônico, o que convinha aos dois. Ele tinha pouco ou

Não conte para a mamãe

nenhum interesse sexual por mulheres e reprimia qualquer outro desejo que sentisse, fato que causara a partida de sua esposa e seu colapso subsequente. Isso ele me contou em uma de nossas caminhadas, sentindo que, diferentemente de sua esposa, eu veria tal confissão como algo reconfortante.

Minha depressão começou a diminuir, com o auxílio das companhias constantes, da amizade de Clifford e das visitas agora mais frequentes de minha mãe. Senti que minha vida tinha um rumo. Eu tinha uma casa para onde ir, um emprego à minha espera, uma vida a começar.

Três meses depois de minha internação em Purdysburn, minha mãe foi me buscar.

Capítulo Vinte e Nove

Dias depois, tive a entrevista com o dono do café, um jovem que considerava uma sorte ter minha mãe como gerente e que me ofereceu trabalho de imediato.

Recebi meu uniforme, macacão cor de pêssego e avental creme, e, para o meu alívio, achei o trabalho fácil. Como minha mãe havia dito, as gorjetas eram boas. Pude ir ao cabeleireiro e comprar roupas novas, além de dar dinheiro a ela. Ao ver que estava entrando mais dinheiro em casa, ela seguiu com os planos de comprar a casa de caseiro. A pequena hipoteca era paga com tranquilidade devido à minha contribuição extra.

Vieram quase dois anos de paz, o nome de meu pai não era mencionado, nem meu colapso, e ela e eu éramos próximas de novo. Havia noites em que estávamos as duas livres. Como éramos fãs ardorosas de cinema, íamos ver filmes juntas, depois passávamos horas discutindo os méritos de cada um deles. Sem a presença de meu pai, não tínhamos mais que suportar os filmes de faroeste e podíamos escolher exatamente o que queríamos.

Em outras ocasiões, eu a encontrava no fim de seu expediente e íamos a um restaurante próximo. Lá sentávamos para conversar como duas mulheres, pois eu estava numa idade em que me sentia parte do mundo adulto. Com certeza, sentia que estava contribuindo com ele. Convencida de que, sem a companhia de meu pai, minha mãe passara finalmente a gostar da minha, desenvolvi um sentimento que me deixava cada vez mais contente com o passar das semanas. Sem a presença pesada dele e o ciúme de qualquer atenção que eu recebesse, eu podia demonstrar o amor que sempre sentira por ela. Como uma flor que busca a luz do sol para se fortalecer, eu precisava da liberdade para demonstrar amor para poder florescer. Ser capaz de fazer isso de diversas maneiras me enchia de uma tal felicidade que eu estava perfeitamente satisfeita por poder passar a maior parte de meu tempo livre com minha mãe.

Durante esse tempo, senti muito pouca falta de outras companhias. Às vezes, eu fazia o nosso jantar, colocava a mesa e sentia prazer simplesmente em vê-la comer uma refeição de meu mais novo livro de receitas. Embora gostássemos de ler e ouvir música, também passávamos muitas noites assistindo, felizes, à nossa recém-adquirida televisão, que ainda era uma novidade para nós. Havia apenas dois canais disponíveis; então, raramente discordávamos sobre qual assistir. Ficávamos sentadas diante do fogo crepitante, ela na poltrona favorita, eu aninhada no sofá com Judy ao meu lado. Quando o programa terminava, eu corria para fazer uma bebida quente para nós antes de irmos nos deitar.

Em outros momentos, eu visitava as pequenas lojas de antiguidades que se multiplicavam no Smithfield Market à procura de um objeto decorativo diferente para ela, ou uma joia.

Os amigos que eu fizera, como Clifford, por exemplo, aceitavam que não apenas minha mãe era uma parte importante da minha vida, como também que eu queria incluí-la em qualquer atividade social. Eu apresentava novos amigos a ela, na esperança de que ela fosse gostar deles e se distrair com eles, porque eu sentia sua solidão e queria protegê-la.

A única área de descontentamento, espreitando dentro de mim, era saber que eu não queria ser garçonete para sempre. Eu queria conseguir algo melhor, não apenas por mim, mas por minha mãe também. Queria que ela se orgulhasse de mim, queria um bom emprego, que me possibilitasse cuidar dela.

Pouco antes de meu aniversário de dezesseis anos, resolvi fazer algo a respeito. Eu abdicara de minha ambição de fazer faculdade, ciente de que três anos fora do mercado de trabalho prejudicariam demais nossas finanças conjuntas. Sem o dinheiro muito necessário que eu levava para casa, minha mãe não teria condições de pagar as prestações da casa.

Outra opção seria fazer um curso de secretariado que me daria um certificado de conclusão de estudos com dezoito anos, idade que possíveis empregadores considerariam mais aceitável que a de dezesseis. Eu já verificara o custo de uma faculdade particular e, de acordo com meus cálculos, se eu pudesse tirar folga do café durante o verão para trabalhar em empregos temporários, poderia guardar dinheiro suficiente para as mensalidades em alguns meses. Não previ problemas nesses planos, uma vez que, em Belfast, por ter uma universidade, não havia falta de estudantes prontos a me substituírem durante suas férias enquanto eu trabalhava em outro lugar. Eu sabia que precisaria de economias suficientes para me sustentar durante os dois períodos, depois repetiria o esquema no ano seguinte.

Assim que meu plano de ação estava definido, fui falar com o dono do café.

Não haveria problemas, ele me garantiu, e inclusive poderia até me ajudar logo. Ele tinha uma prima distante que possuía uma pensão, chamada com exagero de "hotel", na Ilha de Man. Ela começaria a procurar funcionários para a Páscoa, e, com a

Não conte para a mamãe

recomendação dele, eu seria admitida com facilidade. O trabalho seria mais pesado do que eu estava acostumada, alertou-me ele: num estabelecimento pequeno como o dela, não apenas as duas garçonetes contratadas tinham de servir o café e as refeições da noite, como também limpar os quartos e servir os chás da manhã.

Os salários não eram altos, mas as gorjetas eram muito boas, e eu teria chance de ganhar mais do dobro do que ganhava com ele. Se desse certo, eu seria contratada de novo no verão.

Duas semanas depois, com promessas de telefonar com frequência, peguei a balsa para a Ilha de Man.

O trabalho no hotel era pesado com apenas duas garçonetes trabalhando em serviços gerais. O dia começava às sete e meia, quando íamos fazer os chás da manhã e subir três lances de escada para entregá-los. Em seguida, o café era servido e só quando o último prato era lavado, sentávamos para tomar o nosso. O almoço não estava incluído no pagamento semanal, e presumimos com isso que teríamos um intervalo livre. A dona, uma senhora baixa e gorda de cabelos tingidos de louro, presos num penteado rígido para trás, pensava diferente.

A prataria tinha que ser polida uma vez por semana, informou-nos. Sua voz, ofegante devido ao fumo incessante, seguia-nos aonde quer que fôssemos, pois, com suas pernas atarracadas, ela vinha às baforadas, repreendendo-nos, parecendo temer que, sem sua supervisão, objetos desapareceriam ou o trabalho deixaria de ser feito.

Quando os hóspedes tinham de ser registrados, ela os recebia com um sorriso encantador, que era substituído por um olhar de impaciência para nós, assim que o cliente virava de costas. Por mais que nos apressássemos para pegar as malas, ela já gritava ordens para levarmos a família recém-chegada ao quarto. Subíamos com dificuldade a escada íngreme com bagagens que pareciam pesar tanto quanto nós, depois, mal descíamos, tínhamos de fazer o chá.

As pessoas que chegavam precisavam de um lanche para se recuperar da viagem mais do que nós precisávamos de um descanso, ela nos disse com irritação, quando tivemos a ousadia de pedir um intervalo. Éramos jovens, prosseguiu, e ela tinha problema de coração. Não queríamos receber gorjetas?, perguntou, e, intimidadas, nunca mais introduzimos o assunto.

Notei que seu problema de coração não a impedia de fumar ou de comer grandes porções de pudim. Toda vez que eu a ouvia dizer que não podia carregar nada pesado, eu pensava com mau humor: "a não ser você mesma".

Todos os dias eu olhava para o seu rosto vermelho, cada vez com mais aversão, e me perguntava como alguém tão encantador como o dono do café poderia ter uma parenta tão perversa.

Alguns maridos protestavam ao verem uma garota carregar suas malas, mas se deparavam com o olhar furioso dela, que lhes informava que éramos pagas para isso. Assim que virávamos depois da escada, ainda podendo ser ouvidas, mas fora do alcance de seu olhar penetrante, eles, às vezes, nos davam um tapinha no ombro, indicando em silêncio sua intenção de aliviar nossa carga. Deixávamos as malas com gratidão, indicávamos seu quarto e íamos para a cozinha fazer o chá. Lá íamos nós, subindo de novo, equilibrando as bandejas, com as pernas doloridas e a voz da dona soando em nossos ouvidos, reclamando que não estávamos indo rápido. Os jovens não descansam devia ser o lema daquele hotel. Qualquer que fosse o salário que tinha de nos pagar de má vontade, ela fazia questão de desvalorizar a hora.

Não conte para a mamãe

Toda noite eu caía na cama exausta, perguntando-me se chegaria a conhecer a vida noturna da qual tanto ouvira falar. Não pude ver nada daquela primeira vez. Quando o número de hóspedes diminuiu, restando apenas os mais resistentes, ela nos deu uma tarde livre para fazermos compras, mas acho que foi apenas porque eu lhe disse que queria comprar um presente para minha mãe.

Com o chá da manhã servido no quarto às oito e as refeições da noite recolhidas às nove e meia, não foi difícil economizar todos os nossos pagamentos semanais e gorjetas. Acabei com mais do que esperava para as mensalidades escolares e, sabendo o quanto a dona do hotel gostava de economizar, perguntei se poderia ir embora alguns dias antes do combinado.

Enquanto recordava aquela Páscoa, na clínica residencial, ouvi na minha cabeça a voz da Antoinette aos dezessete anos. "Lembre-se, Toni, lembre-se do que ela fez. Lembre a escolha que ela fez."

Tentei afastar, mas tarde demais, a lembrança do dia em que a confiança inquestionável em minha mãe finalmente morreu.

Eu queria surpreendê-la com minha volta antecipada; então, não disse quando chegaria. Imaginando sua alegria e surpresa ao me ver, e com a mala abarrotada de presentes para ela, embarquei na balsa de Belfast. Ao chegar ao porto, impaciente demais para aguardar o ônibus, peguei um táxi. Visualizei nossa casa, vendo Judy e o rosto de minha mãe enquanto contava todas as minhas aventuras na Ilha de Man, tomando uma acolhedora xícara de chocolate quente. Eu pensara em histórias engraçadas sobre as personagens que conhecera lá, incluindo a dona do hotel tirana, que eu sabia que ia fazê-la rir. Imaginei seus olhos brilhando ao abrir os presentes que eu comprara. Pensei especialmente na anágua de renda malva com barra de seda que descia em camadas desde os quadris, um estilo que estava na moda, quando se usavam vestidos rodados. Quando a vi na loja, achei a coisa mais linda que já vira. Resisti ao impulso de comprá-la para mim e pedi uma embalagem de presente para minha mãe. Em minha mente, pude ver o prazer que ela sentiria ao desembrulhá-la, pois minha mãe adorava surpresas e presentes, e adorava roupas bonitas.

A viagem de 19 quilômetros do porto de Belfast a Lisburn, onde ficava nossa casa, parecia interminável para mim, no banco de trás do carro, desejando chegar rápido.

Ao descer, paguei o taxista às pressas, peguei minhas malas e segui pelo caminho curto até a porta. Pus a chave na fechadura, abri a porta e entrei, dizendo: "Cheguei." O corpinho peludo de Judy veio correndo me receber, mas não ouvi a voz de minha mãe. Confusa, pois sabia que ela não estava trabalhando, empurrei a porta da sala de estar e fiquei completamente imóvel, vendo a cena.

Meu pai estava sentado na poltrona de minha mãe, com uma tal expressão de convencimento e triunfo que permaneci paralisada, incapaz de acreditar no que estava vendo. Minha mãe estava sentada aos pés dele, olhando-o com adoração. Era um olhar que eu havia esquecido, um olhar que, em nossa vida anterior, eu costumava ver voltado para ele, um olhar que nunca era dirigido a mim. Naquela fração de segundo, entendi que eu havia perdido. Ele era o que ela queria, era o centro de seu universo, e eu servira apenas de companhia para preencher o tempo dela enquanto ele não vinha.

Uma sensação de repulsa percorreu meu corpo, misturada a um sentimento de ter sido traída. Eu havia acreditado em minha mãe, confiado nela, e agora estava diante da realidade. Ali parada em meu estado semicomatoso, a voz dela bateu em meus ouvidos, pronunciando palavras que eu queria bloquear da minha consciência.

— Papai foi solto por uma semana — disse ela. — Vai voltar amanhã. Eu não esperava que você voltasse hoje; caso contrário, teria lhe avisado.

As explicações saíam de sua boca no tom alegre de alguém que anuncia uma surpresa maravilhosa, uma surpresa que ela queria compartilhar comigo. Sua determinação me convidava em silêncio a entrar no jogo, o velho e já conhecido jogo das famílias felizes. Seu sorriso permaneceu fixo e o tom de voz não vacilava, enquanto falava como se ele estivesse apenas trabalhando longe de casa, o que imagino que, de certo modo, estava. Com certeza, fiquei sabendo depois, essa era a história que ele vinha contando aos vizinhos. Foi por isso, percebi então, que ela o proibira de escrever: ela não queria que cartas com o carimbo da prisão chegassem à nossa casa. Eu esperava que fosse porque finalmente decidira terminar o casamento. Agora estava claro. Fora por isso que nos mudáramos para Belfast e não voltáramos para a Inglaterra: ela estava esperando por ele.

Eu queria fugir dos dois. A sala parecia encolher com a presença maléfica dele, e o som da voz dela tornou-se um ruído que machucava meus ouvidos até que, sem suportar mais um instante na companhia deles, levei a mala para o meu quarto. Desfiz a mala devagar e tirei o pacote que continha a anágua cor de malva, que havia sido escolhida com tanto cuidado. Escondi-a atrás do armário. Ali ela permaneceu sem ser usada, porque jamais dei a ela e nunca fui capaz de dizer que era minha.

Na manhã seguinte, ouvi minha mãe cantarolando as músicas antigas que um dia ela e meu pai dançaram. Peguei a guia de Judy e saí de casa em silêncio. Quando voltei, ele já havia retornado para a prisão. Ele cumpriria o restante da pena, tranquilo e contente por saber que tinha uma família à sua espera.

Esse foi o começo de um jogo apresentado por minha mãe à plateia de uma pessoa só: "Quando o papai voltar para casa."

Capítulo Trinta

Eu sabia que meus dias na clínica residencial estavam chegando ao fim. Minha mãe agora ficava imóvel na cadeira, impotente, dependendo de mim para alimentá-la. Não conseguia engolir sólidos, por mais que eu os colocasse com cuidado na colher. Eu sabia que esses eram seus últimos dias, quando apenas líquidos podiam ser consumidos e depois somente com o auxílio de uma colher de chá.

Curvar-se diante da cadeira colocando líquido na boca de uma mulher tão debilitada que quase não tem a habilidade de engolir é um trabalho desgastante, que eu fazia três vezes ao dia. Eu estava vendo que o amor, como o padre me dissera, era um hábito difícil de romper. Eu já sentia a perda de sua partida, queria chorar por aqueles anos perdidos, queria mantê-la neste mundo, apesar de querer liberá-la e dar fim ao seu sofrimento. Ela havia perdido a capacidade de falar. Por mais que tentasse, as palavras não saíam, e seu rosto ficava contorcido com os esforços vãos. Segurei sua mão e disse que não importava. Não havia nada que precisasse ser dito entre nós.

Eu disse que a amava e, como ela perdera a voz, eu me sentia segura em dizer isso, pois ela não era mais capaz de me pedir perdão. Saber que ela nunca tivera a intenção era um pensamento que afastei para um canto da minha mente, e o seu silêncio forçado me poupava da emoção trazida pela esperança não concretizada.

Essa era a última noite numa enfermaria compartilhada. Eu sabia que ela seria transferida para um quarto menor no dia seguinte. A visão de uma pessoa tão extenuada e emaciada pelo câncer, mas ainda tão determinada a aguentar firme era angustiante para qualquer um. Seus ossos, desprotegidos pela falta de carne, perfuravam a pele. Cada articulação tinha de ser coberta com pano e gesso para proteção. Uma gaiola de aço tinha sido colocada sobre suas pernas para que o algodão fino do lençol não as tocasse. Até mesmo o leve roçar do tecido poderia arranhar a pele, deixando feridas sangrentas.

Alonguei as costas para aliviar a dor e ouvi um som que reconheci. Um som que já ouvira na clínica. O estertor que precede a morte estava vindo da cama em frente. Vi minha mãe olhar para mim com pavor: nenhum paciente de clínica residencial gosta de ser lembrado que está perto da própria morte. Embora haja muitos momentos em que rezam para ser libertados, é a fuga da dor que buscam, não o fim da vida.

Acariciei a mão de minha mãe e fui chamar a enfermeira, que veio correndo e puxou as cortinas, um gesto que, juntamente com o estertor agora silenciado, confirmava a morte de Mary.

Pensei na esposa do fazendeiro quando voltei a alimentar minha mãe. Era uma mulher grande e ficava na cama em frente desde minha chegada. Uma mulher alegre e, a julgar pelo número de visitas que recebia, muito amada, pois gostava de música clássica e amara a vida. Eu tinha visto seu rosto se iluminar ao me mostrar fotos da família, ouvi sua risada diante de

Não conte para a mamãe

reminiscências carinhosas do marido, morto havia vários anos, e me senti feliz por ela, feliz por ter partido tão rápido, antes que a necessidade da morfina dominasse seus dias.

A paciente da cama ao lado do corpo de Mary, que acabara de chegar naquele dia, passou rapidamente por nós, na direção do banheiro, visivelmente abalada. Continuei colocando o líquido na boca de minha mãe, que não queria mais. A paciente nova retornou, sem dizer nada ao passar por nós, e voltou à sua cama. Ouvi seu longo suspiro, depois senti seu silêncio. Naqueles poucos segundos, sua esperança na vida lhe escapara, e eu, testemunha desse momento, sequer sabia seu nome. Mais tarde, vim a saber que ela também se chamava Mary.

Apertei a campainha para chamar a enfermeira de novo. Ela entrou e me olhou de modo inquisitivo. Sem parar de colocar o caldo na boca de minha mãe, indiquei com a cabeça a cama número três. Mais uma vez, o ruído sutil foi feito, quando outra cortina foi puxada. Um silêncio estranho pairou na enfermaria, pois agora, além de minha mãe, só havia mais uma senhora viva, que, de rabo de olho, pude constatar que não parecia nada feliz. Ela me chamou e, deixando a colher de lado, fui até a sua cama.

Ela me contou, com sua voz trêmula e envelhecida, que não queria ficar na enfermaria. Segurei seu cotovelo magro e a ajudei a sair da cama. Puxei sua camisola com cuidado, pus o braço em torno de sua cintura e a levei ao saguão. Liguei a televisão para ela. Depois voltei à enfermaria, com seus dois cadáveres e uma senhora idosa com apenas horas restantes de vida.

Exausta, afastei-me de minha mãe e, quando me dei conta, estava apoiada nos pés de Mary. Foi um acidente do qual ela teria rido quando nós duas estávamos vivas, mas como só eu estava, eu não gostaria de repetir a experiência. Mais enfermeiras vieram. Ajudaram minha mãe a se deitar, e eu abri seu armário para retirar a meia garrafa de xerez que guardara ali. Eu sabia que ela nunca mais me acompanharia antes de dormir. Com a garrafa na mão, fui até o saguão, onde, sem parar para procurar um copo, bebi assim mesmo.

Acendi um cigarro e liguei para a Inglaterra, sentindo a necessidade de escutar uma voz que não estivesse morrendo nem tivesse relação alguma com alguém que estivesse.

— Estamos dando um jantar festivo — disse um amigo no mundo que eu deixara para trás algumas semanas antes, um mundo que agora parecia muito distante. — O que você está fazendo?

"Estou aqui com dois cadáveres e minha mãe", era a resposta sucinta que eu queria dar, mas em vez disso, respondi:

— Bebendo — e terminei a conversa, virando a garrafa mais uma vez e dando um gole profundo.

Minha mãe foi transferida, e pelos dois dias seguintes quase não saí de perto dela. Na terceira noite, ela morreu. Foi no começo da noite, e eu estava fazendo uma pausa breve no saguão. O cansaço me fizera fechar os olhos e cair num sono leve. Em meu estado semidesperto, senti a presença de uma enfermeira e, sem perguntar, entendi por que ela estava lá.

— Ela está morrendo, Toni — anunciou ela, colocando a mão no meu ombro. Levantei-me da cadeira e fui com ela até o quarto menor em que minha mãe estava.

Ela estava imóvel, com uma respiração superficial e os olhos fechados. Suas pálpebras não tremeram quando peguei sua mão, segurando seus dedos agora azulados.

— Ela consegue me ouvir? — perguntei.

Não conte para a mamãe

— Acreditamos que a audição é o último sentido a ir embora — foi a resposta. — Não se preocupe, Toni, fico com você se preferir.

Fui ligar para o meu pai. Não o encontrei em casa e tentei o segundo número que eu tinha, do Clube da Legião Britânica.

— Minha mãe está morrendo, está morrendo agora à noite — consegui dizer e, em seguida, por ela, perguntei: — Você vem?

— Não consigo dirigir no escuro, você sabe muito bem disso — respondeu, com a voz já afetada pela bebida. Pude ouvir o som de músicas e risadas ao fundo. Perplexa, olhei para o telefone e repeti que ela estava morrendo. Disse que ela gostaria que ele estivesse lá, que ele certamente poderia pegar um táxi porque ela não resistiria até amanhecer.

Num tom definitivo que eu conhecia, ele disse:

— Bom, você está aí, não está? O que eu posso fazer?

Chocada, eu queria gritar para ele: "Estar com ela, seu desgraçado maldito, apenas estar com ela. Dizer adeus, deixar que ela morra sabendo que a amava, sabendo que os sacrifícios que ela fez valeram a pena."

Em vez disso, desliguei sem dizer nada e voltei a ela.

— Papai está vindo — menti, balançando a cabeça para a enfermeira para esclarecer a verdade, e segurei a mão de minha mãe.

A intervalos de alguns minutos, sua respiração parava e a cada vez eu sentia a mistura de tristeza e alívio de quando se está em vigília. Sua respiração se interrompeu por alguns segundos, depois voltou com um leve suspiro, enquanto eu acompanhava aquelas horas finais.

Lembrando-me do que me haviam dito, que a audição é o último sentido a ir embora; falei, então, sobre os primeiros anos de nossa vida juntas, de tudo o que me veio à cabeça e que a faria sorrir, caso estivesse desperta. Queria que as últimas palavras que ouvisse fossem de tempos agradáveis. Queria que fossem suas últimas memórias, memórias que poderia levar com ela.

E, assim, aquela última noite passou sem meu pai, o homem que ela amara tanto por meio século. Em vez dele, era eu, a filha que ela rejeitara tantas vezes, e uma enfermeira, que estavam ao lado de sua cama, e senti a solidão daquela despedida.

Naquela noite, amaldiçoei meu pai em silêncio. Aquele, pensei, era o último pecado dele, e rezei para que ela não recobrasse a consciência e não percebesse isso. Que ela morra com seu sonho intacto, pensei. O fim chegou ao raiar do dia: a respiração dela fez um leve ruído na garganta, seguido de um suspiro. Sua última respiração saiu com um gemido baixo, e eu, ainda segurando sua mão, sabia que tinha acabado.

Senti o fantasma de Antoinette agitar-se em mim e desejei que ela pudesse descansar em paz.

As lembranças foram embora quando, sonolenta, minha mente registrou onde eu estava: ainda sentada ao lado da cama de minha mãe. Eu estava com fome, quase podia sentir o aroma pungente de fermento que exalam as pizzas saídas do forno. A imagem de uma, com queijo derretido e calabresa picante, colocada sobre uma toalha de mesa xadrez, ao lado de uma garrafa de vinho tinto flutuava diante de meus olhos, tão real que quase chegava a ser uma alucinação. Hora de um saudável sanduíche de atum, pensei e, deixando minha mãe, fui ao saguão à procura de café.

Pensei, então, em minha relação com meus pais de forma objetiva pela primeira vez em muito tempo. Perguntei-me por que não rompera o contato com eles anos antes. Era impossível responder a essa pergunta. Talvez, como eu dissera ao padre, eu precisasse da ilusão de uma família normal. Minha vida teria sido diferente, a estrada que eu escolhera teria sido a mesma, se eu tivesse tido coragem de virar as costas e ir embora? O amor que eu sentia por minha mãe era uma força ou uma fraqueza? Antoinette teria sempre me assombrado? Pensei numa analogia que eu dera a uma psiquiatra numa das sessões de terapia em que ela fizera perguntas semelhantes.

"Você pode construir uma casa e embelezá-la. Pode deixá-la com a aparência mais maravilhosa que puder e decorá-la com objetos lindos. Pode transformá-la num símbolo de riqueza e sucesso, como fiz com meu apartamento em Londres, ou pode fazer dela um lar e enchê-la de felicidade. No entanto, se, desde o começo, você não se preocupou em construí-la num terreno sólido e em fortalecer os alicerces, as rachaduras vão aparecer com o passar dos anos. Se nenhuma tempestade ameaça suas estruturas, ela poderá se manter de pé para sempre, mas, se colocada sob pressão, com condições climáticas desfavoráveis, ela irá desabar, apenas por ser uma casa malconstruída.

"Faça questão de um bom verniz, e a construção ruim não será notada. Use uma tinta elegante, coloque cortinas caras e de bom gosto, e a falta de alicerces jamais será detectada, a não ser por um perito", dei um sorriso irônico para a terapeuta, "ou, se a casa for uma pessoa, por você mesma."

Eu pensava nisso como um segredo meu, bem guardado, mas foi também a minha resposta. Como adulta, eu vivera a vida que tivera de viver para sobreviver. Sempre conheci minhas limitações e tentei, ainda que nem sempre com sucesso, não passar delas. Compreendendo a mim mesma, caí no sono.

Epílogo

Na Irlanda, cidades pequenas como Larne seguem os costumes antigos nos funerais. Homens de ternos escuros e uma faixa preta no braço, sobre camisas brancas, caminham atrás do caixão: um comboio exclusivamente masculino manifesta seu respeito, enquanto o corpo segue sua última jornada. Atrás deles vêm os carros com o padre e as mulheres de luto. As mulheres vão até o cemitério e voltam, tendo a função de preparar a comida para a volta dos homens. Nenhuma mão feminina pega a terra para espalhar sobre o caixão, nenhum olho feminino o vê sendo baixado até seu lugar final de repouso. Em vez disso, visitam o túmulo no dia seguinte, admiram as flores que foram colocadas lá e dão o último adeus.

Pus o casaco sobre os ombros para me proteger do vento gelado, pois foi no final de outubro que minha mãe morreu, e deixei a funerária. Lá, minha mãe havia jazido em caixão aberto durante a cerimônia, refletindo no rosto a paz que eu esperava que encontrasse.

Passei os olhos no grupo de pessoas que compareceram, amigos que se importavam tanto comigo quanto com ela, e que depois se juntaram a meu pai e seus conhecidos. Quais deles, pensei, estavam bebendo na última noite que eu passara na clínica? Esses homens que estavam lá para demonstrar apoio em público ao viúvo pesaroso sabiam que ela morrera sem ele. Esses homens formavam o grupo que carregaria o caixão e o seguiriam em sinal de respeito.

Ignorei o carro que aguardava para me levar ao cemitério e caminhei na frente deles para encarar meu pai. Com minha mãe morta e os últimos vestígios do fantasma de minha infância tendo partido com ela, restara apenas ele e eu. Não senti nenhum resquício do medo da infância quando olhei para ele com firmeza, ignorando seu sorriso constrangido. Eu apenas disse calmamente:

— Eles podem andar atrás de mim — e fiz um gesto para o séquito dele.

Ele não questionou minha decisão sem a necessidade de mais palavras entre nós, ele soube que perdera o controle e que toda a compaixão morrera na clínica. Tomou, então, seu lugar entre os carregadores em silêncio. Esperei erguerem o caixão, apoiarem-no nos ombros e começarem a lenta caminhada. Ergui os ombros, de forma muito semelhante à que fizera quando criança, e, sem olhar para os lados, segui o caixão de minha mãe com os homens atrás de mim.

Foi minha mão, e não a de meu pai, que espalhou terra sobre o caixão, enquanto eu permanecia afastada dele, a única mulher perto do túmulo, e dei meu último adeus.

Então me virei e, ainda sozinha, caminhei do cemitério até o carro que me aguardava.

No dia seguinte, voltei à Inglaterra, ao mundo que me esperava, sabendo que finalmente deixara Antoinette, o fantasma de minha infância, descansar.

Este livro foi impresso no
Sistema Digital Instant Duplex da Divisão Gráfica da
DISTRIBUIDORA RECORD DE SERVIÇOS DE IMPRENSA S.A.
Rua Argentina, 171 - Rio de Janeiro/RJ - Tel.: (21) 2585-2000